Ökonomisierte Welten:
Im Spannungsfeld von Balance und Disbalance

Lukas Müsel / Matthias Röck (Hrsg.)

Ökonomisierte Welten: Im Spannungsfeld von Balance und Disbalance

Literatur-, kultur- und medienwissenschaftliche Betrachtungen ökonomisch bedingter Ausbalancierungsprozesse

PETER LANG

Bibliografische Information der Deutschen Nationalbibliothek
Die Deutsche Nationalbibliothek verzeichnet diese Publikation
in der Deutschen Nationalbibliografie; detaillierte bibliografische
Daten sind im Internet über http://dnb.d-nb.de abrufbar.

Der Workshop und der daraus entstandene Sammelband
wurde durch den Promotionsverbund „Theorie der Balance.
Formen und Figuren des Gleichgewichts in Medien-, Kunst-
und Literaturwissenschaft" ermöglicht.

Umschlagabbildung:
Wassily Kandinsky: Capricious (1930).
Museum Boijmans Van Beuningen, Rotterdam.

ISBN 978-3-631-82088-9 (Print)
E-ISBN 978-3-631-85777-9 (E-PDF)
E-ISBN 978-3-631-85778-6 (EPUB)
E-ISBN 978-3-631-85779-3 (MOBI)
DOI 10.3726/b18701

Peter Lang – Berlin · Bern · Bruxelles · New York ·
Oxford · Warszawa · Wien

Diese Publikation wurde begutachtet.

www.peterlang.com

Inhaltsverzeichnis

III. Geographische Welten

Lukas Müsel / Matthias Röck

Enter the Matrix
Gleichgewichtsideale und reale Ungleichgewichte

AGENT SMITH: I'd like to share a revelation that I've had during my time here. It came to me when I tried to classify your species and I realized that you're not actually mammals. Every mammal on this planet instinctively develops a natural equilibrium with the surrounding environment but you humans do not. You move to an area and you multiply and multiply until every natural resource is consumed and the only way you can survive is to spread to another area. There is another organism on this planet that follows the same pattern. Do you know what it is? A virus. Human beings are a disease, a cancer of this planet. You're a plague and we are the cure[1]

Die Matrix ist ein System prekärer Balance.[2] So bezeichnet der Architekt, der die Matrix zu einer „harmony of mathematical precision"[3] zu gestalten versucht, Neo als „sum of a remainder of an unbalanced

1 Wachowski, Lana / Wachowski, Lilly: *The Matrix* [Film]. Warner Bros. / Village Roadshow Pictures / Silver Pictures: Vereinigte Staaten von Amerika / Australien 1999, 1:37.

2 ‚Matrix' heißt im gleichnamigen Science-Fiction-Thriller die computergenerierte Scheinwelt, in der die Menschen von Maschinen gefangen gehalten werden. Im Jahr 1999 erschienen, fällt der Film in eine Zeit, in der sich das Internet mit seiner Kommerzialisierung rasant zu verbreiten beginnt und sich der Cyberspace als Ort der Imagination neuer Demokratieformen etabliert.

3 Wachowski, Lana / Wachowski, Lilly: *The Matrix Reloaded* [Film]. Warner Bros. / Village Roadshow Pictures / Silver Pictures: Vereinigte Staaten von Amerika 2003, 1:51.

equation"[4] – und das Orakel, das als Antagonistin des Architekten dieses Gleichgewicht zu zerstören intendiert, bezeichnet Agent Smith, seinerseits der Antagonist Neos, als „result of the equation trying to balance itself out."[5] Die Matrix erscheint so als ein dialektisches System, dem ein dynamischer Gleichgewichtsbegriff zugrunde liegt. Die Einheit der, in den widerstreitenden Antagonisten verkörperten, Gegensätze bedingt die Entwicklung der Matrix in ihren verschiedenen Versionen – an deren Ende ein Zustand absoluter Balance stehen soll: die perfekte Simulation der Realität mit dem Ziel die „desert of the real"[6] zu überdecken. Der Film spielt selbstredend mit anthropologischen Grundkonstanten wie der Spannung von Realität und Transzendenz, der Dialektik von Mythos und Aufklärung und der Frage nach menschlicher Handlungs- und Willensfreiheit – daher schreibt Žižek sicher zurecht, der Film sei eine Art Rorschachtest, in dem jeder Kritiker seine philosophischen Überzeugungen bestätigt findet.[7] Hier soll allerdings keine kulturkritische Auslegung des Films bemüht werden. Im Kontext des anfänglichen Zitats drängen sich mit diesen Beobachtungen stattdessen zwei Gleichgewichtsideale auf: Das eines natürlichen Gleichgewichts und das eines menschengemachten kybernetischen Gleichgewichts, das die Natur zum Vorbild nimmt und diese zu übertreffen versucht. Beide stellen uns vor die Frage, ob es ein ‚natural equilibrium', einen Naturzustand absoluten Gleichgewichts gibt, der erst durch den Eingriff des Menschen gestört wird – und ob der Mensch so als Epitom des Ungleichgewichts zu verstehen ist. Sie stellen uns vor die Frage, ob dieses ‚natürliche Gleichgewicht' eine Illusion, eine Utopie ist – oder, wie die Matrix selbst, gar eine Dystopie, welche die Gefahr eines solchen Gleichgewichtsideals offenbart.

---

4 Ebd., 1:50.

5 Wachowski, Lana / Wachowski, Lilly: *The Matrix Revolutions* [Film]. Warner Bros. / Village Roadshow Pictures / Silver Pictures: Vereinigte Staaten von Amerika 2003, 0:29.

6 Wachowski, Lana / Wachowski, Lilly 1999, 0:41.

7 Vgl. Žižek Slavoy: *Enjoy your Symptom!: Jacques Lacan in Hollywood and Out*. Routledge: Abingdon-on-Thames 1992.

Die Vorstellung eines ‚natürlichen Gleichgewichts' – als Metapher, die das Konzept der Balance auf die Natur überträgt – ist tief im menschlichen Denken verankert und lässt sich bis in die Antike zurückverfolgen. Herodot beispielsweise führt seine Beobachtung eines sich selbst ausbalancierenden Räuber-Beute-Populationszyklus auf eine Natur zurück, die von den Göttern so eingerichtet sein müsse, dass einerseits die Reproduktionsrate von Räubern geringer sei als die von Beutetieren und andererseits Raubtiere nie über den zur Erhaltung ihrer Spezies nötigen Bedarf hinaus jagten: „Das ist eine weise Vorsehung der Gottheit, wie zu erwarten ist. Alle furchtsamen und eßbaren Tiere hat die Natur sehr fruchtbar erschaffen, damit es uns nicht an Nahrung fehlt. Die schädlichen und unangenehmen Tiere aber sind wenig fruchtbar."[8] Das so beschaffene Gleichgewicht der Natur stellt den Menschen in den Mittelpunkt und zielt auf sein Überleben – und obwohl Aristoteles Herodots Beobachtungen bereits teilweise entkräftet, beginnt hier eine lange Geschichte der Natur als göttlich erhaltenes Gleichgewicht, das durch den Menschen nur indirekt über religiöse Handlungen und rituelle Opfergaben beeinflusst werden kann. Seit der Antike erfuhr dieses Paradigma eines theologisch begründeten natürlichen Gleichgewichts in unterschiedlichen Modifikationen seinen Ausdruck – so wohl am Bekanntesten in Ciceros *De Natura Deorum* und später in den Schriften Carl von Linnés.[9] Es wirkt, trotz der sukzessiven Säkularisierung des Konzepts, bis tief ins zwanzigste Jahrhundert hinein und wird heute

8 Herodot: *Historien. 2 Bände. Griechisch – Deutsch, Buch III.* (Sammlung Tusculum). Josef Feix (Hrsg.). De Gruyter: Berlin 2011, S. 459. Herodot stützt sich dabei auf Überlieferungen vom Reproduktionsverhalten bei Hasen und Löwen – während Hasen in der Lage seien gleich mehrere Jungen zu werfen und noch während der Schwangerschaft erneut geschwängert zu werden, könne eine Löwin in ihrem ganzen Leben nur ein einziges Junges gebären (vgl. ebd.). Vgl. Egerton, Frank: „Changing Concepts of the Balance of Nature". *The Quarterly Review of Biology* 48(2), 1973, S. 322–350; Toepfer, Georg: „Gleichgewicht". In: Ders. (Hrsg.): *Historisches Wörterbuch der Biologie. Geschichte und Theorie der biologischen Grundbegriffe, Bd. 2: Gefühl – Organismus*. Metzler: Stuttgart / Weimar 2011, S. 98–116.

9 Vgl. Egerton 1973.

kontrovers diskutiert.[10] Dennis Jelinski beispielsweise lehnt das theoretische Gleichgewicht eines Räuber-Beute-Populationszyklus provokant ab:

> prey being controlled by predators has the same essential intuitive appeal as the law of supply and demand in economics. [...] The organismic concept of balance in nature persists in ecology because it has aspects of romanticism and indeed mysticism.[11]

Die komplexen, unvorhersehbaren und chaotischen Vorgänge in einem, so John Kricher, inhärent asymmetrischen Universum,[12] lassen Jelinski die Metapher des ‚natürlichen Gleichgewichts' in die Nähe von Adam Smiths unsichtbarer Hand rücken. Die ‚natural balance' erscheint wie das natürliche Gleichgewicht des Marktes und andere ökonomische Wirklichkeitserzählungen weniger als Repräsentation der Realität und viel mehr als Ideal, als „Wirklichkeitszurichtungsaufforderung"[13] – als Ordnung und Struktur garantierender Mythos.

Dieser immer wieder neu belebte Mythos wirkt bis in die Gegenwart hinein. So sind die Bienenfabel, in der die Egoismen unterschiedlicher Akteure zum Gemeinwohl führen, und das Theorem der unsichtbaren

---

10 Die Forschung ist sich allerdings weitgehend einig, dass Ökosysteme sich nicht, wie lange angenommen, in einem natürlichen Gleichgewichtszustand befinden, der sich auch nach menschlichen Eingriffen wiederherstellt. Stattdessen werden Konzepte einer hierarchisch organisierten, probabilistisch agierenden und sich ständig im Wandel befindenden Natur beworben. Vgl. Kricher, John: *The Balance of Nature. Ecology's Enduring Myth*. Princeton University Press: Princeton / Oxford 2009; Lodge, David M.: „Introduction to Special Issue: From the Balance of Nature to the Flux of Nature. The Power of Metaphor in Cross-Discipline Conversations". *Worldviews* 7(1/2), 2003, S. 1–4; Wu, Jianguo / Loucks, Orie L.: „From Balance of Nature to Hierarchical Patch Dynamics: A Paradigm Shift in Ecology". *The Quarterly Review of Biology* 70(4), 1995, S. 439–466.

11 Jelinski, Dennis: „There is no Mother Nature. There is no Balance of Nature. Culture, Ecology and Conservation". *Human Ecology* 33(2), 2005, S. 271–288, hier S. 281.

12 Vgl. Kricher 2009.

13 Kleeberg, Bernhard: „Gewinn maximieren, Gleichgewicht modellieren. Erzählen im ökonomischen Diskurs". In: Klein, Christian / Martínez, Matías (Hrsg.): *Wirklichkeitserzählungen. Felder, Formen und Funktionen nicht-literarischen Erzählens*. Metzler: Stuttgart / Weimar 2009, S. 136–160.

Hand die wohl bekanntesten Gleichgewichtsmetaphern, die für die Selbstregulierung des Marktes stehen. Auch gehen sie von einem vermeintlich natürlichen Wesen des Menschen aus, dessen Streben – wenn man ihn nur so sein lässt, wie er von Natur aus ist – in der Summe zum allgemeinen Wohlstand führt. Doch während die Vorstellung einer natürlichen Ordnung durch schwerwiegende humanitäre, ökologische und wirtschaftliche Krisen immer wieder ins Wanken geriet, etablierte sich zur Mitte des letzten Jahrhunderts ein neues Denkmotiv, das sich die Welt als bis in den letzten Winkel hinein kontrollierbar vorstellt. An die Stelle des Bienenstocks ist dem französischen Autorenkollektiv Tiqqun zufolge ein anderes Modell getreten, „das sich hinter den Namen Internet, neue Informations- und Kommunikationstechnologien, »Neue Ökonomie« oder Gentechnologie verbirgt."[14] So stellt die Kybernetik für sie nicht nur die zentrale „Herrschaftstechnologie"[15] unserer Zeit dar, für die der Liberalismus nur noch als ein „Alibi" herhält, sie offenbart sich auch als ein „Denken des Gleichgewichts"[16], das die „Ordnung ausgehend von der Unordnung"[17] wiederherstellen soll. Die von Norbert Wiener begründete Kybernetik, die sich mit der informationsbasierten Selbstregulierung komplexer Systeme befasst, wurde schnell von anderen Wissenschaftsdisziplinen aufgegriffen,[18] die das kybernetische Prinzip auf Lebewesen, Maschinen, soziale, politische und ökonomische Prozesse ausweiteten. Unter der kybernetischen Perspektive wird nicht nur der Mensch, sondern auch der gesamte Gesellschaftskörper einem Regelkreislauf gleich, der sich über die Installation von „Empfangsorganen"[19] und die fortwährende Akkumulation von Informationen selbst beherrscht. Vor dem Hintergrund der Informatisierung sehen Tiqqun die unsichtbare Hand von einer den Liberalismus rechtfertigenden Fiktion zu einem sichtbaren Prinzip gesellschaftlicher Produktion aufsteigen.[20]

---

14 Tiqqun / Voullié, Ronald (Übers.): *Kybernetik und Revolte*. Diaphanes: Zürich/Berlin 2007, S. 11.
15 Ebd., S. 12.
16 Ebd., S. 13.
17 Ebd., S. 21.
18 Hiervon zeugen insbesondere die zwischen 1946 und 1951 abgehaltenen Macy-Konferenzen.
19 Tiqqun 2007, S. 18.
20 Ebd. S. 37.

Das kybernetische Prinzip bestimmt heute nicht nur nahezu alle gesellschaftlichen und wirtschaftlichen Prozesse (Stichwort: Industrie 4.0, New Economy), es wird vor allem dann für jede und jeden greifbar, wenn der Gesellschaftskörper sprichwörtlich krankt. So hat die rasante Ausbreitung des Corona-Virus die Gesellschaft und ihre Mitglieder vor die Herausforderung gestellt, die eigene Gesundheit im ‚Gleichgewicht' zu halten, um so die Infektionsraten zu verringern und einem weiteren Einbrechen der Wirtschaft entgegenzuwirken. Auf einmal war jede und jeder Einzelne gefragt, zu diesem Ausbalancierungsprozess beizutragen – denn die Folgen eines Gleichgewichtsverlusts waren für alle spürbar. Die heiß geführte Debatte um eine Corona-Warn-App hat nicht nur gezeigt, welche Möglichkeiten die Erfassung, Speicherung und Verarbeitung von Informationen im Kampf gegen die Pandemie verspricht, sie hat erneut offenbart, was die Kehrseite der informationellen Kontrolle ist. So entzündete sich die öffentliche Diskussion insbesondere an Fragen zum Schutz der Grundrechte, der Verwendung personenbezogener Daten und der Möglichkeit diese zu missbrauchen. Die Foucaultschen Machtkonzeptionen gewannen vor diesem Hintergrund erneut an Aktualität und boten sich geradezu dafür an, die von den Regierungen verhängten Maßnahmen, wie Lockdowns, Ausgangssperren sowie die statistische Erfassung von Krankheits- und Sterbefällen als Ausformungen disziplinierender und biopolitischer Machtinterventionen zu betrachten. Ohne die Bezüge hier weiter zu vertiefen, wird an Foucaults Konzept der Biopolitik deutlich, welchen zentralen Stellenwert das Streben nach Balance bei der politischen Machtausübung einnimmt und welche Gefahren davon ausgehen. So zielt die Biopolitik darauf ab, über die Erfassung des Lebens und der biologischen Prozesse in der Bevölkerung ein „globales Gleichgewicht"[21] herzustellen, um so das Leben zu erhalten und zu optimieren. Es handelt sich um eine Technologie, die „auf etwas wie Homöostase zielt: auf die Sicherheit des Ganzen vor seinen inneren Gefahren."[22] Die negativen Auswüchse dieses Gleichgewichtsstrebens zeigen sich insbesondere in den verschiedenen Ausformungen rassistischen Denkens, das Foucault zufolge eine „Zäsur" darstellt,

---

21 Foucault, Michel / Ott, Michaela (Übers.): *In Verteidigung der Gesellschaft – Vorlesungen am Collège de France 1975 / 1976*. Suhrkamp: Frankfurt a.M. 1999, S. 288.

22 Ebd.

„zwischen dem, was leben und dem, was sterben muß."[23] Der Rassismus stellt demnach eine Machttechnologie dar, die über die Ausrichtung des Lebens nach einer Norm in der Gesellschaft einen Gleichgewichtszustand erzeugen will: Durch den „Tod der bösen Rasse, der niederen (oder degenerierten oder anormalen) Rasse" soll das Leben im Allgemeinen „gesünder und reiner" werden.[24] Zwar haben die Maßnahmen zur Eindämmung der Pandemie wenig mit jenem biopolitischen Gleichgewichtsideal zu tun, doch verbinden sich nicht zu Unrecht Befürchtungen und Ängste mit der kontinuierlichen Messung des ‚gesellschaftlichen Gesundheitszustandes', die grundsätzlich die Frage aufwerfen, welche Türen durch die zum Einsatz gebrachten Technologien, Praktiken und Maßnahmen noch geöffnet werden.

Gleichgewichtsdenken ist Ordnungsdenken. Als solches fordert es die Zurichtung der Wirklichkeit nach einem bestimmten Gleichgewichtsideal. Bemerkenswert in diesem Zusammenhang ist, dass sich das kybernetische Prinzip als „sichtbare Produktion der ‚unsichtbaren Hand' von Adam Smith"[25] auch als zentrales Balanceprinzip des Neoliberalismus erweist, insofern der Markt „zum Instrument der vollkommenen Koordinierung der Akteure" wird, „dank derer das gesellschaftliche Ganze ein dauerhaftes Gleichgewicht findet."[26] Der Markt wird auf diese Weise zu einer Gleichgewichtsinstanz, welche die gesamte Gesellschaft, alle darin stattfindenden Prozesse und jeglichen Lebensbereich zu ordnen beansprucht. Im Kontext der umsichgreifenden Ökonomisierung, die im akademischen Diskurs heute meist als ‚neoliberal' bezeichnet wird, bildet sich eine neue Form der Vernunft heraus, die Wendy Brown zufolge, nicht nur Politik, Arbeit, Recht, Bildung und Kultur nach ökonomischen Wertvorstellungen umgestaltet, sondern auch den Menschen als ‚Humankapital' auffasst.[27] Indem die „neoliberale Rationalität das *Modell des Marktes* alle Bereich und Tätigkeiten ausdehnt – auch wo es nicht um Geld geht"[28] werde der

---

23 Ebd., S. 301.
24 Foucault 1999, S. 302.
25 Tiqqun 2007, S. 18.
26 Ebd., S. 35.
27 Brown, Wendy / Jürgen Schröder (Übers.): *Die schleichende Revolution. Wie der Neoliberalismus die Demokratie zerstört.* Suhrkamp: Berlin 2018, S. 32.
28 Ebd., S. 32.

Mensch einem Marktakteur gleich, der in allen Lebenslagen seinen eigenen ‚Portfoliowert' zu steigern versucht, sei es in der Freizeit, in der Partnerschaft, in der Gesundheit oder im Konsum. Diese Entwicklung kommt überall dort zum Ausdruck, wo Individuen als „Unternehmer ihrer selbst adressiert werden und sich [als solche] verhalten."[29] Exemplarisch hierfür sind nicht nur die Selbstdarstellungs- und Selbstvermarktungstendenzen, die man heute überall auf sozialen Medien beobachten kann, auch die in zahlloser Form existierenden Weiterbildungs- und Coachingangebote sind typisch für einen Gesellschaftstyp, in dem man „nie mit irgendetwas fertig wird."[30] Die von Gilles Deleuze skizzierten Kontrollgesellschaften beschreiben genau jene Tendenzen, welche Subjekte zu Unternehmen machen, zu Projekten, die stets offen bleiben.[31] Die beständige Selbstoptimierung wird so zu einer Lebensform und zu einem Imperativ, der im Alltag jedoch zu unauflöslichen Spannungen führt und heute viele, die nicht aus dieser Ordnung herausfallen wollen, vor eine Zerreißprobe stellt:

> Sei mobil, aber kümmere dich um Familie und Gemeinwesen, sei teamfähig, aber denke an dein Vorwärtskommen, konsumiere, bis die Schwarte kracht, aber sorge für das Alter vor, misstraue dem Staat, aber gehorche seinen Gesetzen, verachte das Alte, aber schätze die Traditionen, erlerne die Tugenden, aber brich die Regeln, vertraue dem Markt, aber akzeptiere seine Unberechenbarkeit, plane weitsichtig, aber riskiere stets alles. Wer diesen kategorischen Imperativen gehorcht, lebt prekär.[32]

Der Markt als Ordnungs- und Gleichgewichtsinstanz veranlasst das Individuum zu geradezu schwindelerregenden Balanceakten. Doch führen jene Formen der auf Steigerung angelegten Selbstkontrolle immer wieder zu Symptomen des Ungleichgewichts. So werden psychische Erkrankungen wie Burnout und Depression häufig in Zusammenhang mit postfordistischen Produktionsweisen gestellt, die sich durch ein erhöhtes Maß an Eigenverantwortung und Flexibilität, der räumlichen und zeitlichen Entgrenzung von Arbeitsschritten sowie den Abbau von sozialen Auffangnetzen

---

29 Bröckling, Ulrich: *Das unternehmerische Selbst: Soziologie einer Subjektivierungsform*. Suhrkamp: Frankfurt a.M. 2007, S. 76.

30 Deleuze, Gilles / Roßler, Gustav (Übers.): *Unterhandlungen*. Suhrkamp: Frankfurt a.M. 1996, S. 257.

31 Vgl. Bröckling 2007, S. 245.

32 Brieler, Ulrich: „Der neoliberale Charakter". In: *DISS-Journal* 26, 2013, S. 20–21, hier S. 21.

auszeichnen.[33] Der „*unbegrenzte Aufschub* der Kontrollgesellschaften"[34] gleicht somit einer Heterostase, deren Dynamik in einer unendlichen Vorwärtsbewegung, im unbegrenztem Wachstum und endloser Steigerung besteht. Dem Istwert steht ein nie zu erreichender Sollwert gegenüber, der über kybernetische Feedbackprozesse unablässig angestrebt wird. Wenn Schopenhauer, das Gehen des Menschen als einen „stets gehemmtes Fallen"[35] beschreibt, als „beständig aufgeschobenen Gleichgewichtsverlust"[36], dann kann diese Metapher auch für das drohende Ungleichgewicht stehen, das mit der Beschleunigung der Wirtschafts- und Lebenswelt sowie der ungebremsten Ausschöpfung natürlicher Ressourcen einhergeht.

Die grundlegende Frage, die sich heute stellt, ist, wie man dem Kollaps ökologischer und wirtschaftlicher Systeme entgegenwirken kann. Die Folgen des ungehemmten Kapitalismus machen sich unlängst durch Eisschmelze, steigende Meeresspiegel, Artensterben, Waldbrände und Desertifikation bemerkbar. Zudem lässt sich eine weltweite Verschärfung wirtschaftlicher und sozialer Ungleichheiten beobachten. Ein fast schon abgedroschenes Beispiel ist das Elend, welches mit der massenhaften Produktion von Textilgütern im Globalen Süden einhergeht. Die Globalisierung und der Abbau von Handelsbeschränkungen haben den internationalen Preis- und Wettbewerbsdruck auf Kosten des Menschen und der Umwelt massiv erhöht.

Wie lässt sich Gleichgewicht anders denken? Oder haben wir jenen Zustand erreicht, den Mark Fisher als *Capitalist Realism* bezeichnet – als

---

33 Kaindl, Christina: „Gefühle im Neoliberalismus. Perspektiven der Kritischen Psychologie". In: Hünersdorf, Bettina / Hartmann, Jutta (Hrsg.): *Was ist und wozu betreiben wir Kritik in der Sozialen Arbeit?: Disziplinäre und interdisziplinäre Diskurse.* Springer Fachmedien: Wiesbaden 2013; Ehrenberg, Alain: *Das erschöpfte Selbst. Depression und Gesellschaft in der Gegenwart.* Campus: Frankfurt a.M. 2004.

34 Deleuze 1996, S. 257.

35 Schopenhauer, Arthur: „Die Welt als Wille und Vorstellung". In: Ders.: *Gesammelte Werke in zehn Bänden.* Züricher Ausgabe, Bd. 2. Zürich: Diogenes 1977, S. 388.

36 Goebel, Eckart / Zumbusch, Cornelia: „Einführung". In: Dies. (Hrsg.): *Balance – Figuren des Äquilibriums in den Kulturwissenschaften* (Studien aus dem Warburg-Haus, 23). DeGruyter: Berlin 2020, S. 7–34, hier S. 11.

„pervasive *atmosphere*, conditioning not only the production of culture but also the regulation of work and education, and acting as a kind of invisible barrier constraining thought and action."[37] Ein Zustand, der sich Fisher zufolge als alternativlos darstellt, als das einzige politisch-ökonomisch funktionierende System.[38] Der Fredric Jameson und Slavoj Žižek zugeschriebene Satz „it is easier to imagine the end of the world than it is to imagine the end of capitalism"[39], beschreibe genau jenes Unvermögen sich eine kohärente Alternative zum Kapitalismus vorstellen zu können. In einer solchen Realität jedoch trage selbst antikapitalistischer Widerstand zum Selbsterhalt des Systems bei, indem er dieses nicht abschafft, sondern lediglich dessen schlimmste Folgen abmildert.[40]

Ökonomisierte Welten – das sind Welten, die sich, wie der Titel des vorliegenden Bandes nahelegt, in einem Zustand der *DisBalance* befinden. Sie sind durchdrungen von einer ökonomischen Steigerungslogik, sowie dem Ideal der Selbstregulierung und permanenten Selbstoptimierung. Doch ist dieses Ideal heute mehr als nur eine Vorstellung, es ist ein sichtbares Prinzip, das sich in nahezu allen Räumen, Lebensbereichen, Ausdrucksformen und Prozessen beobachten lässt. So produzieren diese ökonomisch balancierten Welten reale Ungleichgewichte und spürbare Disbalancen. Wir leben und bewegen uns in vielen Welten: in physischen, geographischen, politischen, sozialen, digitalen, gedanklichen und emotionalen, kulturellen und fiktionalen. Alle sind Teil unserer Alltagswelt und Schauplatz ökonomischer wie nicht ökonomischer Ausbalancierungsprozesse.[41] Der vorliegende Band nimmt sich einige dieser Weltausschnitte vor. Dabei ergeben sich vielfältige Bezüge zwischen den einzelnen Beiträgen, die das

---

37 Fisher, Mark: *Capitalist realism: is there no alternative?* Zero Books: Winchester, UK / Washington, DC 2009, S. 16.

38 Vgl. ebd., S. 2.

39 Vgl. ebd.

40 Vgl. S. 13.

41 Die Alltagswelt können wir im Sinne Alfred Schütz' als den „Wirklichkeitsbereich" verstehen, an dem „der Mensch in unausweichlicher, regelmäßiger Wiederkehr teilnimmt", also als den Wirklichkeitsbereich, in den wir eingreifen können und der zugleich unsere Handlungsmöglichkeiten begrenzt. (Schütz, Alfred / Luckmann, Thomas: *Strukturen der Lebenswelt.* 2. Auflage. UVK: München / Konstanz 2017, S. 29.)

komplexe Verhältnis von Balance und Ökonomie widerspiegeln. Der Band gliedert sich in drei übergeordnete thematische Blöcke. So geht es in einem Block um das Umsichgreifen digitaler und finanzökonomischer Welten: um deren tiefgreifenden Einfluss auf die Herausbildung zwischenmenschlicher Intimbeziehungen (Matthias Röck), auf die künstlerische Produktion literarischer Texte (Karsten Becker) sowie um ästhetische Formen des Widerstands (Sebastian Lübcke). In einem weiteren Block geht es, im Sinne Luhmanns, um Literatur als fiktionale Welt.[42] In utopischen (Simon Grund) und 'post-post-apokalyptischen' (Kim Luther) Erzählungen stellt sich die Frage, welche Rolle der Mensch im Spannungsfeld von Balance und Ökonomie einnimmt. Die Literatur erlaubt außerdem Gedankenspiele, in denen die ökonomische Ordnung außer Kraft gesetzt und so über Souveränität und Gerechtigkeit reflektiert werden kann (Max Roehl). Der dritte Block widmet sich der Ökonomisierung einzelner und der ökonomischen Verflechtung mehrerer geographischer Regionen auf einer globalen Skala. Hier stehen Naturzerstörung als Logik des Kapitalismus (Heinrich Wilke), soziale und ökologische Ungleichgewichte als koloniale Kontinuitäten (Lukas Müsel) und Spannungen zwischen der Aneignung der Welt und des kulturell Anderen und der kritischen Reflexion dieser Aneignung (Stefan Breitrück) im Zentrum balancetheoretischer Betrachtungen.

Die Frage, ob der Mensch ein Virus ist, welches das natürliche Gleichgewicht zerstört, oder das Streben nach Gleichgewicht den Menschen vor den schwerwiegenden Folgen eines tödlichen Virus bewahrt, wird dieser Band nicht beantworten können. Er zielt dennoch darauf ab, die zunehmend in die Öffentlichkeit tretende Semantik der *DisBalance* kritisch zu reflektieren. So ist bereits seit geraumer Zeit die Rede von einem „Kapitalismus aus dem Gleichgewicht"[43] oder einem sich im Schlingern

---

42 Vgl. Luhman, Niklas: *Schriften zu Kunst und Literatur*. Niels Weber (Hrsg.). Suhrkamp: Frankfurt a.M. 2008.

43 Merkel, Wolfgang: „Kapitalismus: Aus dem Gleichgewicht," *Die Zeit*, 17.07.2019. Zuletzt abgerufen 29.10.2020. <https://www.zeit.de/wirtschaft/2019-04/kapitalismus-finanzialisierung-globalisierung-demokratie-ungleichheit>

befindenden Ökosystem –[44] und gegenwärtig werden zunehmend Stimmen laut, welche „die Weltordnung [...] auf der Kippe"[45] stehen sehen. Gleichzeitig ist auch im Alltag der Corona-Krise immer wieder die Rede von der „Abwägung zwischen Infektionsschutz versus wirtschaftliche und soziale Belastung"[46] – Ziel bleibt das Gleichgewicht als Ideal: „die richtige Balance zu finden"[47] zwischen Einschränkungen und Tagesgeschäft, zwischen staatlicher Kontrolle und individueller Freiheit. Die als Gleichgewichtsverlust semantisierte Krise – sei es eine wirtschaftliche, ökologische, oder gesundheitliche Krise – ist so stets eng verknüpft mit der Forderung nach einer Sicherheit und Kohärenz verheißenden Balance, die in Analogie zum Ideal des ‚natural equilibrium' als eine „beneficient, stable and holistic force"[48] konzeptualisiert wird und über Konzessionen, strukturelle Veränderungen, oder Anpassung des eigenen Verhaltens erreicht werden kann. Der Band beleuchtet diese unterschiedlichen Facetten des Gleichgewichts als Wahrnehmung und Interpretation, als Ideal und Ideologie im Dienst der Zurichtung gesellschaftlicher Wirklichkeit. Insbesondere in ökonomisierten Welten erscheint ‚Balance' als prekäres Ideal, das reale Ungleichgewichte – die ‚desert of the real' – überspielt, gleichzeitig aber Widerständigkeiten hervorruft, stets umkämpft ist und immerzu auf dem Spiel steht.

---

44 Žižek, Slavoj / rib (Übers.): „Das Raumschiff Erde schlingert," *Neue Züricher Zeitung*, 13.09.2017. Zuletzt abgerufen 27.10.2020. <https://www.nzz.ch/feuilleton/willkommen-in-trisolaris-oder-das-ende-der-natur-ld.1315987>.

45 „Herfried Münkler über den Zustand der Welt: Die Weltordnung steht auf der Kippe," *Der Spiegel*, 13.10.2020. Zuletzt abgerufen 23.10.20. <https://www.spiegel.de/kultur/literatur/herfried-muenkler-ueber-buchmesse-und-corona-die-weltordnung-steht-auf-der-kippe-a-e460bfc4-b4e0-4ac8-bab4-3a5864a40591>.

46 Wildermuth, Volkart: „Drosten stellt klar: Quarantänezeit sollte nicht verkürzt werden," *Deutschlandfunk*, 04.09.2020. Zuletzt abgerufen 29.10.2020. <https://www.deutschlandfunk.de/coronavirus-drosten-stellt-klar-quarantaenezeit-sollte.676.de.html?dram:article_id=483620>.

47 Spahn, Jens: „Regierungserklärung zur Bekämpfung des Corona-Virus," *Bundesgesundheitsministerium*, 04.03.2020. Zuletzt abgerufen 29.10.20. <https://www.bundesgesundheitsministerium.de/presse/reden/regierungserklaerung-coronavirus.html>.

48 Jelinski 2005, S. 272.

I. Digitale Welten

Matthias Röck

Toxic Love – die Beziehungssuche in Zeiten von Dating-Apps
Eine kritische Betrachtung am Beispiel von *Tinder*

„Modern man's happiness consists in the thrill of looking at the shop windows, and in buying all that he can afford to buy […] He (or she) looks at people in a similar way."[1]

Spätestens seit Niklas Luhmann ist die Liebe kein Gefühl mehr, sondern ein symbolisch generalisiertes Kommunikationsmedium, über das Gefühle ausgedrückt, ausgebildet, simuliert und anderen unterstellt werden – sozusagen ein kulturabhängiger und veränderlicher Code, nach dem wir unsere Intimbeziehungen gestalten und ausleben.[2] So provokant die These auch heute noch anmuten mag, so unstrittig ist auch, dass unsere Vorstellungen von Liebe und Partnerschaft ganz entscheidend von den Narrationen unserer Zeit geprägt sind.[3] Ob durch Märchengeschichten, Disney-Filme, Hollywood-Romanzen oder die Liebesinszenierungen auf sozialen Medien – von klein auf wird unser Bild von Liebe durch Massenmedien modelliert. Was aber, wenn sie so codiert wird, dass sie schädlich ist – wenn uns die Narrationen mehr von Selbstoptimierung und Konsum erzählen als von Hingabe, Empathie und gegenseitigem Verständnis? Die Erzählungen über Intimbeziehungen ändern sich. Um diesen Wandel festzustellen, muss man heute nicht lange suchen. Auf großformatigen Werbeplakaten werden uns die neuen Beziehungsmodelle präsentiert. Ob mit attraktiven Werbemodels (Parship, Bumble) oder Momenten der Selbstfindung (Tinder), die

1 Fromm, Erich: *The Art of Loving*. HarperCollins: New York u.a. 2006, S. 3.
2 Vgl. Luhmann, Niklas: *Liebe als Passion. Zur Codierung von Intimität*. Suhrkamp: Frankfurt a.M. 1982, S. 23.
3 Vgl. Fuchs, Peter: *Liebe, Sex und solche Sachen. Zur Konstruktion modernen Intimsysteme*. UVK Verlagsgesellschaft mbH: Konstanz 2003, S. 67.

Anzeigenmotive, mit denen die führenden Online-Singlebörsen werben, scheinen einen Nerv der Zeit zu treffen und zielen offenbar auf die Sehnsüchte junger Großstädter. Was genau verbirgt sich hinter diesen Motiven? Was erzählen sie uns? Und weshalb erscheint uns das, was sie uns erzählen normal – oder zumindest gar nicht mal so abwegig?

Eine Kampagne verdient besondere Aufmerksamkeit, da sie eine Neuausrichtung markiert. In ihr werden nicht wie sonst üblich Werbemodels präsentiert, die Modell für mögliche Partnertypen stehen. Auch wird keine Partnerschaft oder Verliebtheit in Aussicht gestellt, wie es z.B. bei Parship (*„alle 11 Minuten verliebt sich ein Single“*) der Fall ist. Sie inszeniert den Singlestatus als ein Selbstverwirklichungsprojekt. So lautet der Claim der in Deutschland geführten Werbekampagne des Dating-App-Anbieters Tinder bezeichnenderweise: *#SingleNotSorry*.[4] Mit Slogans wie *„Single küsst, wen Single küsst.“*, *„Single macht, was Single will.“*, *„Single feiert, wie Single will.“*, *„Single lebt den Moment.“* legt dieser seine ganz eigene Interpretation der Beziehungssuche vor. Die Motive der Plakate zeigen Schnappschüsse aus rauschenden Partynächten. Auf den bis ins Detail durchinszenierten Bildern sind junge Models und Influencer zu sehen, die ihr Singledasein offenbar in vollen Zügen genießen. Ob beim Feiern im Pool, beim Karaoke singen im Kiosk oder beim Küssen neuer Bekanntschaften – die Botschaft der Werbeposter ist klar: Single zu sein bedeutet Freiheit, Spaß und Abenteuer. Der Solostatus wird nicht nur als urbaner und selbstbestimmter Lifestyle angepriesen, sondern geradezu idealisiert. Dabei sollte man eigentlich annehmen, dass Dating-Apps dazu beitragen, den Singlestatus möglichst schnell aufzuheben. Die Werbekampagne von Tinder wirft gleich mehrere Fragen auf: Von welchen Praktiken und Idealen wird die Beziehungssuche auf Dating-Apps geleitet? Wie greifen das Design der App und gesellschaftlich verankerte Wertvorstellungen ineinander? Und welchen Einfluss haben Dating-Apps auf die Herausbildung

4 Die Kampagne war von Anfang 2019 bis Anfang 2020 in vierzehn deutschen Städten zu sehen, darunter Berlin, Hamburg, München, Frankfurt, Köln und Stuttgart. Auch in Großbritannien und Frankreich warb Tinder mit ähnlichen Plakatmotiven, Claims und Slogans. Flankiert und fortgeführt wurde die Kampagne auf verschiedenen Social-Media-Kanälen (Instagram, Facebook, Snapchat, YouTube) unter dem Hashtag *#SingleNotSorry*.

zwischenmenschlicher Beziehungen? Auch wenn eine umfassende Beantwortung dieser Fragen im Rahmen dieses Beitrags nicht geleistet werden kann, so soll doch reflektiert werden, inwiefern die Beziehungssuche über Dating-Apps die Züge eines Selbstoptimierungsprojekts annimmt, dessen zentrale Triebfeder in einer *DisBalance* besteht. Eine App für Singles, die ihr Singledasein genießen wollen, ist an für sich noch unproblematisch. Eine App, welche die Herausbildung zwischenmenschlicher Beziehungen an ökonomisch geprägte Wertvorstellungen knüpft, verdient eine genauere Betrachtung.

1. *Toxic Love*

Dass das Design von Smartphone-Apps darauf abzielt, die Nutzungsaktivität zu steigern, ist schon lange kein Geheimnis mehr. Doch ist es schon bemerkenswert, wie sehr das Erfolgsrezept von Dating-Apps dem gleicht, was im Bereich zwischenmenschlicher Beziehungen heute oft als „toxisch" bezeichnet wird. Zumindest in den Medien gewinnt der Begriff zunehmend an Popularität; er erscheint in zahlreichen redaktionellen Beiträgen, Erfahrungsberichten, Blogs, Online-Ratgebern und kursiert in populärwissenschaftlichen Diskursen.[5] Er beschreibt gemeinhin eine schädliche Art zwischenmenschlicher Beziehungen (meist Paarbeziehungen), in denen manipulative Verhaltensweisen auftreten. Bei sogenannten „toxischen Beziehungen", so lassen sich viele der Erfahrungsberichte zusammenfassen, stehen emotionale Berg- und Talfahrten, der ständige Wechsel von Nähe und Distanz und das permanente Gefühl von Unsicherheit auf der Tagesordnung. Es ist eine Mischung, die abhängig und manipulierbar macht. Den Beteiligten fällt es deshalb oft schwer, sich aus den schädlichen Bindungen zu lösen. „Toxische Beziehungen" werden daher in ihrer Wirkungsweise oftmals mit Glücksspielautomaten verglichen: „Like the compulsive gambler anticipating the big pay-off, the toxic relationship

---

5 So lautete z.B. das Titelthema einer erst kürzlich erschienen Ausgabe des Psychologie Magazins *Psychologie Heute* „Toxische Beziehung. Wie wir die Liebe wieder ins Gleichgewicht bringen – oder hinter uns lassen." Vgl. Otto, Anne: „Toxische Beziehung". *Psychologie Heute*, 9.10.2020. Zuletzt abgerufen 22.10.2020. <https://www.psychologie-heute.de/beziehung/40797-toxische-beziehung.html>.

addict is waiting for the jackpot of love and affection from the other person."[6] Der Begriff birgt zudem die Vorstellung einer Imbalance. So deutet er einerseits an, dass sich die Beziehung in einem Ungleichgewicht befindet, andererseits, dass sich dieses Ungleichgewicht negativ auf die Gesundheit der Beteiligten auswirkt.[7]

Weshalb also steht dem Titel des vorliegenden Beitrags dieser Begriff voran? Soll er vermitteln, dass Dating-Apps tendenziell schädliche Paarbeziehungen hervorbringen? Ganz im Gegenteil. So legen z.B. Zahlen aus den USA nahe, dass sich über ein Drittel aller verheirateten Paare in den Vereinigten Staaten heute über das Internet kennengelernt haben.[8] Andere Studienergebnisse sprechen dafür, dass die Verbreitung des Internets zu einer Zunahme geschlossener Ehen geführt hat.[9] Dating-Plattformen bringen Menschen zusammen und man darf zunächst einmal annehmen, dass die daraus resultierenden langfristigen Beziehungen in ihrer Qualität und

---

6 Gordon, Billi: „Hooked on Messy Loving. Why toxic relationships are addictive". *Psychology Today*, 4.2.2014. Zuletzt abgerufen 22.10.2020. <https://www.psychologytoday.com/us/blog/obesely-speaking/201402/hooked-messy-loving>.

7 Die Vorstellung von Gesundheit und die Idee der Balance stehen in einem engen Verhältnis. So ging die in der Antike entwickelte Humoralpathologie davon aus, dass die Gesundheit des Menschen von einem ausgewogenen Verhältnis der Körpersäfte abhängt. Auch wenn die Vier-Säfte-Lehre, die noch bis ins 18. Jahrhundert allgemein anerkannt war, heute überholt ist, hält sich noch immer die Vorstellung von Gesundheit als einem Balancezustand, wie z.B. der Begriff der „seelischen Balance" nahelegt. Ob Gesundheit tatsächlich mit einem Balancezustand gleichzusetzen ist und welches Balancekonzept sich dafür am ehesten eignet, soll hier nicht weiter erörtert werden. Doch verweist der Begriff des „Toxischen" zumindest auf die Vorstellung einer Imbalance.

8 Vgl. Cacioppo, John T. et al.: „Marital Satisfaction and break-ups differ across on-line and off-line meeting venues". *Proceedings of the National Academy of Sciences* 110(25) 2013, S. 10135–10140, zuletzt abgerufen 27.8.2019, DOI 10.1073/pnas.1222447110.

9 Vgl. Bellou, Andriana: „The impact of internet diffusion on marriage rates: Evidence from the broadband market". *Journal of Population Economics: International Research on the Economics of Population, Household, and Human Resources* 28(2) 2015, S. 265-297, zuletzt abgerufen 27.08.2019, DOI: 10.1007/s00148-014-0527-7.

Dauer den im analogen Raum beginnenden Beziehungen um nichts nachstehen.[10] Doch kann sich die *Beziehungssuche* über Dating-Apps im zuvor beschriebenen Sinne für ihre Nutzer als „toxisch" erweisen. So besteht ein zentraler Aspekt der hier vertretenen These darin, dass bei der Beziehungssuche über Dating-Apps zunächst eine Beziehung *zur App* hergestellt wird. Demzufolge produzieren Dating-Apps eine schädliche Beziehungskonstellation, in welcher die App *zum Medium und zur Projektionsfläche der Gefühle* ihrer Nutzer wird. Ihr Design ist darauf angelegt, ein Abhängigkeitsverhältnis zu erzeugen, in welchem die Nutzer auf immer neue *Zuneigungs-*, *Liebes-* und *Dopamin-Jackpots* warten. Zum anderen unterwirft die Logik solcher Apps die Herausbildung zwischenmenschlicher Beziehungen einer ökonomischen Rationalität, die sich nicht nur negativ auf die Gefühlswelt ihrer Nutzer, sondern auch auf deren Fähigkeit, tiefergehende Beziehungen aufzubauen, auswirken kann. Wenn Eva Illouz in ihrem Buch „Warum Liebe endet" von einem „dornigen *Weg*" spricht, den heute viele gehen müssen, bis sich eine Paarbeziehung herausbildet, oder einer „Kultur der Lieblosigkeit", die unter dem Einfluss neuer technologischer Plattformen entstanden ist,[11] knüpft der vorliegende Beitrag an genau jene Beobachtungen an und untersucht am Beispiel von Tinder, auf welche Weise Dating-Apps ihre potenziell „toxische" Wirkung entfalten.

2. *DisBalance* – Beziehungssuche via Tinder

Bevor die technischen, ökonomischen und sozialen Aspekte von Tinder analysiert werden, ist noch zu klären, was hier unter dem Begriff der Beziehungssuche verstanden wird und welche Formen der *DisBalance*, also des (Un-)Gleichgewichts, durch den Gebrauch von Dating-Apps begünstigt werden. Anders als bei Online-Partnervermittlungen wie Parship oder Elitepartner, deren Geschäftsmodell darauf basiert, über Persönlichkeitstests möglichst kompatible Partner auf lange Sicht zusammenzuführen, ist bei

---

10 Vgl. Rosenfeld, Michael J. / Thomas, Reuben J.: „Searching for a Mate: The Rise of the Internet as a Social Intermediary". *American Sociological Review* 77(4) 2012, S. 523–547, zuletzt abgerufen 27.8.2019, DOI 10.1177/0003122412448050, hier S. 543.

11 Illouz, Eva / Adrian, Michael (Übers.): *Warum Liebe endet*. Suhrkamp: Berlin 2018, S. 46–47.

Singlebörsen wie Tinder keineswegs klar, welche Motive die Nutzer im Einzelnen verfolgen. Nicht selten herrscht bei diesen mehr oder weniger große Verunsicherung über die Motive des Gegenübers. So können die Nutzungsmotive von der Suche nach einer langfristigen Beziehung, Gelegenheitssex bis hin zur Suche nach Selbstbestätigung und Unterhaltung reichen.[12] Die App, so viel steht fest, verspricht ihren Nutzern bestimmte „emotionale Erfahrungen"[13], die auf der Interaktion ihrer Nutzer beruhen. Diese Interaktion wird durch das Design der App maßgeblich beeinflusst und kann einen bestimmten Grad der Intimität erreichen. Dabei entstehen Gefühle, Hoffnungen und Wünsche, die durch die ökonomische Logik des gesamten Settings fundamental geprägt werden. Der Begriff der Beziehungssuche beschreibt demnach ein weites Feld zwischenmenschlicher Beziehungen, die zu Beginn von verschiedenen Intentionen geprägt sein mögen, sich aber potenziell zu tiefergehenden Beziehungen entwickeln können.

2.1 *Love out of Balance* – Formen des Ungleichgewichts

Was bei der Beziehungssuche über Dating-Apps grundsätzlich auf dem Spiel steht, ist die Balance. Die Vorstellung von Balance schwingt in zwischenmenschlichen Beziehungen immer schon mit. So stellt Reziprozität ein Grundprinzip sozialer Beziehungen dar, die über bestimmte Austausch- und Gerechtigkeitsformen ausbalanciert werden: „Erbringen nicht alle Beteiligten (subjektiv) eine ähnliche Leistung, gerät die Balance aus dem Gleichgewicht. Nichtbalancierte Beziehungen drohen zu zerbrechen."[14] Auch in Intimbeziehungen ist die Vorstellung von Balance von grundlegender Bedeutung. So erwarten wir in der Regel „Reziprozität der Gefühle."[15]

12 Vgl. Timmermans, Elisabeth / De Caluwé, Ellen: „Development and Validation of the Tinder Motives Scale (TMS)". *Computers in Human Behavior* (70) 2017, S. 341–350, zuletzt abgerufen 27.08.2019, DOI 10.1016/j.chb.2017.01.028.

13 Vgl. Dröge, Kai / Voirol, Olivier: „Prosumer der Gefühle. Zum emotionalen Produktionsregime des Web 2.0 am Beispiel von Online-Dating-Plattformen". *Österreichische Zeitschrift für Soziologie* 38(2) 2013, S. 185–202, zuletzt abgerufen 27.08.2019, DOI 10.1007/s11614-013-0083-5, hier S. 186.

14 Stegbauer, Christian: *Reziprozität. Einführung in soziale Formen der Gegenseitigkeit*. Westdt. Verl.: Wiesbaden 2002, S. 18.

15 Ebd., S. 150.

Ungewissheit über deren Gegenseitigkeit ist laut Stegbauer die „Ursache von Missverständnissen und Unsicherheit."[16]

Bereits Luhmann hat auf die „Inkommunikabilität der Icherfahrung"[17] und die Unmöglichkeit, Aufrichtigkeit zu kommunizieren, hingewiesen, in der eine solche Ungewissheit über die Gegenseitigkeit von Gefühlen schon immer begründet liegt. Als symbolisch generalisiertes Kommunikationsmedium wirkt die Liebe zumindest der daraus resultierenden Unsicherheit entgegen, indem sie z.B. die „wechselseitige Komplettberücksichtigung"[18] vorschreibt oder Sex mit anderen Personen ausschließen soll.[19] So hat sich in der Moderne auch die Bereitschaft zur Ehe als ein „typischer Beweis" für das Vorhandensein von Liebe etabliert.[20] Natürlich unterliegt der Liebescode gesellschaftlichen Wandlungsprozessen, erfüllt zu jeder Zeit eine spezifische Funktion und muss vor dem Hintergrund des Aufkommens und der Verbreitung alternativer Beziehungskonzepte, wie z.B. das der Polyamorie oder der „offenen" Beziehung, immer wieder neu verhandelt werden. Doch ist hinsichtlich der Idee der Balance hervorzuheben, dass Sinnbildung und Kommunikation laut Luhmann die wichtigsten Ordnungsmittel des Menschen sind, um „sich darüber [zu] verständigen, daß sie dasselbe meinen und weiterhin meinen werden."[21] Symbolische generalisierte Kommunikationsmedien verbinden Motivationen mit Selektionen. Sie motivieren nicht nur zu bestimmten symbolisch-expressiven Handlungen, sondern auch zur „Selektion bestimmter Erlebnisperspektiven" und zur Annahme übermittelter Sinngehalte.[22] Gerade hierin scheint eine wichtige balancestiftende Funktion von Liebe als Kommunikationsmedium zu liegen. Die Balance in Intimbeziehungen gerät besonders dann in Gefahr, wenn ein gemeinsamer Erlebnis- und Deutungshorizont fehlt, wenn Handlungen ihre Symbolkraft verlieren oder ihre Expressivität zunehmend in Unklarheit verschwimmt.

Wie im Folgenden argumentiert wird, erzeugen Dating-Apps auf dreifacher Ebene ein Ungleichgewicht. Zum einen stellen sie die Herausbildung

---

16 Ebd.
17 Luhmann 1982, S. 132.
18 Ebd., S. 39.
19 Vgl. Luhmann, Niklas: *Liebe. Eine Übung*. André Kieserling (Hrsg.). Suhrkamp: Frankfurt a.M. 2008, S. 47–48.
20 Ebd., S. 71.
21 Ebd., S. 12.
22 Ebd., S. 13–16.

zwischenmenschlicher Beziehungen in einen Wettbewerbskontext, wodurch sich die Unsicherheit im Bereich der Intimbeziehungen verstärkt.[23] In einem solchen Kontext ist die Investition von Gefühlen stets ein Risikofaktor, da es keine Garantie für Reziprozität gibt. Zudem ist oft unklar, was gegen was getauscht wird, ob beide das gleiche meinen und auch weiterhin meinen werden. Zum anderen hängt der wirtschaftliche Erfolg von Dating-Apps davon ab, wie effektiv die Gefühlswelt der Nutzer ausgeschöpft wird.[24] Hier stellt sich die Frage des Gleichgewichts hinsichtlich des Verhältnisses zwischen App-Betreibern und App-Nutzern. Das dritte Ungleichgewicht bezieht sich auf die „toxische" Wirkung von Dating-Apps. So zielt ihr Design einerseits darauf ab, über wechselndes Feedback ein Abhängigkeitsverhältnis zu erzeugen. Andererseits tragen sie dazu bei, dass sich die Beziehungssuche zu einem Projekt entwickelt, das sich zwischen den Polen von Selbstbestätigung und Kränkung, Scheitern und Erfolg vollzieht. Damit steht immer auch das Selbstwertgefühl der Nutzer auf dem Spiel.

2.2 Kybernetische Ausbalancierung

Das durch die Wettbewerbssituation und die damit verbundene Unsicherheit bedingte Ungleichgewicht wird auf Dating-Apps kybernetisch ausbalanciert. An die Stelle von Sicherheit und Verbindlichkeit treten Selbstoptimierungs- und Feedbackprozesse, über die sich der persönliche Marktwert eruieren und die eigene Wettbewerbsposition verbessern lassen. Der dadurch erzeugte, stets prekäre Balancezustand lässt sich als ein Phänomen der *DisBalance* verstehen, als ein Zustand, in dem sich Balance und Disbalance gegenseitig bedingen. Damit jedoch werden zwischenmenschliche Beziehungen nach einem Prinzip ausbalanciert, welches eine typische Organisationsform neoliberaler Gesellschaften darstellt. So ist die Kybernetik als Wissenschaft der Steuerung komplexer Systeme nicht nur eine der wichtigsten Produktivkräfte postfordistischer Gesellschaften, sondern offenbart sich auch als eine „neue Herrschaftstechnologie", wie das

23 Vgl. Illouz 2018, S. 22.
24 Vgl. Dröge / Voirol 2013, S. 187.

französische Autorenkollektiv Tiqqun argumentiert.[25] Bei der „kybernetischen Hypothese“ handle es sich um ein „Denken des Gleichgewichts“[26], bei dem der „Markt zum Instrument der vollkommenen Koordinierung der Akteure [wird], dank derer das gesellschaftliche Ganze ein dauerhaftes Gleichgewicht findet.“[27] Damit erweist sich die Kybernetik als zentrales Balanceprinzip des Neoliberalismus, bzw. neoliberaler Gouvernementalität, da sie über die Etablierung von Feedbacksystemen die Optimierungsprozesse im gesamten Gesellschaftskörper sicherstellt. Sinnbildlich für das kybernetische Prinzip steht heute das Internet, da es durch die Sammlung und Steuerung von Informationen eine mittlerweile nahezu flächendeckende Kontrolle und Optimierung aller in der Gesellschaft stattfindenden Prozesse ermöglicht. Wie im Folgenden argumentiert wird, greifen Dating-Apps wie Tinder genau jene Regierungs- und Steuerungstechniken auf, die für neoliberal geprägte Gesellschaften typisch sind, und bieten eine Plattform zur beständigen Selbstoptimierung. Dabei kommen sie in einem Bereich zum Einsatz, der Luhmann zufolge der einzige Ort ist, „an dem der einzelne konkret in *all* seinen Rollen zu überblicken“ und daher der „optimale Standort sozialer Kontrollen“ ist: im Bereich zwischenmenschlicher Intimbeziehungen.[28]

Im folgenden Kapitel wird am Beispiel von Tinder zunächst untersucht, inwiefern die Nutzer eine tendenziell „toxische“ Beziehung zur Dating-App aufbauen. Hier liegt der Fokus auf den Funktions- und Gebrauchsweisen der App. Darauf wird in *Kapitel 4* erörtert, welche Züge die Beziehungssuche unter dem Paradigma eines kybernetischen Gleichgewichts, dessen zentraler Bezugspunkt der Markt ist, annimmt. In diesem Teil wird größeres Augenmerk auf ökonomisch geprägte Wertvorstellungen und gesellschaftliche Idealbilder gelegt, wie sie in der Werbekampagne von Tinder bereits zum Vorschein kommen. Da beide Aspekte eng zusammenhängen und sich gegenseitig bedingen, handelt es sich bei der Aufteilung in erster Linie um eine thematische Gewichtung.

---

25 Tiqqun / Voullié, Ronald (Übers.): *Kybernetik und Revolte*. Diaphanes: Zürich/ Berlin 2007, S. 12.

26 Ebd., S. 13.

27 Ebd., S. 35.

28 Luhmann 2008, S. 69.

3. Die Beziehung zur App

Nicht selten kommt es vor, dass wir eine emotionale Beziehung zu den Gegenständen aufbauen, mit denen wir häufig und intensiv interagieren. Dies gilt insbesondere für jene Gegenstände, die eine Ähnlichkeit zu Lebewesen (z.B. Kuscheltiere) oder anthropomorphe Eigenschaften (Sprachassistenten wie *Alexa*) aufweisen. Wie bei jeder Beziehung, die man eingeht, sollte man sich auch hier die Frage stellen, auf welche Art von Beziehung man sich einlässt. In welcher Relation stehen die eigenen Absichten und Gefühle zu denen des Gegenübers? Während das Verhältnis, das man beispielsweise zu einem Kuscheltier aufbauen kann, noch ganz einseitig ausfällt, sieht es mit intelligenten Gegenständen wie Smartphones, die unsere Aktivitäten verfolgen und unsere Daten an Dritte übermitteln, schon etwas anders aus. Eine Betrachtung des ökonomischen Settings, in das Online-Dating-Apps eingebunden sind, ist schon deshalb geboten, da hier die wirtschaftlichen Interessen des App-Anbieters auf die Gefühle und emotionalen Wünsche der App-Nutzer treffen. Dabei ist die Basisversion von Tinder zunächst einmal kostenfrei. Eine Anmeldung, die über den eigenen Facebook-Account oder die persönliche Telefonnummer erfolgt, geht genauso schnell und unkompliziert wie die Nutzung selbst. Einmal registriert, besteht die Option, bis zu neun Bilder von sich hochzuladen und sein Profil mit einem kurzen repräsentativen Text sowie mit einem Link zum eigenen Instagram-Profil zu versehen. Auf der Basis des eigenen GPS-Standorts und des zuvor festgelegten Suchradius' werden potenzielle „*Matches*" in der Umgebung angezeigt. Allerdings erscheinen nie mehrere Profile gleichzeitig auf dem Smartphone-Display, sondern immer nur eines. Wie von einem Kartenstapel lassen sich die angezeigten Profile nach rechts „*Like*" oder nach links „*Nope*" wischen, je nachdem, ob Interesse an einer Kontaktaufnahme mit der anderen Person besteht oder nicht. „*Swipen*" beide Personen nach rechts, kommt ein *Match* zustande und es besteht die Möglichkeit, in einen Chat überzugehen. Die Bezahlversion der Dating-App ermöglicht es ihren Nutzern unter anderem durch sogenannte „*Boosts*" ihre Position im Stapel zu verbessern und durch „*Super-Likes*" besonders begehrenswerte Personen auf sich aufmerksam zu machen.

Mit schätzungsweise um die 50 Millionen registrierten Nutzern weltweit[29] gehört Tinder zu den führenden Dating-App-Anbietern. Auch an der Börse verzeichnet das Unternehmen zunehmend Gewinne. Als Teil der Match Group, die über 45 Dating-Firmen unter sich vereint, gehört Tinder zum Monopolisten auf dem Dating-App-Markt. Allerdings ist die Zahl der potenziellen Nutzer noch lange nicht ausgeschöpft und es drängen beständig neue Konkurrenten auf den Markt. So macht nicht nur der zweitgrößte Dating-App-Anbieter Spark Networks der Match Group Konkurrenz, auch Facebook hat seinen Dienst inzwischen um eine Dating-Funktion erweitert. Bereits 2018 verkündete Mark Zuckerberg, dass es auf dem sozialen Netzwerk 200 Millionen Singles gibt, derer sich das Unternehmen künftig annehmen wolle. Wer sich bei einer der mittlerweile zahlreich existierenden Online-Dating-Dienste anmeldet, begibt sich damit auch inmitten eines Wettbewerbs um die meisten aktiven Nutzer. Wie bereits Tim O'Reilly in seinem 2005 erschienen Artikel „What is Web 2.0" prognostiziert hat, sind die Menge und die Qualität der gesammelten Daten ausschlaggebend für den Erfolg einer Plattform. So bestehe zwischen den Plattform-Betreibern ein Wettrennen um das Monopol der wichtigsten Nutzerdaten. Demnach gilt auch für Online-Dating-Plattformen, was für das Web 2.0 generell gilt: „the winner will be the company that first reaches critical mass via user aggregation, and turns that aggregated data into a system service."[30] Bei diesem Wettrennen kommt es heute aber nicht mehr nur darauf an, neue Nutzer zu gewinnen, sondern auch darauf, die Bildschirmzeit bereits bestehender Nutzer zu maximieren und diese langfristig an die eigene Plattform zu binden. Diese Bindung lässt sich jedoch nicht allein durch die Qualität des angebotenen Dienstes herstellen. Angesichts zahlreicher vergleichbarer Angebote auf

---

29 Vgl. Kroker, Michael: „Zahlen & Fakten rund um Tinder: 50 Millionen Nutzer, 12 Millionen Matches am Tag." *Wirtschafts Woche*, 12.4.2019. Zuletzt abgerufen 22.10.2020. <https://blog.wiwo.de/look-at-it/2019/04/12/zahlen-fakten-rund-um-tinder-50-millionen-nutzer-12-millionen-matches-am-tag/>.

30 O'Reilly, Tim: „What Is Web 2.0. Design Patterns and Business Models for the Next Generation of Software". Zuletzt abgerufen 27.8.2019. <https://www.oreilly.com/pub/a/web2/archive/what-is-web-20.html>.

dem App-Markt bedarf es besonderer Strategien, um die Nutzer nachhaltig zu binden.

3.1 Toxisches Design

Um nachvollziehen zu können, welche Bindungsstrategien die Betreiber zum Einsatz bringen, ist es aufschlussreich, sich das von Nir Eyal entworfene „Hook-Model" zu vergegenwärtigen. Dieses als Leitfaden für Softwareentwickler konzipierte Modell bildet die Phasen ab, mit denen die Nutzer nachhaltig an eine Anwendung gebunden werden. Es gliedert sich in die aufeinanderfolgenden Phasen „*External / Internal Trigger*", „*Action*", „*Variable Reward*" und „*Investment.*"[31] Es ist ein Schema, das zahlreichen Smartphone-Anwendungen zugrunde liegt und uns insbesondere auf sozialen Medien begegnet. Eine Betrachtung dieses Schemas ist nicht zuletzt aufgrund des hohen Grades der emotionalen Involviertheit der Nutzer auf Dating-Apps interessant. Ursprünglich ein Leitfaden zur Entwicklung gewohnheitsbildender Technologien, wird das Modell hier zur Analyse der Dating-App Tinder verwendet. Es eignet sich zudem dafür, einen ersten Zusammenhang zwischen Werbestrategien, Normalisierungsprozessen, Nutzungspraktiken und der emotionalen Bindung an die App herzustellen. Das Schema dient im Folgenden als Gerüst und wird um weitere wesentliche Gesichtspunkte ergänzt, um ein umfassendes Verständnis des Bindungsprozesses zu ermöglichen.

3.1.1 External Triggers und die Wirkung normbildender Diskurse

Nach dem Hook-Model steht ein externer Reiz (Werbung, Mund-zu-Mund-Propaganda, positive Produktrezensionen) am Anfang des Bindungsprozesses, der zu einer ersten Nutzung des Produkts führen kann.[32] Dass diese externen Reize nicht nur an die Bedürfnisse und inneren Wünsche der Zielgruppe appellieren, sondern auch gesellschaftliche Wertvorstellungen und Idealbilder transportieren, wird klar, wenn man sie im Rahmen normbildender Diskurse betrachtet. Nimmt man die eingangs beschriebene Werbekampagne von Tinder als Beispiel, könnte man annehmen, dass der Singlestatus

---

31 Eyal, Nir: *Hooked: how to build habit-forming products.* Portfolio Penguin: London 2014, S. 6.

32 Eyal 2014, S. 44–47.

zu einem neuen gesellschaftlichen Idealbild aufgestiegen ist. Dem lässt sich jedoch angesichts der vielen Partnersuchenden leicht widersprechen. Vielmehr verbirgt sich hinter den wirkungsvoll inszenierten Bildern ein anderes Ideal, das inzwischen alle Bereiche gesellschaftlichen Lebens durchdringt. Es handelt sich um das Ideal eines unternehmerisch handelnden Subjekts, das sich in jedem Lebensbereich zu optimieren sucht.[33] Dieses hat den Imperativ der Selbstverwirklichung voll und ganz internalisiert und stellt selbst Intimbeziehungen in den Zweck der Selbstoptimierung. Die Hintergründe dieses Ideals bedürfen der Erklärung und werden im nächsten Kapitel noch genauer erläutert. An dieser Stelle genügt es vorerst, sich zu vergegenwärtigen, dass solche Idealbilder ganz entscheidend zur Normalisierung bestimmter Praktiken beitragen. In diesem Zusammenhang spielt auch sozialer Druck eine nicht zu unterschätzende Rolle.[34] In Zeiten, in denen wir einen Großteil unserer sozialen Kontakte über digitale Medien pflegen, in denen es für nahezu alle Belange eine App gibt, gilt auch die Nutzung von Dating-Apps als normal. Dieser Eindruck wird zusätzlich durch den wachsenden Diskurs über Online-Dating verstärkt. Häufig sind es die Dating-App-Firmen, die Statistiken, Online Umfragen und Expertenstimmen mobilisieren, um eine breite gesellschaftliche Akzeptanz für das eigene Angebot zu schaffen.[35] Auf diese Weise soll der Eindruck entstehen, dass Online-Dating heute nicht nur völlig normal ist, sondern auch eine Voraussetzung dafür, potenzielle Partner kennenzulernen.[36]

Die Beziehungssuche über das Internet ist längst in der Mitte der Gesellschaft angekommen. Nicht nur in der Presse wird regelmäßig über Phänomene und Praktiken berichtet, die mit der zunehmenden Verbreitung von Dating-Apps entweder neu aufgekommen sind oder eine neue Dimension erreicht haben. Auch von der Popkultur werden die neuen Beziehungsformen aufgegriffen und vermarktet. So hat es der Titel des 2018 erschienenen Popsongs „Thank U, Next" von Ariana Grande nicht nur an die Spitze der Charts geschafft, sondern auch auf zahlreiche Modeartikel der Marke

---

33 Bröckling, Ulrich: *Das unternehmerische Selbst: Soziologie einer Subjektivierungsform*. Suhrkamp: Frankfurt a.M. 2007.

34 Vgl. Timmermans / De Caluwé 2017.

35 Vgl. Dröge / Voirol 2013, S. 195.

36 Vgl. ebd.

H&M. Was ein Song über das Schlussmachen ist, gibt ein Mindset wieder, welches die Online-Dating-Praxis bestens beschreibt: von einem Partner zum nächsten zu wechseln ist heute leichter denn je. Zudem vermitteln Dating-Apps durch die enorme Masse registrierter Nutzer den Eindruck, eine unerschöpfliche Auswahl möglicher Bekanntschaften zu bieten.[37] Die von Eyal beschriebenen externen Reize (Werbung, Mund-zu-Mund-Propaganda, Produktrezensionen), die zu einer ersten Nutzung führen können, müssen folglich auch im Zusammenhang mit gesellschaftlichen Idealbildern und Normalisierungsdiskursen[38] betrachtet werden. Diese bilden den normativen Rahmen der Nutzung. Eine langfristige Bindung an das Produkt kommt jedoch erst mit der Ausbildung von Gewohnheiten zustande.

3.1.2 Internal Triggers – Dopamin-Jackpots und Selbstoptimierung

Damit eine Gewohnheit entsteht, bedarf es einer anderen Art von Reiz – eines inneren Reizes:

> Emotions, particularly negative ones, are powerful internal triggers and greatly influence our daily routines. Feelings of boredom, loneliness, frustration, confusion, and indecisiveness often instigate a slight pain or irritation and prompt almost instantaneous and often mindless action to quell the negative sensation.[39]

Will ein App-Anbieter den Nutzer nachhaltig an sein Produkt binden, muss er folglich genau hier ansetzen: „Internal triggers manifest automatically in your mind. Connecting internal triggers with a product is the brass ring of consumer technology.“[40] Dabei bietet das Produkt nicht nur eine vermeintliche Lösung für negative Gefühle, wie Frustration oder Einsamkeit. Vielmehr trägt es gleichermaßen zu deren Entstehung bei. Die Mischung aus positiven und negativen Gefühlen erweist sich als höchst süchtig machend. Im Software-Design kommen deshalb vor allem variable Belohnungen („*variable rewards*“) zum Einsatz, was sie in ihrer

---

37 Vgl. ebd., S. 194.
38 Vgl. ebd., S. 195.
39 Eyal 2014, S. 48.
40 Ebd.

Wirkungsweise mit Glücksspielautomaten vergleichbar macht.[41] Im Falle von Tinder sind solche Belohnungen Benachrichtigungen der App über neue *Matches*, neu eingegangene Textnachrichten oder die *Likes* anderer Nutzer.[42] In der Regel erteilt man der App die Erlaubnis, sich über sogenannte Push-Benachrichtigungen bemerkbar zu machen, wodurch sie schnell zu einem festen Bestandteil des Alltags wird.[43] Gleichzeitig fungieren diese Benachrichtigungen als externe Reize („*external triggers*"), welche die Nutzer kontinuierlich dazu verleiten sollen, sich mit der App zu beschäftigen bis ihr Gebrauch zur Gewohnheit wird.[44] Da unvorhersehbare Belohnungen größere Mengen des (erregend wirkenden) Neurotransmitters Dopamin freisetzen als vorhersehbare Belohnungen, besitzen sie ein noch größeres Suchtpotenzial.[45] Hinzu kommt, dass der Mensch als soziales Lebewesen positiv auf die Anerkennung anderer reagiert: „The highly social components of many popular mobile applications contribute to their addictive properties."[46]

Doch kommt negativem Feedback bei der Entstehung von Abhängigkeit eine mindestens genauso große Bedeutung zu wie positivem Feedback. Negatives Feedback auf Dating-Apps ist z.B. dann gegeben, wenn über einen gewissen Zeitraum hinweg kaum oder nur sehr selten *Matches* zustande kommen. Unser Streben nach Anerkennung und unsere Angst vor Zurückweisung spielen dabei eine entscheidende Rolle. Laut VR-Pionier und Internet-Kritiker Jaron Lanier machen sich Social-Media-Firmen genau diese menschliche Schwäche zunutze: „On social networks, the manipulation of social emotions has been the easiest way to generate rewards and punishment. [...] it's all about feelings that can be evoked in you – mostly feelings regarding what other people think."[47] Im Falle von

41 Vgl Neyman, Chauncey J.: „A Survey of Addictive Software Design". *Computer Science*, Juni 2017. Zuletzt abgerufen 27.08.2019, <https://digitalcommons.calpoly.edu/cscsp/111>, S. 2.
42 Vgl. ebd., S. 5.
43 Vgl. Eyal 2014, S. 46–47.
44 Vgl. ebd., S. 7.
45 Vgl. Neyman 2017, S. 2.
46 Vgl. ebd., S. 3.
47 Lanier, Jaron: *Ten Arguments For Deleting Your Social Media Accounts Right Now*. Henry Holt: New York 2018, S. 16.

Dating-Apps ist es die eigene Attraktivität, die in einem „binären Prozess" von anderen Nutzern durch *Likes* und *Nopes* bewertet wird.[48] Um in diesem Evaluationsprozess bestehen zu können, erfordert es der kontinuierlichen Arbeit am eigenen Profil.

Die Praxis der Selbstoptimierung und ständigen Feedbackkontrolle ist eine typische Form des auf Produktivitätssteigerung angelegten Selbstmanagements in neoliberal geprägten Gesellschaften.[49] Wie Ulrich Bröckling in seiner Gegenwartsanalyse an zahlreichen Beispielen überzeugend darstellt, herrscht in einem solchen Gesellschaftstyp das Leitbild eines „unternehmerischen Selbst"[50], das sich in allen Lebensbereichen – sei es in der Freizeit, im Berufs- oder Privatleben – optimiert und stets an sich selbst arbeitet. Bei dem unternehmerischen Selbst handelt es sich laut Bröckling um „keine empirisch beobachtbare Entität", sondern um „die Weise, in der Individuen als Personen adressiert werden, und zugleich die Richtung, in der sie verändert werden und sich verändern sollen."[51] Ein solches Leitbild zeigt sich heute neben zahlreichen Weiterbildungs- und Coaching-Angeboten auch im Design von Kommunikationsmedien. So adressierten soziale Medien ihre Nutzer nicht nur als Unternehmer ihrer selbst, sondern böten auch ein perfektes Werkzeug zur Selbstoptimierung, wie Carolin Wiedemann am Beispiel von Facebook darlegt.[52] Demnach sei es auf Facebook genauso wichtig, sich als aktiv und attraktiv zu präsentieren, wie sich immer weiter zu vernetzen, um den auf Selbstoptimierung angelegten Evaluationsprozess am Laufen zu halten. Um sich zu optimieren bedürfe es des kontinuierlichen Feedbacks von Facebook-Freunden „die als Feedback-Kontrolle dafür sorgen, dass die Selbst-Evaluation unabgeschlossen bleibt."[53] Ähnlich trägt auch das Sammeln von *Matches* auf

48 Vgl. Illouz 2018, S. 170.

49 Vgl. Bröckling, Ulrich / Krasmann, Susanne / Lemke, Thomas: *Gouvernementalität der Gegenwart. Studien zur Ökonomisierung des Sozialen*. Suhrkamp: Frankfurt a.M. 2000.

50 Vgl. Bröckling 2007, S. 46–75.

51 Ebd., S. 46

52 Vgl. Wiedemann, Carolin: „Facebook. Das Assessment-Center der alltäglichen Lebensführung". In: Dieselbe (Hrsg.): *Kritische Kollektivität im Netz. Anonymous, Facebook und die Kraft der Affizierung in der Kontrollgesellschaft*. (Dissertation, erweiterte Fassung). Transcript Verlag: Bielefeld 2017, S. 77–101.

53 Ebd., S. 93.

Tinder zur Selbstkontrolle bei. Durch den aktiven Gebrauch der App kann die eigene Attraktivität (der persönliche Marktwert) fortwährend eruiert und durch entsprechende Arbeit am eigenen Profil gesteigert werden.

Mit der Nutzung der App ist auch die zweite Komponente in Eyals Hook-Model genannt, welche zur Bindung an das Produkt beiträgt „Following the trigger comes the action: the behavior done in anticipation of a reward."[54] Und tatsächlich scheint der Tinder-Algorithmus besonders aktive Nutzer, die viel *swipen* zu belohnen. Denn laut einem Statement des Unternehmens sind es zwei Faktoren, die besonders ins Gewicht fallen: die eigene Aktivität „Wir priorisieren potenzielle Matches, die aktiv sind" und der Standort „Nähe ist ein wichtiger Faktor".[55] Den Schluss, den man hieraus ziehen darf, ist, dass Nutzer, die durch ihre hohe Aktivität fortwährend neue Daten von sich preisgeben, von dem Algorithmus durch mehr *Matches* belohnt und so an die App gebunden werden.

Es gibt folglich zwei Bindungsmechanismen, welche bei der Nutzung von Dating-Apps zusammenwirken und sich gegenseitig verstärken. Zum einen zielt ihr Design darauf ab, die Nutzer über variierendes Feedback, Push-Benachrichtigungen und gezielte Konditionierung (eine höhere Aktivität bedeutet mehr *Matches*) nachhaltig zu binden. Zum anderen adressieren auch diese ihre Nutzer als Unternehmer ihrer selbst und bieten eine Plattform zur beständigen Feedbackkontrolle und Selbstoptimierung. Auf diese Weise wird die Gefühlswelt der Nutzer an ökonomisch geprägte Wertvorstellungen gekoppelt. Intimbeziehungen werden zu etwas, das man sich fortwährend neu erarbeiten muss, das ständige Investitionen in die eigene Attraktivität erfordert. Für das Individuum steht dabei sehr viel auf dem Spiel. Denn in der Liebe und im Bereich der Intimbeziehungen geht es immer um die ganze Person, in all ihren Rollen. In der Liebe findet man Luhmann zufolge eine „unbedingte Bestätigung des eigenen Selbst, der personalen Identität."[56] Nur in diesem Bereich fühle man sich „als der akzeptiert, der man ist - ohne Vorbehalte und ohne Befristung,

---

54 Eyal 2014, S. 7.

55 Blog.gotinder.com: „Powering Tinder® — Die Methode hinter unserem Matching". Zuletzt abgerufen 21.10.2020. <https://blog.gotinder.com/powering-tinder-r-the-method-behind-our-matching/>.

56 Luhmann 2008, S. 21.

ohne Rücksicht auf Status und ohne Rücksicht auf Leistungen."[57] Indem Intimbeziehungen von Marktzwängen besetzt werden, droht ein solcher Bereich jedoch verloren zu gehen, bzw. hängt die erfahrbare Bestätigung und Akzeptanz der eigenen Person vom Erfolg der eigenen Selbstvermarktungsstrategie ab.

3.1.3 Investment – die Arbeit der Nutzer

Da die Wahrscheinlichkeit auf ein *Match* nicht nur von der Nutzungsaktivität abhängt, sondern letztlich auf die Wahl der Nutzer zurückfällt, kommt es insbesondere darauf an, die Attraktivität des eigenen Profils zu steigern – und das nicht nur im virtuellen, sondern auch im physischen Raum. So basiert die Attraktivität eines Profils auf recht oberflächlichen Kriterien, wie der Qualität der Fotos. Dieser Umstand führt Eva Illouz zufolge dazu, dass die Nutzer bestimmte „practices of bodily self-transformation"[58] vollziehen, um im Wettbewerb der Bilder bestehen zu können. Da die Fotografie eng an das Selbstbild der Nutzer geknüpft ist, erhält das Feedback anderer Nutzer besonderes Gewicht: „because the picture stands for the person, it has led many to engage in dramatic bodily changes."[59] So dokumentiert Illouz, dass einige Nutzer infolge ihrer Zurschaustellung auf Dating-Plattformen anfangen, sich sportlich zu betätigen, abzunehmen, oder ihren Stil zu verändern. Diese Praktiken der Selbsttransformation erinnern unweigerlich an die von Foucault beschriebenen „Technologien des Selbst", mit denen Individuen formend auf sich selbst einwirken. Es sind Praktiken „die es dem Einzelnen ermöglichen, aus eigener Kraft oder mit Hilfe anderer eine Reihe von Operationen an seinem Körper oder seiner Seele, seinem Denken, seinem Verhalten und seiner Existenzweise vorzunehmen."[60] Hier stellt sich die Frage, zu wem man während der Beziehungssuche über Dating-Apps wird. Folgt man den Ausführungen

57 Ebd.

58 Illouz, Eva: *Cold Intimacies: The Making of Emotional Capitalism.* Polity Press: Cambridge [u.a.] 2007, S. 81.

59 Ebd.

60 Foucault, Michel: „Technologien des Selbst". In: Defert, Daniel / Ewald, Francois (Hrsg.): *Schriften in vier Bänden. 4, 1980 - 1988.* Suhrkamp: Frankfurt a.M. 2005, S. 966–999, hier S. 968.

Illouz' weiter, begeben sich die Nutzer von Dating-Plattformen in eine vergleichbare Position wie Models und Schauspieler: So werde der Körper zur Hauptquelle sozialen und ökonomischen Wertes und befinde sich im ständigen Wettbewerb mit anderen.[61] Die Arbeit am eigenen Profil trägt dabei wesentlich zum Bindungsprozess bei und beginnt für die Nutzer bereits im Rahmen ihrer Reflexion über die Art ihrer Selbstdarstellung sowie der Suche nach geeigneten Bildern und Motiven.

> The last phase of the Hook Model is where the user does a bit of work. The investment phase increases the odds that the user will make another pass through the Hook cycle in the future. The investment occurs when the user puts something into the product of service such as time, data, effort, social capital, or money.[62]

Die Arbeit, welche die Nutzer beim Gebrauch der App vollbringen, geht jedoch über die Arbeit am eigenen Profil hinaus. Selbst im Bereich der Gefühle sind sie sowohl Konsumenten als auch Produzenten. Kai Dröge und Olivier Voirol, die bedeutende Beiträge zur soziologischen Untersuchung von Online-Dating-Plattformen geliefert haben, sehen sie deshalb in der Rolle von sogenannten „Prosumern der Gefühle."[63] In Erwartung bestimmter emotionaler Erfahrungen stellten sie das emotionale Erlebnis zum größten Teil selbst her und laden dadurch den medialen Raum emotional auf.[64] So kreierten die Nutzer nicht nur ein „digitales Selbst", das bestimmte Emotionen bei einem anonymen Publikum hervorrufen soll, sondern leisteten auch in ihrer Interaktion mit anderen Nutzern „Emotionsarbeit."[65] Grund hierfür sei, dass die medienvermittelte Kommunikation sehr viel „Raum für Phantasie, für Projektionen und Idealisierungen des jeweiligen Gegenübers" zulässt, diese sogar erfordere, um das unvollständige Bild der anderen Person zu vervollständigen.[66] Zusätzlich befeuert werde dieser Prozess durch die „emotionale Adressierung der Plattformen", wodurch rasch ein emotionaler „Sog" entstehe.[67] Genau

61 Vgl. Illouz 2007, S. 81.
62 Eyal 2014, S. 10.
63 Vgl. Dröge / Voirol 2013.
64 Vgl. ebd., S. 194.
65 Vgl. ebd., S. 191.
66 Vgl. ebd., S. 191–192.
67 Vgl. ebd., S. 194.

jene emotionale Arbeit der Nutzer werde von den Plattform-Betreibern zur „ökonomischen Mehrwertgenerierung“[68] genutzt.

Hier stellt sich die Frage, ob das Verhältnis zwischen App-Betreibern und App-Nutzern bereits die Züge eines Ausbeutungsverhältnisses annimmt, ob es von den Nutzern als solches empfunden, erkannt oder gar akzeptiert wird. Es zeichnet sich jedoch eine Asymmetrie ab, insofern Intransparenz über die zum Einsatz gebrachten Algorithmen, Bindungsstrategien und die Verwendungsweise der Nutzerdaten herrscht. Andererseits kann die Arbeit, welche die Nutzer in das eigene Profil investieren, als das Ergebnis kybernetischer Ausbalancierungsprozesse verstanden werden. Durch variierendes Feedback werden diese dazu angeregt, ihre Attraktivität sowohl im digitalen als auch im analogen Raum zu steigern, um so ihre Chancen auf dem Single-Markt zu erhöhen. Gleichzeitig trägt ihre emotionale Arbeit zur Immersion in einen emotional aufgeladenen Raum bei. In diesem Raum sind sie auch im Bereich der Gefühle Unternehmer ihrer selbst und tragen stets die Verantwortung für das Zustandekommen ihrer emotionalen Erlebnisse und das Gelingen ihrer Beziehungen.

3.1.4 Verliebt in die App

Voraussetzung für eine nachhaltige Bindung an die App ist, dass die inneren Reize der Nutzer an deren Gebrauch gekoppelt werden.[69] So müssen die Nutzer laut Eyal die Stadien des Hook-Models mehrfach durchlaufen bis sich eine Gewohnheit herausbildet.[70] Ist einmal ein innerer Reiz, wie das Gefühl der Einsamkeit oder der Langeweile, an ein Produkt gebunden, erfolge die Nutzung nahezu unbewusst. Beispielhaft sind jene Momente, in denen man fast automatisch sein Smartphone entsperrt und sich plötzlich auf Seiten wie Instagram, YouTube oder Facebook wiederfindet, ohne sich seines ursprünglichen Motivs bewusst zu sein: „when the behavior occurs for no conscious purpose – simply as an automatic response to a cue – the habit is in control.“[71]

---

68 Vgl. ebd., S. 186.
69 Vgl. Eyal 2014, S. 48.
70 Vgl. ebd., S. 47.
71 Ebd., S. 16.

Im Falle von Dating-Apps steht meist der Wunsch nach emotionalen Erfahrungen am Anfang der Nutzung. Zumindest sind solche Erfahrungen laut Dröge und Voirol das zentrale Versprechen von Online-Dating-Plattformen.[72] Konsolidiert sich die Verbindung zwischen dem Bedürfnis nach emotionalen Erfahrungen und dem Gebrauch der App, wird letztere gewissermaßen zum Medium und zur Projektionsfläche der Gefühlswelt der Nutzer. Ausschlaggebend hierfür ist, dass die Kommunikation über Dating-Apps nicht nur zur Imaginationen, Projektionen und Idealisierung anregt, sondern diese Geistesleistungen auch voraussetzt, um das Bild der anderen Person zu vervollständigen. Man könnte daher sagen, dass die Nutzer zunächst eine Beziehung zur Dating-App aufbauen, da ein Großteil der emotionalen Erfahrungen im virtuellen Raum stattfinden, durch die App gesteuert werden und sich auf das imaginierte Bild einer oder mehrerer anderer Personen richten. Dies bedeutet natürlich nicht, dass die emotionalen Erfahrungen weniger real sind. Auch werden die Bedürfnisse der Nutzer keineswegs immer befriedigt, was den süchtig machenden Charakter der Anwendung ausmacht. Die Mischung aus positivem und negativem Feedback, wie sie u.a. durch den Algorithmus gewährleistet wird, kann bereits als „toxisch" gelten. Doch sind es insbesondere die sozialen Dynamiken auf Dating-Apps, die sich negativ auf die Gefühlswelt der Nutzer und deren Fähigkeit, tiefergehende zwischenmenschliche Beziehungen aufzubauen, auswirken können.

3.2 Toxische Dynamik – zwischen Selbstbestätigung und Kränkung, Scheitern und Erfolg

Soziale Medien können unser Selbstwertgefühl sowohl positiv als auch negativ beeinflussen. Gleiches gilt auch für Dating-Apps, die sich durch einen erhöhten Grad der emotionalen Involviertheit auszeichnen. Dort treten die gleichen negativen Verhaltensweisen auf, die auch von anderen Online-Foren bekannt sind.[73] So stellt beispielsweise „*Trolling*" eine weitverbreitete Form negativer Online-Kommunikation dar, die darauf abzielt zu provozieren, zu beleidigen oder zu verletzen. Bemerkenswert in

72 Vgl. Dröge / Voirol 2013, S. 194.

73 Vgl. March, Evita et al.: „Trolling on Tinder® (and other dating apps): examining the role of the Dark Tetrad and impulsivity". *Personality and Individual*

diesem Zusammenhang ist, in welcher Häufigkeit jene Verhaltensweisen auf Online-Dating-Seiten vorkommen. Besonders in Folge von Zurückweisung reagierten Männer oft mit körperbezogenen Beleidigungen, die Frauen auf ihren vermeintlich geringen Wert auf dem Online-Dating-Markt aufmerksam machen sollen.[74]

Es gibt jedoch auch subtilere Spielarten negativer Kommunikation, die sich negativ auf das Selbstwertgefühl der Nutzer auswirken können. So steht z.B. der mittlerweile gängige Begriff „*Ghosting*" für den plötzlichen Kontaktabbruch ohne Ankündigung und Erklärung. Der Gesprächspartner wird sozusagen unsichtbar und reagiert nicht mehr auf die Kontaktversuche des Anderen. Die Anonymität und einfache Kündbarkeit der Kontakte auf Online-Dating-Plattformen begünstigen solche Verhaltensweisen geradezu. Angesichts der großen Menge an Bekanntschaften, die man auf Partnerbörsen schließen kann, ergibt sich ein solches Verhalten oftmals von selbst und ohne negative Intention. Dass es beim Online-Dating deshalb immer wieder zu Kränkungen kommt, ist daher geradezu vorprogrammiert.

Das Überangebot potenzieller Bekanntschaften führt zudem zu einer wachsenden Verunsicherung der Nutzer. Wer Dienste wie Tinder nutzt, steht meist mit mehreren Personen in Kontakt, die als potenzielle Partner in Frage kommen. So herrscht am Anfang des Kennenlernens eher Wettbewerbsstimmung als Exklusivität und noch ehe es zu einem besseren Kennenlernen kommt, müssen sich die Nutzer darauf gefasst machen, dass der Kontakt abbricht. Die Masse der angemeldeten Personen, lässt den Eindruck entstehen, dass man immer noch eine bessere Partie machen könnte. Dieser Umstand macht sich Illouz zufolge auch daran bemerkbar, dass viele Nutzer das erste Treffen wie ein „Vorstellungsgespräch" empfinden, bei dem sie sich gegen andere Mitbewerber durchsetzen müssen.[75] In solchen Fällen überträgt sich die kompetitive Logik der App und die „binäre Form

Differences (110) 2017, S. 139–143, zuletzt abgerufen 27.08.2019, DOI 10.1016/j.paid.2017.01.025.

74 Vgl. Thompson, Laura: „I can be your Tinder nightmare: Harassment and misogyny in the online sexual marketplace". *Feminism & Psychology* 28(1) 2018, S. 69–89, zuletzt abgerufen 27.8.2019, DOI 10.1177/0959353517720226.

75 Vgl. Illouz 2018, S. 174.

der Bewertung“[76] auf die Face-to-Face-Begegnung und legt deren Rahmen fest. Hier kommt es laut Dröge und Voirol zu einer Spannung zwischen den vermeintlich gegensätzlichen Sphären der Arbeit und der Liebe, da der „Akt des Sich-Anpreisens“ und der „kalkulative Zugriff auf die Emotionen des Anderen“ im Zentrum der Begegnung stehen.[77] Das Kennenlernen des Gegenübers wird auf diese Weise an das Streben nach persönlichem Erfolg geknüpft, was ein erhöhtes Risiko des Scheiterns birgt. Die Begegnung nimmt so die Züge einer Prüfung an, „die man bestehen oder bei der man durchfallen kann.“[78]

Die Beziehungssuche über Dating-Apps vollzieht sich zwischen den Polen von Selbstbestätigung und Kränkung, Scheitern und Erfolg. Es ist genau diese Mischung, welche die „toxische“ Wirkung von Online-Singlebörsen wie Tinder ausmacht. Die App ist selbst dann wirksam, wenn sie gar nicht aktiv gebraucht wird. Ihre Wirksamkeit erstreckt sich vom digitalen in den analogen Raum. Sie ist nicht nur Medium und Projektionsfläche der Gefühle ihrer Nutzer, sie legt auch den Rahmen der Face-to-Face-Begegnung fest. Es stellt sich die Frage, wie viel Raum in einem solchen Kontext für die Herausbildung zwischenmenschlicher Beziehungen bleibt. Was tritt an die Stelle des Kennenlernens anderer Personen? Worum geht es beim Online-Dating? Diesen Fragen widmet sich das nächste Kapitel.

4. Der Singlestatus als Selbstverwirklichungsprojekt – *Gefangen in der Feedbackschleife*

Wurde im vorigen Kapitel untersucht, auf welche Weise Dating-Apps ihre „toxische“ Wirkung entfalten, wird hier der Frage nachgegangen, welche Züge die Beziehungssuche unter dem Paradigma eines kybernetischen Gleichgewichts annimmt. Demnach steht hier nicht mehr die Beziehung zur App im Vordergrund, sondern die Wertvorstellungen und Ideale, die bei der Beziehungssuche über Dating-Apps realisiert werden. Ausgehend von der Werbekampagne von Tinder werden vier Transformationen besprochen, die durch die Ökonomisierung des Singlestatus stattfinden.

76 Ebd.
77 Dröge / Voirol 2013, S. 191.
78 Illouz 2018, S. 176.

Demnach kommt dem Konsum von Erlebnissen eine zentrale Bedeutung zu. Vor diesem Hintergrund entwickelt sich der Singlestatus zu einem Lebensstil, der ein bestimmtes Konsummuster vorgibt. Dadurch nimmt die Beziehungssuche die Züge eines Projekts an, das stets unabgeschlossen bleibt. Dies hat zur Folge, dass sich die Unsicherheit im Bereich der Intimbeziehungen verstärkt. Für die im Folgenden angestellten Überlegungen kann man an die These Luhmanns anknüpfen, dass die

> „Darstellung der Liebe ihre Themen und Leitgedanken nicht zufällig wählt, sondern damit auf ihre jeweilige Gesellschaft reagiert; daß sie zwar nicht die Realität widerspiegelt, wohl aber angebbare Probleme löst, nämlich funktionale Notwendigkeiten des Gesellschaftssystems in Form bringt."[79]

4.1 Die Kommodifizierung des Augenblicks

Die Werbekampagne von Tinder gibt nicht nur eine Richtung vor, in die man sich als Single entwickeln soll, sondern greift gleichzeitig auf einen gesellschaftlich verankerten Wertekanon zurück. Der Slogan *#SingleNotSorry* kann so interpretiert werden, dass man als Single seine Freiheit dazu nutzen sollte, stets neue Erlebnisse zu sammeln. Die App, so darf man die Werbebotschaft verstehen, biete dafür das ideale Medium. Die Motive der Plakate gleichen in ihrer Ästhetik Momentaufnahmen aus rauschenden Partynächten: Karaoke singen im Kiosk, geheime Poolparty im Schwimmbad, Vintage Shopping mit Freunden oder Großstadt-Clubbing. Es ist das Versprechen einzigartige Momente zu erleben. Gleichzeitig scheinen diese Szenen einem Trend zu folgen, den man heute insbesondere auf sozialen Medien beobachten kann. Denn um das Sammeln von Erlebnissen, bzw. deren Zurschaustellung, geht es auch auf Seiten wie Instagram und Facebook. Dort bilden sie den Rohstoff der Aufmerksamkeitsökonomie, den es medienwirksam aufzubereiten und zu vermarkten gilt. Bemerkenswert in diesem Zusammenhang ist, dass Tinder die Option bietet, das Nutzerprofil mit dem eigenen Instagram-Profil zu verknüpfen, um es so für andere Nutzer sichtbar zu machen. Die auf der Dating-App und der Fotoplattform veröffentlichten Bilder und Videoclips werden auf diese Weise zum Portfolio der Erlebnisse, die zusammen mit der körperlichen Attraktivität

---

79 Luhmann 2008, S. 28.

den eigenen Marktwert definieren. Hier spielt die Bewertung potenzieller Partner als Konsumenten, eine zentrale Rolle.[80] So strukturieren Illouz zufolge Freizeitaktivitäten, Geschmäcker und Konsumgewohnheiten den „Paarbildungsprozess und das Begehren von innen heraus."[81] Die Verwertung von Erlebnissen auf Dating-Apps ist deshalb zentraler Bestandteil der Selbstvermarktungsstrategie.

Eine solche Ökonomisierung von vormals nicht ökonomischen Lebensbereichen entspricht jener neoliberalen Rationalität, die „das *Modell des Marktes* auf alle Bereiche und Tätigkeiten ausdehnt – auch wo es nicht um Geld geht – und Menschen ausschließlich als Marktakteure auffaßt."[82] Um zu dem damit verbundenen Ideal eines unternehmerischen Selbst aufstreben zu können, bedarf es der beständigen Praxis und Einübung.[83] Wie bereits erwähnt, bieten Anwendungen wie Instagram, Facebook und Tinder hierfür ein geeignetes Werkzeug. Doch offenbart sich nicht nur in der medienwirksamen Zurschaustellung von Erlebnissen ein unternehmerisches Kalkül. Bereits der Konsum von Erlebnissen – das Erleben selbst – trägt zur kommunikativen Anschlussfähigkeit innerhalb einer „sich über Marktmechanismen assoziierenden gesellschaftlichen Ordnung"[84] bei. Bestes Beispiel für die Angst aus dieser Ordnung herauszufallen, ist die „Fear of missing out", also die Angst, ein wichtiges oder besonderes Ereignis zu verpassen. Das Schaffen immer neuer Erlebnisse wird so zum Imperativ für all jene, die nicht nur überall mitreden, sondern auch im Wettbewerb der Bilder mithalten wollen.

4.2 Der Singlestatus als Lifestyle

Tinder inszeniert den Singlestatus als einen *Lifestyle*. Als solcher gibt er ein bestimmtes mehrwertorientiertes Konsummuster vor, das identitätsstiftend wirkt und zur sozialen Distinktion beiträgt. Gleichzeitig werden durch

80 Illouz 2018, S. 177.
81 Ebd., S. 178.
82 Brown, Wendy / Schröder, Jürgen (Übers.): *Die schleichende Revolution. Wie der Neoliberalismus die Demokratie zerstört*. Suhrkamp: Berlin 2018, S. 32.
83 Vgl. Bröckling 2007, S. 47.
84 Ebd.

Lebensstile Werte und Ziele ausgedrückt und realisiert.[85] Der Lebensstil, könnte man sagen, gibt der eigenen Marke eine Kontur. Durch die Stilisierung des Singlestatus, wie sie in Normalisierungsdiskursen stattfindet, und die zunehmende Verbreitung von Dating-Apps wird ein bestimmtes Konsummuster an das Singlesein geknüpft. So versprechen diese ihren Nutzern immer neue Erlebnisse zu sammeln, durch welche sie den vorgegebenen Lifestyle als Single erst verwirklichen können. Die Erlebnisse reichen dabei über die Gefühlserlebnisse im virtuellen Raum hinaus. Wie die Werbekampagne von Tinder nahelegt, soll der Gebrauch der App all jene positiven Momente ermöglichen, die das Singledasein mit sich bringen kann.

Der normative Gehalt, der sich hinter der Werbekampagne verbirgt, wird deutlich, wenn man sich den Zusammenhang zwischen Lebensstilen und dem neoliberalen Imperativ der Selbstoptimierung vergegenwärtigt. Das unternehmerische Selbst ist Unternehmer seines eigenen Lebens und hat dieses nach gewissen ökomischen Prinzipen zu führen. Als „Lieferant" und „Kunde seiner selbst" komme ihm die Aufgabe zu, die eigenen Wünsche zu explorieren und zu befriedigen.[86] Der Konsum von Erlebnissen eignet sich dabei hervorragend zur Hervorbringung jenes Subjekts, das unternehmungs- und entscheidungsfreudig sowie stets risikobereit zu sein hat.[87] Denn in seiner Zurschaustellung als Abenteuer (Feiern im Pool, Küssen neuer Bekanntschaften) sei dem Erlebnis ein Unsicherheitsmoment eigen: „Der Aufbruch ins Ungewisse findet real oder lediglich in der Fantasie als warenförmiges Angebot statt und bettet die Unsicherheit in Berechenbarkeit ein."[88] Die Werbekampagne von Tinder scheint an genau jene Risikobereitschaft zu appellieren, die man als Unternehmer seiner selbst aufzubringen hat. Denn das Treffen neuer Bekanntschaften – insbesondere solcher, die man über das Internet kennengelernt hat – birgt immer ein gewisses Risiko und wird von vielen als aufregend empfunden. Doch sorgt

85 Vgl. Burzan, Nicole: „Lebensstil". In: Endruweit, Günter / Trommsdorff, Gisela / Burzan, Nicole (Hrsg.): *Wörterbuch der Soziologie*. Konstanz 2014. S. 268–269, hier S. 268.

86 Bröckling 2007, S. 66.

87 Vgl. ebd., S. 51, 64, 74.

88 Legnaro, Aldo: „Erlebnis". In: Bröckling, Ulrich / Krasmann, Susanne / Lemke, Thomas (Hrsg.): *Glossar der Gegenwart*. Suhrkamp: Frankfurt a.M. 2004, S. 71–75, hier S. 73.

die App auch für eine gewisse Berechenbarkeit der Situation. Ob und mit wem ein Treffen zustande kommt, hängt immer noch von der Entscheidung beider Nutzer ab.

Aldo Legnaro zufolge zeichnen sich Erlebnisse dadurch aus, dass sie den Alltag durchbrechen und für „emotionale Bewegtheit“[89] sorgen. Auch dies scheint ein zentrales Versprechen von Tinder zu sein und dürfte mit den Nutzungsmotiven der meisten App-Nutzer im Einklang stehen. In ihrer kommodifizierten Form entwickelten sich Erlebnisse jedoch zu einer „raschen Abfolge von nicht lange haftenden Eindrücken“ und wiesen einen eingebauten Wiederholungszwang sowie den Wunsch nach Steigerung auf.[90] Dieser Prozess erinnert unweigerlich an die auf Dating-Apps zu beobachtende Tendenz der Nutzer, immer schneller neue Kontakte zu knüpfen.[91] Grund hierfür sei, dass die Dating-Praxis nach einer gewissen Zeit zur Routine wird. Diese „Routinisierung“ ruft laut Dröge jedoch schnell Langeweile hervor und stumpfe ab, was ein besseres Kennenlernen und somit auch die Entstehung länger anhaltender Beziehungen verhindere.[92] In der Folge knüpften die Nutzer immer schneller neue Kontakte, um dem Gefühl der Langeweile zu entgehen.[93] Die Beziehungssuche über Dating-Apps nimmt so die Form eines Konsummusters an, das auf Wiederholung angelegt ist und sich durch die Stilisierung des Singlestatus zunehmend normalisiert.

4.3 Das Projekt Beziehungssuche – Status: unabgeschlossen

Auf diese Weise verändert sich jedoch die Bedeutung und das Ziel der Beziehungssuche, da es vorrangig nicht mehr darum geht, eine Beziehung aufzubauen, sondern darum, seinen Singlestatus durch den Gebrauch der

---

89 Ebd., S. 72.

90 Ebd., S. 73.

91 Vgl. Dröge, Kai: *Zur Entstehung von Intimität im Internet. Eine wissenssoziologische Untersuchung am Beispiel Online Dating.* (Erweiterte Fassung eines Vortrages auf der Tagung der Sektion Wissenssoziologie der DGS, März 2011, Freiburg i. Br.) Institut für Sozialforschung Frankfurt a.M., Working Papers Nr.2, zuletzt abgerufen 27.08.2019, <http://www.ifs.uni-frankfurt.de/veroeffentlichungen/working-papers/>, S. 9–10.

92 Vgl. ebd., S. 9.

93 Vgl. ebd.

App voll auszukosten. Die Beziehungssuche wird zu einem Projekt, das mit dem stets voranzutreibenden Selbstoptimierungsprojekt, dem „Projekt Ich“[94], verschmilzt. Welche Züge dieses Projekt annimmt, lässt sich am besten mit Felix Klopoteks Projekt-Definition beschreiben. Laut dieser werde das Projekt heute „einem Fetisch gleich, zu einer gesellschaftlichen Daseinsform, während derjenige, der es verfolgt, sich selbst auch zum Projekt machen und diesem Trugbild hinterherjagen muss.“[95] Von einem Trugbild könnte man insofern sprechen, als dass die Beziehungssuche als Selbstoptimierungsprojekt nicht darauf angelegt ist, zu einem Abschluss zu kommen. Projekte befinden sich „stets im Zustand des Werdens: Sie drängen auf Realisierung, aber sie bleiben nur so lange Projekte, wie sie noch nicht realisiert sind.“[96] Hierin offenbart sich das scheinbare Paradox der Tinder-Werbung: nicht die Herausbildung zwischenmenschlicher Beziehungen, sondern das Konsumieren immer neuer Erlebnisse steht im Vordergrund. Die Werbekampagne gibt somit genau jene Tendenzen wieder, die nach einer gewissen Zeit durch die Routinisierung der Nutzer auftreten.

Damit wird hier jedoch keineswegs argumentiert, dass die Motive der App-Nutzer ausschließlich darin bestünden, ihre Position auf dem Single-Markt zu verbessern oder den vorgegebenen Lebensstil als Single zu verwirklichen. Viel mehr kommt jenes Moment der Selbstoptimierung und des Konsums von Erlebnissen neu hinzu und knüpft die unterschiedlichen Motive der Beziehungssuche an ökonomisch geprägte Wertvorstellungen. Auch wird nicht behauptet, dass das Eingehen von Partnerschaften der ökonomischen Steigerungslogik entgegensteht. Diese können sehr wohl die Züge eines Optimierungsprojekts annehmen. Doch sollen die hier angestellten Überlegungen verdeutlichen, dass die Beziehungssuche über Dating-Apps einen tiefgreifenden Einfluss auf die Ausgestaltung und die Art der daraus hervorgehenden Beziehungen haben kann. Dies ist insofern bedenklich, als dass die Entwicklung tiefergehender Beziehungen durch die mit der App-Nutzung verbundenen Wiederholungs- und Selbstverwirklichungszwänge grundsätzlich erschwert wird.

---

94 Bröckling 2007, S. 278.

95 Klopotek, Felix: „Projekt“. In: Bröckling, Ulrich / Krasmann, Susanne / Lemke, Thomas (Hrsg.): *Glossar der Gegenwart*. Suhrkamp: Frankfurt a.M. 2004, S. 216–222, hier S. 220.

96 Bröckling 2007, S. 248.

4.4 Ungewissheit und Risiko – ökonomische Kalküle bei der Partnerwahl

Dass bei der Partnerwahl ökonomische Kalküle zum Einsatz kommen, ist nicht erst seitdem es Dating-Apps gibt der Fall. Die Heiratspolitik vormoderner Adels- und Großfamilien zur Vermehrung von Wohlstand und Macht ist uns noch heute wohlbekannt. Auch Gary S. Becker geht in seiner ökonomischen Theorie der Ehe davon aus, dass die Eheschließung hauptsächlich ökonomisch motiviert ist. Durch die Heirat steigerten beide Partien ihr Nutzenniveau über jenes, welches sie außerhalb einer Partnerschaft erzielen würden.[97] Die Ehe bzw. der gemeinsame Haushalt wird auf diese Weise einem Unternehmen gleich. Seine produzierten Güter umfassen laut Becker die Qualität der Mahlzeiten, die Anzahl und Qualität der gemeinsamen Kinder, Liebe, Gesundheit, Erholung und Prestige.[98] Auf dieses Verständnis von Partnerschaft konnten noch leicht die Vertragsregeln des modernen Kapitalismus angewendet werden, die für Verbindlichkeit und Sicherheit sorgen sollten.[99] Eva Illouz zufolge zeichnet sich der zeitgenössische Kapitalismus jedoch durch neue Formen der Unverbindlichkeit aus, wie sie heute auch in Intimbeziehungen vermehrt auftreten.[100] Mit dem Begriff der „negativen Wahl" beschreibt sie eine wachsende Tendenz, von seiner Freiheit Gebrauch zu machen, sich nicht zu binden, bzw. zu jedem beliebigen Zeitpunkt eine Bindung aufzulösen.[101] Dating-Plattformen wie Tinder verwandelten das Subjekt in „einen Konsumenten von Sex und Gefühlen [...], der ein Recht darauf hat, diese Ware nach Belieben zu gebrauchen oder loszuwerden."[102] Das „Unternehmen" besteht in diesem Fall nicht mehr aus zwei Personen, die ihr Nutzenniveau im Sinne Beckers gemeinsam steigern, sondern nur noch aus einer, die auf sich selbst gestellt ist und ausschließlich ihr Eigeninteresse verfolgt. Dementsprechend ändert

---

97 Vgl. Becker, Gary S.: „A Theory of Marriage: Part I". *Journal of Political Economy*, 4(81) 1973, S. 813–846, zuletzt abgerufen 22.10.2020, <https://www.jstor.org/stable/1831130>, hier S. 814.

98 Vgl. ebd., S. 816.

99 Vgl. Illouz, 2018, S. 42.

100 Eva Illouz zufolge hat der zeitgenössische Kapitalismus „Instrumente entwickelt, um von der Ungewissheit zu profitieren." (Ebd., S. 42)

101 Vgl. Illouz 2018, 43.

102 Ebd., S. 44.

sich auch die Art der Güter, welche von den unverbindlichen Beziehungen zu erwarten sind. Gelegenheitssex, One-Night-Stands und kurzlebige, lose Partnerschaften werden zu immer häufiger werdenden Formen von Intimbeziehungen. Im Zentrum dieser Beziehungen steht das Produzieren und Konsumieren von Erlebnissen. Die Skripte dafür werden durch die Werbekampagne von Tinder bereits vorgegeben. Diese konstruiert jedoch keine völlig neue Realität, sondern greift auf das bereits existierende Idealbild eines unternehmerischen Subjekts zurück, das im Rahmen seiner Selbstverwirklichung die eigenen Wünsche zu explorieren und zu befriedigen hat.

Die hinter diesem Ideal liegende Auffassung des Menschen als in sich selbst investierendes „Humankapital“[103] birgt jedoch negative Implikationen für den Bereich der Intimbeziehungen. Als Unternehmer seiner selbst trägt man beständig das Risiko des Scheiterns und Verlassenwerdens.[104] Eine solch latente Unsicherheit, die sich durch den Gebrauch von Dating-Apps auf den Bereich der Intimbeziehungen überträgt, dürfte jedoch dem Wachstum von Vertrauen grundlegend im Wege stehen. „Die Institutionalisierung der sexuellen Freiheit mittels der Konsumkultur und Technologie“ hat, wie Illouz feststellt, „jegliche Gewissheit über die Substanz, den Rahmen und das Ziel sexueller und emotionaler Verträge grundlegend erschüttert.“[105] Die Folge sei eine „chronische und strukturelle Ungewissheit“, die über der „Herausbildung sexueller oder romantischer Beziehungen“ waltet.[106]

Während es auf dem schnelllebigen Singlemarkt immer schwieriger wird, eine längerfristige Beziehung einzugehen, scheint die Beziehung zur App die einzig stabile Konstante zu bieten. Apps wie Tinder sind nicht nur Mittler und Makler, wenn es darum geht, eine Vielzahl potenzieller Partner zu treffen. Sie werden selbst zur Projektionsfläche der emotionalen Bedürfnisse ihrer Nutzer. Die Beziehung zwischen Nutzer und Dating-App kann auch deshalb als „toxisch“ gelten, weil sie jene von Illouz beschriebene konstante Ungewissheit über den Status zwischenmenschlicher Intimbeziehungen fördert und verstärkt. Was ständig auf dem Spiel steht, sind die Zuneigung und das Interesse der anderen Person und letztendlich auch das

103 Brown 2018, S. 40.
104 Vgl. ebd.
105 Illouz 2018, S. 21.
106 Ebd., S. 22.

eigene Selbstwertgefühl. Eine Situation, der man wohl am besten begegnet, indem man sich schonmal für den Fall vorbereitet, dass die Beziehung in die Brüche geht. Die Praxis, sich zu Beginn einer Beziehung noch weitere Partneroptionen als „Auffangnetz" offenzuhalten, wird im Online-Dating-Jargon mittlerweile als „*Cushioning*" bezeichnet. Eine Wortneuschöpfung von vielen, die von einer wachsenden Atmosphäre des Misstrauens im Bereich der Intimbeziehungen zeugt. So wie man heute nahezu alles über das Internet bestellen kann, sind auch zwischenmenschliche Begegnungen per „Swipe" abrufbar und jederzeit wieder kündbar.

5. Konklusion

Durch die hier beschriebene Praxis entsteht gleich in mehrfacher Hinsicht ein Ungleichgewicht. Indem Intimbeziehungen von ökonomischen Metriken durchdrungen werden, droht ein Bereich verloren zu gehen, der zumindest ideell einen Schutzraum und ein Gegengewicht zum Wirkungsbereich des Marktes bieten sollte. Natürlich kann man behaupten, dass die Vorstellung von Liebe, Partnerschaft und Intimbeziehungen schon seit jeher kulturell bedingten semantischen Veränderungen unterliegt und sich eine scharfe Trennung vom ökonomischen Bereich als schwierig erweist. Doch geht es darum, wie Intimbeziehungen gelebt werden und welche Wertvorstellungen und Ideale sich durch diese Praxis durchsetzen. Was hier als „toxisch" beschrieben wird, sind der Abbau von Vertrauen und die zunehmende Verunsicherung im Bereich zwischenmenschlicher Beziehungen. Nimmt man an, dass der Gebrauch von Dating-Apps zur Verbreitung neuer Beziehungsformen beiträgt, stellt sich die Frage, wie sich unser Konzept von Liebe und Partnerschaft auf lange Sicht verändert. Was erwarten wir von zwischenmenschlichen Beziehungen und wie nehmen wir uns selbst und unser Gegenüber darin wahr? Dass Intimbeziehungen heute schon als etwas begriffen werden, wovon man profitiert bis man es austauscht, findet womöglich seinen besten Ausdruck in dem Satz: „Thank U, Next."

Karsten Becker

Internetgeld und Internettexte
Eine Untersuchung zu Bitcoin und Joshua Cohens Roman *Book of Numbers*

1. Gegen Kontrolle und Regulierung: Cyberpunk und Cypherpunks

„Cyberpunk" war Anfang der 1980er Jahre zunächst ein – durchaus umstrittener –[1] Begriff, mit dem ein gerade neu entstehendes literarisches Genre innerhalb der Sciene-Fiction beschrieben wurde. Die Gattung Science-Fiction ist beinahe so alt wie die belletristische Literatur an sich. Zukunftsspekulationen, technologische Utopien bzw. Dystopien oder die Begegnung mit fremden Zivilisationen sind literarische Sujets par excellence. Dani Cavallaro setzt den Beginn einer frühen Science-Fiction-Avantgarde gar in der Antike an:

> Indeed, a wide range of texts, now regarded as classics, that deal with imaginary journeys, dream visions, supernatural explorations and metaphysical tasks could be classified as science fiction. A number of narratives produced over as broad a period as the one that spans ancient Greek civilization to the nineteenth century would make likely candidates for inclusion in a potential canon of protoscience fiction: Homer's *Odyssey*, Dante's *Divina Commedia*, Ariosto's *Orlando Furioso*, Rabelais's *Gargantua and Pantagruel*, More's *Utopia*, Swift's *Gulliver's Travels*,

---

1 Vgl. dazu George Slusser in der Einleitung zum Band *Fiction 2000. Cyberpunk and the Future of Narrative*: „The use of the term *cyberpunk* [Hervorhebung im Original] is a problem even for the writers it ostensibly describes. As a label bestowed by the media, the term itself is a product of the infosphere, an image sent back through the information loop to cohabit with writers who did not create it. And here lies the dilemma. If these writers are reluctant to accept it, they cannot reject it either, for to do so is to risk reinstating the very Platonic dichotomy the term seems to challenge – that between serious (read ‚realistic') writing and illusory hype." (Slusser, George: „Introduction: Fiction as Information". In: Ders. / Shippey, Tom (Hrsg.): *Fiction 2000. Cyberpunk and the Future of Narrative*. The University of Georgia Press: Athens / London 1992, S. 1–14, hier S. 3.)

> Voltaire's *Candide*, Rousseau's *Emile* and Goethe's *Faust*, for example. / Mary Shelley's *Frankenstein* (1818) is arguably the best-known predecessor of modern science fiction.[2]

Das Wort „Cyber" begegnet uns oft im Kompositum „Cyberspace", das der Duden als „virtuelle[n] Raum"[3] definiert. Die etymologische Verwandtschaft zu dem aus dem Griechischen stammenden Begriff „Kybernetik" ist augenfällig, welchen der Duden wiederum als die „wissenschaftliche Erforschung der Steuerungs- und Regelungsvorgänge"[4] definiert. Kybernetik ist „immer schon eine Metapher der Politik"[5], da der Staat vornehmlich auch „die Funktion eines allgemeinen Regulators"[6] übernimmt. Der Regulierungsbedarf des virtuellen Cyber-Raumes deutet sich also bereits im Begriff an: Zwar zeichnet sich Virtualität dadurch aus, nicht tatsächlich als Sache oder Raum zu existieren, jedoch in der Wirkung einer „realen" Sache oder einem „realen" Raum sehr nahe zu kommen. Als in den späten 1970er Jahren die „Begeisterungswelle der Kybernetik zum Erliegen"[7] kommt, beginnt bald darauf der Siegeszug der Cyberwelten und -kulturen.

> Die Zeit, in der Kybernetik noch mit ‚K' geschrieben wurde, war zu Ende gegangen. Mit ‚C' geschrieben kehrte sie in den 80er und frühen 90er Jahren in der allfälligen Rede von Cyborgs und Cyberpunk, Cyberspace oder Cyberculture zurück – nicht zuletzt in der Populärkultur, deren Sache sie teilweise schon immer war.[8]

Punk hat als Subkultur seine Wurzeln in den 1970er Jahren in Großbritannien und in den USA und zeichnet sich vor allem durch seine rebellische Haltung aus. Durch bewusste Abgrenzung, nonkonformistisches Verhalten

---

2 Cavallaro, Dani: *Cyberpunk and Cyberculture: Science Fiction and the Work of William Gibson*. The Athlone Press: London / New Brunswick 2000, S. 2.

3 Duden. Bd. 1. 25. Aufl. Mannheim: Bibliografisches Institut 2009, S. 321.

4 Ebd., S. 665.

5 Vogl, Joseph: „*Regierung und Regelkreis. Historisches Vorspiel*". In: Claus Pias (Hrsg.): *Cybernetics | Kybernetik: The Macy-Conferences 1946–1953*. Bd 2. Diaphanes: Berlin / Zürich: 2004, S. 67–79, hier S. 67.

6 Ebd.

7 Vgl. Pias, Claus: „*Zeit der Kybernetik. Eine Einstimmung*". In: Ders. (Hrsg.): *Cybernetics | Kybernetik: The Macy-Conferences 1946–1953*. Bd 2. Berlin/Zürich: diaphanes 2004, S. 9–41, hier S. 9.

8 Ebd.

und provokatives Auftreten fordert Punk per se das Gleichgewichts- und Harmoniebestreben einer Gesellschaft heraus. Als Bewegung wandte sich der Punk, vor allem in New York und in London, später weltweit, gegen das „Establishment", gegen den kulturellen und gesellschaftlichen „Mainstream". Das Nichtgekonnte und Stümperhafte, das Unvollkommene und das Schmutzige standen von Anfang an im Mittelpunk der Subkultur, die sich durch radikalen Individualismus definierte und als nicht anschlussfähig an andere Bewegungen oder Ideologien inszenierte.[9]

Im Cyberpunk werden schließlich Wissenschaft und Hochtechnologie mit urbaner Kultur, Unterwelten, Kriminalität und Suchtthemen zusammengeführt.[10] Bekannt geworden sind vor allem die Bücher des US-Amerikaners William Gibson, am prominentesten sicherlich seine *Neuromancer*-Trilogie. Doch was genau ist Punk am Cyberpunk?

> The term ‚punk' is also, obviously, open to redefinition, as contemporary writers, artists, musicians and critics continue evaluating its historical impact. What must be stressed is that ‚punk' is not always used literally by cyberpunk writers as a context-bound and context-specific subculture. Were this the case, cyberpunk would now be outdated. In fact, punk has become a metaphor for rootlessness, alienation and cultural dislocation in the context of contemporary society. In cyberpunk, ‚punk' tends to refer to virtually any form of subcultural disruption of the cultural fabric played out among the debris of sprawling urban conglomerates.[11]

Der Cyberpunk war vor allem gegen die steril-sauberen Zukunftsvisionen der 1970er und 1980er Jahre gerichtet, die Texte kennzeichnet eine düstere und pessimistische Grundstimmung. Sie entwerfen dystopische Szenarien, in denen große Konzerne Staaten und Gesellschaften kontrollieren, überwachen, steuern. Menschliche Psyche und digitale Datenwelten verschmelzen, auf diese Weise wird alles und jeder profitabel gemacht. Kriminelle Unterwelten entstehen. Mensch-Maschinen-Kreuzungen bevölkern den Planeten. Das Versprechen auf eine bessere Zukunft durch technologischen Fortschritt ist in diesen Romanen nicht eingelöst worden. Die

---

9 Dass Punk, um vermeintlich „echter" Punk zu bleiben, einer gehörigen Portion Imagepflege und öffentlicher (d.h. kommerzieller) Inszenierung bedarf, hat die Vergangenheit bewiesen.

10 Vgl. Cavallaro 2000, S. 24–25.

11 Ebd.

Protagonisten stammen oft aus urbanen Subkulturen, nicht selten sind sie Hacker, die Computerpunks der Zeit. Es gibt eine Reihe von populären US-amerikanischen Filmen, die sich als Nachgeburten und Artverwandte an dieses Literaturgenre anschließen, etwa die *Matrix*-Trilogie, *12 Monkeys* oder auch die *Terminator*-Filme.

Vor gut 25 Jahren gruppierte sich eine neue digitale Bewegung: Die Cypherpunks.[12] Das bekannteste Gesicht dieser losen Gruppierung ist wahrscheinlich der WikiLeaks-Gründer Julian Assange. Den Cypherpunks ging es nicht um virtuelle Welten in fiktionaler Literatur, sondern um hehre politische und gesellschaftliche Ziele, etwa um die konsequente Zugänglichmachung von öffentlich relevantem Wissen – und auch um virtuelles Geld in der „echten" Welt. Eine Gruppe der Digitalrevolutionäre schickte sich als Reaktion auf die Geldpolitik vor 2007 an, eine alternative, nicht von Staaten, Zentralbanken, Geldhäusern oder Konzernen kontrollier- und beeinflussbare „Privatwährung" erschaffen. Dabei soll Dezentralisierung zu großer Machtanhäufung in Notenbanken oder in der Privatwirtschaft entgegenwirken. Mehr globale Gerechtigkeit, Transparenz und Stabilität sollen entstehen. Das Ziel ist eine Währung, die sicher, jedoch von keiner Einzelperson oder -instanz zu kontrollieren und zu regulieren ist. Die Literatur des Cyberpunk stand nicht nur bei der Namensgebung der Cypherpunks Pate, sie lieferte auch so etwas wie ein Narrativ. Bloß die dystopische Grundstimmung verschwand, denn die neue Utopie wird Anfang 2009 auf den Namen „Bitcoin" getauft. Von Beginn an ist Bitcoin vor allem eines: Ein großes Versprechen, eine starke Story, eine wirkmächtige Erzählung.

2. Die verblüffende Bitcoin-Story

Hoffnung auf stabilisierende Effekte für den globalen Geldverkehr setzten die bereits erwähnten Cypherpunks nach der Finanzkrise 2007 in die Idee einer Kryptowährung, die erratischen Ereignissen auf den Finanzmärkten entgegenwirken soll und dennoch der Kontrolle einer regulierenden

---

12 Kompositum der Wörter *cipher* (dt. „chiffrieren"), gekreuzt mit *cyber* (altgr. Κυβερνάω, dt. „steuern" oder „lenken", heute auch Bezeichnung für virtuelle Welten) und *punk*.

Instanz, etwa dem Einfluss einer Zentralbank, entzogen ist. Doch worin kann überhaupt der Wert einer virtuellen Währung bestehen? US-Ökonom Robert Shiller sagt zu dieser Frage:

> Wenn man dieser Frage nachgeht, kommt man schnell zu dem Schluss, dass er keinen Wert hat. Er hat nur den Wert, von dem die Leute glauben, dass er ihn besitzt. Womit wir wieder beim Gold wären: Auch da ist der Tauschwert viel höher als der intrinsische. Gold besteht wie der Bitcoin dank seiner Story fort.[13]

Was also ist die starke Erzählung von Bitcoin? Eine Rolle spielt sicherlich die Tatsache, dass der Erfinder Satoshi Nakamoto bis heute unbekannt ist und zeitweise fälschlicherweise verwechselt wurde mit dem Ingenieur Dorian Satoshi Nakamoto. Denn bis heute ist unklar, um wen es sich bei Satoshi Nakamoto handelt, ob um ein Individuum oder eine organisierte Gruppe. Zum anderen speist sich die starke Story Bitcoins aus dem Gründungsmythos um die Gruppe der Cypherpunks. Die anfangs „kleine, eingeschworene Gemeinschaft“[14] verstand sich als Gegenbewegung zur Wall Street, zu den großen Konzernen und zu den staatlichen Überwachungsdiensten. Ein krisensicheres Zahlungsmittel müsse, so die Idee, von vornherein in seiner maximalen Menge begrenzt sein. Deshalb ist Bitcoin so programmiert, dass die maximale Menge von 21 Millionen virtuellen Münzen nicht überschritten werden kann. Schließlich fließe in großen Mengen in Umlauf gebrachtes Geld – das sogenannte „billige Geld“ der Zentralbanken – vor allem in Spekulationsblasen, in den Jahren vor der Finanzkrise etwa in Immobilien und die daran angeschlossene Finanzgeschäfte. Groteskerweise aber ist Bitcoin heute vor allem dies: Ein Spekulationsobjekt, und weniger ein Zahlungsmittel.

Doch bei allen Wettspielen um das Digitalgold: Ein Zahlungsmittel bleibt es, zugleich ist es an keinen Staat, an keine geografische Region und an keinen speziellen Wirtschaftsraum gebunden. Bereits 1976 forderte Friedrich August von Hayek in dem gleichnamigen Buch die *Entnationalisierung des Geldes*. Eine privatwirtschaftliche Geldordnung müsse – anders

---

13 Bidder, Benjamin: „Was bringt Blasen zum Platzen, Herr Shiller? Interview mit Robert Shiller,“ *Der Spiegel*, 23.1.2018. Zuletzt abgerufen 23.1.2018. <http://www.spiegel.de/wirtschaft/unternehmen/bitcoin-nobelpreistraeger-robert-shiller-warnt-vor-einer-spekulationsblase-ist-a-1188859.html>.

14 Ebd.

als staatlich garantiertes Geld – in einer freien Währungswahl die eigene Überlegenheit gegenüber anderen Geldformen erst beweisen. Mit der Entwicklung verschiedener Kryptowährungen wurde dies digitale Wirklichkeit, heute gibt es etwa 4500 verschiedene Onlinewährungen. Jedoch entwickelte sich aus Bitcoin selbst schnell ein Spekulations- und Anlageobjekt[15], auch die Eignung zur kriminellen Nutzung im Darknet ist bekannt. Es entstand ein „wahrer Goldrausch"[16]: Lag der Wert eines Bitcoin im Dezember 2010 noch bei einem Fünftel US-Dollar, kratzte der Wert der Digitalmünze im Januar 2018 an der 20.000-Dollar-Marke. Seitdem sich abzeichnet, dass Bitcoin ebenfalls dem Ablauf einer „typischen" Spekulationsblase folgt, tauschen viele Anleger das Digitalgold sogar zurück in „altmodisches Gold".[17]

Der interessante Punkt bei Bitcoin liegt jedoch woanders: Durch sein *distributed ledgers*-Organisationsprinzip funktioniert es fundamental anders als „klassisches" Geld – ein Grund dafür, dass Bitcoin pro Jahr mittlerweile mehr Strom verbraucht als Dänemark oder die Schweiz. Denn jede Transaktion, jede Informationsänderung, verändert bei dieser Vernetzungsstruktur das gesamte Verweissystem, die sogenannte Blockchain. Es ist ein Geldsystem, in dem es keine zentrale Kontrollstelle gibt, denn alle kontrollieren sich gegenseitig. Im Gegensatz zu allen klassischen Geldformen basiert Bitcoin auf Misstrauen. Den darin liegenden Vorteil formuliert das Buch *Bitcoin and Blockchain Security* so: Alle Informationen können „securely [be] stored and verified without the need of any centralized authority".[18]

---

15 Einen guten Überblick über der Entwicklung der Kryptowährung bietet die Dokumentation von Christopher Cannucciari *Banking on Bitcoin* aus dem Jahr 2016.

16 Mölleken, Dirk: *Bitcoin. Geld ohne Banken – ist das möglich?* Diplomica Verlag: Hamburg 2012, S. 8.

17 Siehe Artikel „Anleger tauschen Bitcoin in altmodisches Gold" in der *Frankfurter Allgemeinen Zeitung* vom 25.1.2018: „Das Frankfurter Goldhandelshaus Coininvest gibt an, der Absatz von Goldmünzen habe sich seit den Bitcoin-Turbulenzen zeitweise verfünffacht."

18 Karame, Ghassan / Androulaki, Elli: *Bitcoin and Blockchain Security.* Artech House: Boston/London 2016, S. 4.

Die utopische Idee hinter Bitcoin ist demnach: Eine neue Balance der Geldströme zu kreieren, genauer: eine virtuelle Finanzwelt zu schaffen, die, einmal existent, ohne eingreifende Instanz, ohne Zentralstelle, ohne Programmierer, ohne Schreiber auskommt. Bereits 2013 entstanden alle zehn Minuten 25 neue Bitcoins[19] – ohne dass daran eine konkrete Person oder Institution beteiligt gewesen wäre. Bitcoin schreibt sich vielmehr selbst fort, verändert sich fortlaufend in seinen Verweisstrukturen. Muss heute in Geldfragen also das Konzept von Urheberschaft neu gedacht werden? Muss es durch Kollaborationsmodelle ersetzt werden?

3. Joshua Cohens Internetroman *Book of Numbers*

Seit einigen Jahren ist auch in der Literatur eine neue Strömung von „Internetromanen" auszumachen. Eine ganze Reihe meist jüngerer Autorinnen und Autoren fragt mit ihren Texten: Wie kann und wird sich das Erzählen im Zeitalter von Internet und Digitalisierung verändern? Clemens Setz inszeniert beispielsweise in seinem 2018 erschienenen Buch *Bot. Gespräch ohne Autor* ein fiktives Frage-Antwort-Spiel mit einer digitalen Kopie seiner selbst, Josefine Rieks Roman *Serverland* (2018) stellt die Frage, wie die zukünftige Welt aussähe, wenn das Internet aus politischen Gründen flächendeckend deaktiviert würde. Und Joshua Cohen legte 2015 mit seinem Roman *Book of Numbers* ein ausführliches Psychogramm und zugleich postmodernes Identitätsspiel über einen milliardenschweren Internetguru vor, der genauso heißt wie der Autor selbst und zugleich als Erzählinstanz verzweifelt versucht, Herrscher über die eigene Person betreffenden Informationen zu werden und die Macht über die eigene Privatsphäre zurückzuerhalten.

Immer geht es in den genannten Texten auch um die Fragen: Was bedeutet die Digitalisierung für das Verhältnis von Autor und Leser, von Erzählinstanz und Figuren? Entsteht hier eine neue Balance – oder Disbalance? Beobachtet die Literatur selbst so etwas wie eine Machtverschiebung? Und

19 Vgl. Schimmel, Sascha-Pascal: „Bitcoins: Rasanter Aufstieg einer Phantom-Währung," *focus*, 4.11.2015. Zuletzt abgerufen 14.11.2018. <https://www.focus.de/finanzen/geldanlage/tid-30404/virtuelles-geld-bitcoins-rasanter-aufstieg-einer-phantom-waehrung-beschraenktes-angebot-virtueller-muenzen_aid_952842.html>.

wenn ja, mit welchen Mitteln bringt sie diese Beobachtung zum Ausdruck? Schon dem Cyberpunk der 1980er Jahre wurde attestiert, neue Erzählstrategien und Formsprachen entwickelt zu haben, um seinem Gegenstand angemessen begegnen zu können: „Cyberpunk is touted as a new development in SF [Science-Fiction, KB], a form that not only engages the future more openly but has developed new narrative means of doing so."[20] Es soll nun gezeigt werden, dass für Joshua Cohens *Book of Numbers* Ähnliches gilt. Nicht umsonst bezeichnete Nicolas Freund den Roman in der *Süddeutschen Zeitung* als „Epochenroman des Internetzeitalters".[21]

In einer Art Dreifachspiegelung oder Potenzierung[22] der Autorfigur problematisiert der Text das Schreiben im Zeitalter des Internets und des digitalen Kapitalismus: Der Protagonist des Romans, der wie der Autor Joshua Cohen heißt und erfolgloser Schriftsteller ist, soll Ghostwriter der Autobiografie eines weiteren Joshua Cohen werden: Der Lebensgeschichte des Internetgurus und Multimilliardärs Joshua Cohen, einer sagenumwobenen Gestalt, die sich schon lange aus der Öffentlichkeit zurückgezogen hat und vor Jahrzehnten als Netzpionier der Erfinder der Suchmaschine „Tetration.com" war – eine Art Google, jedoch mit noch umfassenderer Monopolstellung im Internet:

> Du nennst das Wesen, das du dir erschreibst, ‚den Großen Vorsitzenden', und das meine ist im Wesentlichen das Internet, das Netz" – so hat er sich positioniert, so ist er auf den Punkt gekommen: der Mann, der das Teil miterschaffen hat, eher noch: der Mann, der uns alle miterschaffen hat und dabei das Papier, dem ich mein Leben geweiht habe, geschreddert hat wie nichts. Dabei darf man keine Sekunde lang davon ausgehen, dass er es – wie? paradox, grotesk? findet, jetzt auf einmal, da wir gemeinsam die Schwelle zur 40 überschreiten [...], den Drang zu verspüren, sein Leben in Worte zu fassen und diese Worte zu Papier bringen zu lassen.[23]

---

20 Slusser 1992, S. 5.

21 Freund, Nicolas: „Digitaler Weltinnenraum," *Süddeutsche*, 14.2.2018. Zuletzt abgerufen 15.2.2018. <https://www.sueddeutsche.de/kultur/amerikanische-literatur-digitaler-weltinnenraum-1.3867161>.

22 Das fiktive Internetunternehmen in Joshua Cohens Romans heißt „tetration. com". Der Begriff „Tetration" bezeichnet in der Mathematik einen Potenzturm, bei dem der Exponent einer Potenz selbst wiederum eine Potenz ist.

23 Hier und im Folgenden wird die hervorragende deutsche Übersetzung von Robin Detje verwendet: Cohen, Joshua: *Buch der Zahlen*. Schöffling & Co: Frankfurt a.M. 2018, S. 13.

Book of Numbers, in Anlehnung an die englische Bezeichnung für das vierte Buch der Tora mit dem Einzug der Israeliten in das gelobte Land Kanaan (wobei der Roman offenlässt, ob das gelobte Land im Analogen oder im Digitalen zu finden ist), entfaltet im Folgenden einen „wilde[n] Stilmix“[24] in bester postmoderner Manier: Ein „Informations-Tsunami“[25], der die „nerdigen Anfänge“[26] des Internets genauso behandelt wie den späteren Größenwahn der IT-Giganten. Carsten Hueck beschreibt den Roman für den Deutschlandfunk als ein Netz aus „Tagebuchaufzeichnungen, Emails, Interviews, montierte[n] Zitate[n], Aufsätze[n] zu Buddhismus, Hinduismus, Kabbala, Holocaust, Familiengeschichte, philosophische[n] Reflexionen, vulgäre[n] Kalauer[n], Webkontrollprogramme[n], Zahlenmystik, Detailwissen über Internettechnologie“.[27] Und: „Zeugnis eines Kampfes zwischen klassischen literarischen Verfahrensweisen und ihrer Verselbstständigung“.[28]

„If you're reading this on a screen, fuck off“, lautet im Original der erste Satz des Buchs.[29] Von Beginn an ist sich der Text seiner eigenen Hybridität bewusst und reflektiert die eigene Form, denn er äußert mit diesem ersten Satz das Wissen, dass er sowohl im Analogen (als gedrucktes Buch) als auch im Digitalen (als E-Book) existieren kann. Dies kommt zugleich im Paratext des Buchs zum Ausdruck, etwa in den – an den Binärcode angelehnten – Kapitelüberschriften „1 / 0 / 1“[30] oder bei der Umschlaggestaltung, die digital verfremdete Motive aus der Natur-, Menschheits-, Kunst- und Technikgeschichte zeigt, die sich gegenseitig überlagern. Der

24 Hueck, Carsten: „Die Handlung ist ein Datenstrom,“ *Deutschlandfunk*, 23.1.2018. Zuletzt abgerufen 11.6.2018. <http://www.deutschlandfunkkultur.de/joshua-cohen-das-buch-der-zahlen-die-handlung-ist-ein.950.de.html?dram:article_id=408929>.

25 Ebd.

26 Kamalzadeh, Dominik: „*Buch der Zahlen* von Joshua Cohen: Alles streamt und fließt,“ *Der Standard*, 11.3.2018. Zuletzt abgerufen 11.6.2018. <https://www.derstandard.at/story/2000075801206/buch-der-zahlen-von-joshua-cohen-alles-streamt-und-fliesst>.

27 Hueck 2018.

28 Ebd.

29 In der deutschen Übersetzung lautet der Satz: „Verpisst euch doch einfach, wenn ihr dies am Bildschirm lest!“ (Cohen 2018, S. 11.)

30 Ebd., S. 5.

erste Satz macht aber auch klar: Im Folgenden wird es vor allem um die Deutungshoheit über Text und Information gehen. Und darum, wer überhaupt noch wie darüber verfügen kann, wenn Text einmal geschrieben ist – im Digitalen und im Anlogen. Es wird um Autorschaft gehen und um die Frage: Wer ist wichtiger? Der, der schreibt, oder der, der geschrieben wird? Und wer oder was ist es eigentlich, das schreibt?

Der einzige bisher veröffentlichte Roman des Protagonisten, so erfahren wir in einer Analepse, zerfällt sprichwörtlich zu Staub – ausgerechnet durch den Terrorangriff am 11. September 2001 auf das World Trade Center als *dem* Symbol des globalen Kapitalismus. Da die wenigen gedruckten Exemplare alle in einem Buchladen unweit der Twin Towers auslagen, ist seine Schreibexistenz massiv gefährdet, bis er den Auftrag erhält, die Autobiografie des berühmten Namensvetters zu schreiben. Der Joshua Cohen, der den Code für Tetration.com schrieb, will nun selbst geschrieben und analog publiziert werden. Als der fiktive Schriftsteller Joshua Cohen einmal seinen Namen tetriert (also in die Suchmaschine eingibt), sind die „Treffer #1 bis #324“ für das „Genie, den Googolionär, Gründer und CEO von Tetration.com“[31] reserviert. Er selbst taucht erst als Treffer „#325“ auf. Aus Angst, keine Spuren in der Welt zu hinterlassen, willigt er ein, die Autobiographie des anderen Joshua Cohen zu schreiben, und „sei es auf Kosten meiner Identität“[32], denn ihm ist klar

> [...] dass als einziges Lebenszeugnis meines Lebens dieses Lebenszeugnis eines anderen bleiben würde. Dass es als falscher JC an mir war, ihnen Einhalt zu gebieten – Ava zu sagen, dass sie nicht länger nach ihrem Gatten suchen soll (hier bin ich doch!), meiner Mutter zu sagen, dass sie nicht länger nach ihrem Sohn suchen soll (hier bin ich doch!), euch beiden mein Bedauern auszusprechen und deiner zu gedenken, Papa – hoffentlich finden wir alle zusammen, auf diesem, nicht auf einem anderen Blatt.[33]

Der Text entfaltet nicht nur ein wildes Identitätsspiel zwischen den verschiedenen Joshua Cohens, sondern er stellt darüber hinaus permanent Netz- und Buchexistenz, Geld- und Weltexistenz einander gegenüber. Wie als Selbstversicherung präsentiert und betont der Text immer wieder die

31 Ebd., S. 16.
32 Ebd.
33 Ebd.

eigene „Gemachtheit". Der Schriftsteller Joshua Cohen führt mit dem „großen Vorsitzenden" Joshua Cohen reihenweise Interviews für das gewünschte Buch, da der Letztere mit dem Fortgang seiner Suchmaschine nichts mehr zu tun hat, seitdem dort monetäre Interessen das Sagen haben. Diese Interviews werden – innerhalb der Textfiktion – scheinbar ungefiltert, höchstens mit Anmerkungen versehen, zu Papier gebracht:

> Cohen wollte mit dem Programmieren selbst nichts zu tun haben, schlug aber Perl als bessere Programmiersprache vor, mit einem Dollarzeichen - >>$<< - zu Anfang jeder Zeile [ERKLÄREN: UNTERSCHIED KODIEREN/PROGRAMMIEREN, ALS VERB UND SUBSTANTIV].[34]

Auch „Streichungen" werden groteskerweise gerade nicht weggestrichen, sondern als solche markiert stehengelassen:

> Das nächste Semester verbrachte Cohen ~~mit weiteren Forschungen zum Thema Unbestimmtheit [AUSFÜHRLICHER]~~ in dem zum Büro umfunktionierten [...] Zimmer im Wohnheim Toyon Hall.[35]

Wie liest man so etwas? Und wie kann man so etwas überhaupt noch laut vorlesen? Die Linearität des Lesens wird durch solche Passagen radikal durchbrochen. Carsten Hueck schreibt zur Machart des Textes: „Irgendwann weiß man nicht mehr: Was ist Fakt, was ist Wahrheit, was ist Identität? Was ist der Mensch in Zeiten des Binärcodes?"[36] Und wie verändert sich das Schreiben? Immer wieder thematisiert der Text den Akt des Schreibens, wobei der analogen Variante eine weihevolle und beinahe ganzheitliche Wirkung zugesprochen wird:

> Wenn man wieder mit der Hand schreibt, ist das ein ganz anderes Gefühl (~~wie rebooten, wie Seite neu laden, Wiederherstellungspunkt setzen~~, erquickend und erlabend), mit Stift ins Notizbuch, zum ersten Mal seit ich weiß nicht wann, seit der Schulzeit. Mit der ganzen Hand schreiben, in meiner vollen Behändigkeit, nicht nur mit den Fingern. Es in den Griff bekommen, zupacken, die Zeichensetzung lockern, den Ligaturen Spielraum geben, die Remanenz abschütteln, den Geist entmagnetisieren, loslassen, atmen. Irgendwie. / Bei Handschriften werden nicht nur die fremdsprachlichen Wörter kursiv gesetzt, da steht alles schief.[37]

---

34 Ebd.
35 Ebd., S. 279.
36 Hueck 2018.
37 Cohen 2018, S. 708.

Doch was ist überhaupt noch unter „Schreiben“ zu verstehen, wenn Text vor allem virtuell und digital existiert? Wenn es keine Hand- bzw. Schreibschrift mehr gibt, die ja per se nur linear entstehen kann? Im Roman jedoch wird weder chronologisch erzählt, noch gibt es so etwas wie eine lineare Handlung. Was es zu Genüge gibt, sind Sprünge, Querverweise, „Hyperlinks“. „Alles hat in diesem Roman mit allem zu tun. Die Handlung ist ein Datenstrom“, so Casten Hueck für den Deutschlandfunk.[38]

Gleichzeitig findet eine Fetischisierung von analogem Buch und beschriebenem Papier statt. Als sich der Schriftsteller Joshua Cohen nach einer Odyssee von New York über das Silicon Valley, den Emiraten und Berlin auf der Frankfurter Buchmesse wiederfindet, sinniert er dort über den Zusammenhang von Schrift, Text und Geld:

> Gutenbergs Vater, Friele Gensfleisch zur Laden, war in der kirchlichen Münzprägeanstalt beschäftigt gewesen. Genau wie ich vermutet hatte: Schreibkunst, Typografie, Monetenwahn. Eine Münze wird in der Form gegossen, dann wird ein Bild aufgeprägt. Zieht man in Betracht, dass ein Fünf-Cent-Stück heute nur noch ein Viertel seines früheren Wertes hat, ist klar: Es ist das Bild, das den Wert prägt, Glyphen von Tetrarchen aus feudalen Königsgeschlechtern, die sich mit der Zeit in kitschige Grafiken von Vieh und Weizen wandeln. Da Papier Papier bleibt, sind es die Inschriften, die einer Banknote die Echtheit geben, die Unterschriften von Präsidenten oder Premierministern, Schatzmeistern, Zentralbankdirektoren. Monetäre Beschriftung bleibt letztes Vorrecht des königlichen Siegels oder Siegelrings, Garant der Autorschaft und damit der Autorität. Bei Siegelerden, Sigilien, Hartgeld, Fiatgeld, beweglichen Lettern, allen Schreibverfahren bis zum heutigen Tage – immer wird einer beliebigen Materialität ein vergänglicher Wert aufgeprägt. Identitätsnachweise.[39]

4. Ein neues Gleichgewicht der Erzähl- und Geldströme

Die Ausführungen zur Kryptowährung Bitcoin haben bereits gezeigt: Nicht Materialität und Schrift garantieren den Wert von Geld. Als Identitätsnachweise von Autorschaft und Literatur stehen Materialität und Schrift im Prozess der Digitalisierung generell zu Debatte, das macht der Roman *Book of Numbers* auf beinahe penetrante Art und Weise auf 750 Seiten deutlich. Die Literatur der Zukunft und mit ihr das Verhältnis von Autor

---

38 Hueck 2018.
39 Cohen 2018, S. 654.

und Text werden sich grundlegend verändern. *Book of Numbers* liest sich teilweise wie ein Aufbäumen seiner Figuren gegen die Digitalisierung, zugleich jedoch „nimmt [der Roman] das Internet als Evolutionssprung ernst“[40]. Folgendes Zitat von Hannes Bajohr aus der *Neuen Zürcher Zeitung* prognostiziert der Literatur eine Zukunft, die auch *Book of Numbers* inhaltlich und formsprachlich zum Ausdruck bringt. Obwohl Bajohrs Zitat gerade nicht auf Joshua Cohens Roman abzielt, passt es doch wunderbar zu diesem Text:

> Nicht nur ist der Autor kein Originalgenie mehr und wird Kurator des schon Existierenden; auch der Schöpfungsprozess verschiebt sich auf eine sekundäre Ebene: Es wird geschrieben, um dann schreiben zu lassen, denn es ist der vom Autor konstruierte Code, nicht mehr der Autor unmittelbar selbst, der den Text hervorbringt. [...] Diese Werke liest man nicht konzentriert Satz für Satz durch, man liest sie eher bald hier und bald da an, um aus dem Output Rückschlüsse auf die Machart des unsichtbaren ersten Textes, des Programmcodes, zu ziehen.[41]

Letztlich stehen bei *Book of Numbers* ähnliche Fragen im Zentrum wie bei Bitcoin: Wer schrieb den Code? Wie kommt die Erzählung zustande? Wie schreiben sich Code und Erzählung fort? In seiner ganzen Anlage, in seiner Form und seiner Thematik affirmiert der Roman das begonnene Digitalzeitalter und zeigt eher weg vom Analogen. Gleichwohl trauert er auch der analogen Schrift- und Bücherwelt nach. Doch der Roman macht deutlich, dass die Digitalisierung unaufhaltsam voranschreitet. Als der Erzähler Joshua Cohen gegen Ende des Romans am New Yorker Flughafen „JFK“ vor der Grenzkontrolle steht, heißt es:

> Da fiel mir ein, wie gern ich mir immer den Pass stempeln ließ. Das machte mir die Persona klar. Nagelte mein Sein fest. Also bat ich den Beamten um einen Stempel. / Und er antwortete: „Würde ich ja gerne, Mann, aber alles mit Tinte wird gerade langsam abgeschafft.[42]

Nicht nur analoge Schrift und analoger Text stehen durch die Digitalisierung zur Disposition, auch die Identität eines jeden Einzelnen verliert in der „analogen“ Welt an Halt und verschiebt sich in den virtuellen Raum.

---

40 Hueck 2018.

41 Bajohr, Hannes: „Unermüdlich dichtet das Maschinchen,“ *Neue Züricher Zeitung*, 27.2.2018. Zuletzt abgerufen 5.7.2018. <https://www.nzz.ch/feuilleton/unermuedlich-dichtet-das-maschinchen-ld.1351544>.

42 Cohen 2018, S. 745.

Abschließend lässt sich festhalten: *Book of Numbers* reflektiert die im digitalen Zeitalter zunehmend problematischen Themen Autor- und Urheberschaft, Identität und Privatheit, Macht und Kontrolle, aus jeweils unterschiedlichen Perspektiven und mithilfe verschiedenster literarischer Mittel. Der Roman beobachtet dabei eine Balanceverschiebung – die, in anderer Konstellation, schon das Ziel der Cypherpunks war: Während diese ein neues Gleichgewicht der Finanzströme erschaffen wollten, entwirft *Book of Numbers* ein neues Gleichgewicht der Erzählströme.

Sebastian Lübcke

Ästhetischer Antikapitalismus
Ein Versuch zu Franco ‚Bifo' Berardi und dem Verlust von Zeit und Sinnlichkeit im Semiokapitalismus

Ästhetik und Ökonomie stehen in einem schwierigen Verhältnis zueinander. Während sie in der Werbeindustrie Hand in Hand gehen,[1] gemeinsam Unternehmenskulturen prägen oder im postfordistischen ‚Kreativitätsdispositiv' entgrenzt werden,[2] ist es umgekehrt fast ein Topos, den ethischen, sozialen und politischen Implikationen des Kapitalismus und seiner vom Tauschprinzip beherrschten quantitativen Werteordnung ästhetisch-qualitative Standpunkte entgegenzuhalten.[3] Diese Spannung dürfte sich dort weiter zuspitzen, wo die Wertschöpfung nicht länger über die Bearbeitung und Vermarktung körperlicher Objekte verläuft, sondern finanzkapitalistisch konstituiert ist und damit in einem entreferenzialisierten Parallelsystem vonstattengeht.[4] Joseph Vogl hat dargelegt, dass es in der „neuen finanzökonomischen Ära" seit den 1960er/70er Jahren zu einer „Krise der Repräsentation" gekommen ist,[5] die sich im Zuge der „Auflösung von Wertreferenten" eingestellt hat.[6] In diesem Sinne hat Vogl auch

1 Vgl. Allen, Martina / Knepel, Ruth (Hrsg.): *Poetik und der Poesie der Werbung. Ästhetik und Literarizität an der Schnittstelle von Kunst und Kommerz*. Transcript: Bielefeld 2018.

2 Vgl. Reckwitz, Andreas: *Die Erfindung der Kreativität. Zum Prozess gesellschaftlicher Ästhetisierung*: Suhrkamp: Berlin 2012; Reckwitz, Andreas: *Kreativität und soziale Prozesse. Studien zur Sozial- und Gesellschaftstheorie*. Transcript: Bielefeld 2016.

3 Vgl. Löwy, Michael: *Pour une sociologie des intellectuels révolutionnaires*. PUF: Paris 1976, S. 22.

4 Vgl. Waelti, Slaven: *Finanz*. In: Vogl, Joseph / Wolf, Burkhardt (Hrsg.): *Handbuch Literatur & Ökonomie*. De Gruyter: Berlin 2019, S. 136–139.

5 Vogl, Joseph: *Das Gespenst des Kapitals*. Diaphanes: Zürich 2010/2011, S. 84.

6 Ebd., S. 87.

in historischer Tiefe darauf hingewiesen, wie sehr finanzökonomische Prozesse seit dem 18. Jahrhundert darstellungstheoretisch problematisiert wurden und es notwendig machten, ökonomische und zeichentheoretische Ansätze zur Beschreibung, aber auch zur Lösung der damit verbundenen Repräsentationskrise zu verflechten.[7]

Nimmt man die semiotischen Implikationen der Finanzökonomie ernst, liegt es nicht fern, auch die Poesie als spezifisch ästhetischen Zeichengebrauch gerade in diesem Kontext zu berücksichtigen. In der Tat forderte der französische Philosoph Alain Badiou erst kürzlich, „la nudité poétique du présent"[8] in einem Akt der Desimagination zu (re-)realisieren, um sich dem – so Badiou – Fetisch („fétiche") der repräsentativen (Post-)Demokratie zu entwinden.[9] Während Giorgio Agamben in der Dereferenzialisierung des Kapitalismus den Kern einer anarchischen Fundament- und Prinzipienlosigkeit der kapitalistischen Gesellschaft erkennt, die sich dem substanzlosen Glauben an die ökonomischen Werte der „religione capitalista" hingebe und sich den herrschaftskritischen Weg hin zu einer wahren Anarchie („vera anarchia") verstelle,[10] sieht der in der Forschung ungleich weniger prominente italienische Philosoph Franco ‚Bifo' Berardi[11] die Dereferenzialisierung des Kapitalismus überall dort am Werk, wo der Geist („la mente"), Beziehungen („la relazione") oder die Sprache („il linguaggio"), kurz: die Seele („l'anima") anstelle des Körpers, und mit ihnen immaterielle Informationsflüsse das Produktionsmittel darstellen.[12] Berardi bezeichnet diese entkörperte Produktionsform als ‚Semiokapitalismus' und unterscheidet sie programmatisch vom Industriekapitalismus. Vor diesem Hintergrund will der Aufsatz zeigen, wie Berardi ästhetische,

---

7 Vgl. Vogl 2010/2011; Vogl, Joseph: *Kalkül und Leidenschaft. Poetik des ökonomischen Menschen*. Diaphanes: Zürich [4]2011.

8 Badiou, Alain: *Pornographie du temps présent*. Fayard: Paris 2013, S. 45.

9 Vgl. besonders ebd., S. 16–23.

10 Agamben, Giorgio: *Creazione e anarchia. L'opera nell'età della religione capitalista*. Neri Pozza: Vicenza [3]2018, S. 132 (insgesamt S. 113–132).

11 Vgl. Ciuferri, Nicholas: *A/traverso Franco „Bifo" Berardi in movimento. 1964–1978. Uno studio sull'azione politica, l'attività culturale e intellettuale di Franco „Bifo" Berardi all'interno della contestazione italiana degli anni Sessanta e Settanta*. Universitalia: Roma 2016.

12 Vgl. programmatisch Berardi, Franco Bifo: *L'anima al lavoro. Alienazione, estraneità, autonomia*. DeriveApprodi: Roma 2016 (Zitat S. 8f.).

speziell poetische Verhaltens- und Denkweisen gegen die semiokapitalistische Wirtschaftsform und ihre sozialen und psychischen Folgen aufbietet, um die historisch spannungsreiche Beziehung zwischen Ästhetik und Ökonomie[13] vor dem Hintergrund der semiokapitalistischen Abstraktion und Beschleunigung der aktuellen Wirtschafts- und Lebenswelt zu diskutieren.

Auffällig ist, dass Berardi diese Problemstellung im Zeichen von ‚Ökonomie und Gleichgewicht' bzw. – genauer – ‚Ökonomie und Ungleichgewicht' reflektiert. Zwar stellen ökonomische Theorien sowohl für die Markt- als auch die Konkurrenzgesellschaft stets das Paradigma des Ausgleichs und des Gleichgewichts in den Mittelpunkt,[14] doch ergab sich sowohl für die romantische Geldtheorie das Problem, wie „[r]epräsentierende Zeichen und repräsentierte Reichtümer" im „Gleichgewicht" bzw. in einer „äquilibrierten Proportion" zu halten sind[15] als auch und gerade für die postmoderne Finanzökonomie, wie Joseph Vogl zeigt. Zu denken ist hier etwa an die „ausgleichende Wirksamkeit" von Transaktionsversicherungen und Hedgefonds, die das Investitionsrisiko und die damit verbundenen Gewinnchancen unter den dynamischen Bedingungen der Finanzmärkte abfedern sollen.[16] Zudem lässt sich das Ausbalancieren der „Risiken schwankender Kurse und Preise durch den Handel mit diesen Risiken" beobachten,[17] mit der – zeittheoretisch formuliert – eine „Ausbalancierung zwischen der Ungewissheit gegenwärtiger Zukünfte mit den Erwartbarkeiten künftiger Gegenwarten" korrespondiert.[18] Indes hat Paul Virilio darauf hingewiesen, dass die nurmehr technologisch und virtuell zu verarbeitende Informationsmasse, die im Finanzkapitalismus simultan in die Kalkulationen künftiger Gewinnchancen und Risiken einfließt, immer schwerer zu überschauen und zu beherrschen ist.[19] Virilo spricht von der „*Tyrannei der Echtzeit*"[20] und konstatiert eine Virtualisierung der

13 Vgl. Cuonz, Daniel: *New economic criticism*. In: Vogl, Joseph / Wolf, Burkhardt: *Handbuch Literatur & Ökonomie*. De Gruyter: Berlin 2019, S. 33–47.
14 Vgl. Vogl 2010/2011, S. 48–63.
15 Ebd., S. 72–73.
16 Vgl. ebd., S. 89.
17 Ebd., S. 101.
18 Ebd., S. 113.
19 Vgl. Virilio, Paul / Wilczek, Bernd (Übers.): *Fluchtgeschwindigkeit. Essay*. Hanser: München / Wien 1996, S. 26.
20 Ebd., S. 32.

Lebenswelt, in der die Ferne immer näher rückt, während die Nächsten uns sozial immer fremder werden.[21] Berardi schließt an Virilio an, wenn er die sozialen Folgen der finanzkapitalistischen Abstraktion und Entzeitigung diskutiert und ihnen im Paradigma von ‚Ökonomie und Ungleichgewicht' eine näher zu bestimmende Kritikform des ‚Ästhetischen Antikapitalismus' entgegensetzt.

1. Annäherung an die Sinnlichkeit als Widerhaken im Semiokapitalismus

In einem Text aus dem Jahr 2009, *Deregulation* liberista *e Lumpen-Bourgeoisie*, bemerkt Berardi:

> Ein Investment von Brasilien nach Thailand zu verschieben, ist eine einfache und rein virtuelle Handlung („un gesto semplice e puramente virtuale"), die sich mit keiner Konkretheit („concretezza"), mit keinen sozialen Auswirkungen („effetti sociali") auseinandersetzt, nicht mit der Arbeitslosigkeit („disoccupazione"), die sie verursacht, oder anderen von ihr ausgelösten Katastrophen („cataclismi")./ [...] Der virtuelle Kapitalismus („capitalismo virtuale") trennt das Eigentum („la proprietà") vom Unternehmen, das Unternehmen hat sich finanzialisiert, sich deterritorialisiert, sich immaterialisiert („si finanziarizza, si deterritorializza, si immaterializza"). Die globale *corporation* kann ihr Investment in wenigen Augenblicken („in pochi istanti") verschieben, ohne den Gewerkschaften, der Gemeinschaft, dem Staat davon Rechnung zu geben. Das Kapital hat keinerlei Verantwortung mehr hinsichtlich der Gesellschaft.[22]

Berardi stellt hier zwei zentrale Überzeugungen seiner kapitalismuskritischen Gesellschaftstheorie heraus, die für das Verhältnis von Ökonomie und Ungleichgewicht zentral sind: die Zeit(-losigkeit) der Kapitalgenerierung und die Entmaterialisierung der ökonomischen Produktionsweise. Diese Probleme werden dort besonders dringlich, wo Gewinne nicht mehr durch die Hervorbringung von Objekten unter physischem Kraftaufwand generiert werden, sondern durch abstrakte Zeichenproduktionen. In dem entsprechenden semiokapitalistischen Wirtschaftssystem kommt es nach

---

21 Vgl. ebd., S. 33f.

22 Berardi, Franco ‚Bifo': „Deregulation *liberista* e Lumpen-Bourgeoisie". In: Ders. / Federico Campagna (Hrsg.): *Quarant'anni contro il lavoro*. DeriveApprodi: Roma 2017, S. 281–284, hier S. 284 (alle deutschen Übersetzungen von Berardi stammen in meinem Aufsatz von mir).

Berardi zu einer hypertrophen Semiosphäre („ipertrofia semiotica"),[23] die nicht allein die ökonomischen Produktionsverhältnisse abstrakter macht, sondern auch die darin kultivierten Subjekt- und Sozialformen, die der „universal grammar" der (semio-)kapitalistischen Ökonomie unterworfen sind.[24]

Wo bereits das Übergewicht der Profitökonomie als solcher über die gesellschaftliche Organisation zu einer eindimensionalen Ordnung der Dinge führt – wir kennen das von Herbert Marcuse[25] –, führt das „regime semiotico" des Semiokapitalismus erst recht dazu.[26] Denn unter den Bedingungen der Semiotisierung ökonomischer Zusammenhänge etabliert sich nach Berardi eine spezifische Relationsform zwischen Menschen und Dingen, die er ‚Konnektivität' („connettibilità") nennt und die durch „desensibilizzazione" („Entsinnlichung") und automatisierte Kompatibilisierung charakterisiert ist. Sie tritt an die Stelle der Sozialform der ‚Verbindung' („congiunzione") mit ihren mehrdeutig-ambivalenten und nicht-wiederholbaren Dimensionen, die sich in keiner semiotisch-technologischen Verrechenbarkeit erschöpft.[27] Berardi nimmt unter diesen Bedingungen ausdrücklich ein Ungleichgewicht („squilibrio") und eine Asymmetrie („disimmetria") zwischen der unaufhörlich wachsenden Info- bzw. Semiosphäre und den kognitiven, organischen und sozialen Kapazitäten der Gesellschaft wahr[28] und hält der Kapitalisierung und

---

23 Berardi, Franco ‚Bifo': „Rumore, silenzio, bellezza". In: Ders. / Federico Campagna (Hrsg.): *Quarant'anni contro il lavoro*. DeriveApprodi: Roma 2017a, S. 234–237, hier S. 235.

24 Berardi, Franco ‚Bifo': *Breathing. Chaos and Poetry*. Semiotext(e): South Pasadena 2018, S. 32.

25 Vgl. Marcuse, Herbert / Schmidt, Alfred (Übers.): *Der eindimensionale Mensch. Studien zur Ideologie der fortgeschrittenen Industriegesellschaft*. DTV: München 2008.

26 Berardi, Franco ‚Bifo': „Semiotica delle schizofrenia". In: Ders. / Federico Campagna (Hrsg.): *Quarant'anni contro il lavoro*. DeriveApprodi: Roma 2017b, S. 297–298, hier S. 297

27 Berardi, Franco ‚Bifo': „Conjunction/connection". In: Ders. / Federico Campagna (Hrsg.): *Quarant'anni contro il lavoro*. DeriveApprodi: Roma 2017c, S. 320–323, hier S. 321 (der Beleg gilt auch für den vorangegangenen Satz); vgl. auch Berardi 2018, S. 77–78.

28 Berardi 2017a, S. 234.

Semiotisierung des Lebens eine neue „Aufmerksamkeit für das Ästhetische“ entgegen.[29]

Die Aufwertung des Ästhetischen wird bei Berardi sowohl von der ‚Ästhetisierung des Alltags‘ („estetizzazione della vita quotidiana“) als auch von der ‚Veralltäglichung des Ästhetischen‘ („quotidianizzazione dell'estetica“) durch semiokapitalistische Produktionsverfahren wie der Werbeindustrie scharf unterschieden.[30] Er erinnert damit erneut an Herbert Marcuse, dessen Losungswort vom ‚eindimensionalen Menschen‘ er in einem Rückblick auf die späten 1960er Jahre noch deutlich im Ohr hat[31] und dessen Einsichten in die Verquickung von Herrschaft und Verwaltung unter den Bedingungen des scheinbar alternativlosen („apparentemente senza alternative“) „sistema di automatismi economico-finanziari“ einer Relektüre wert seien, wie Berardi befindet.[32] Marcuse hat die Vereinnahmung der Ästhetik für ökonomische Zwecke ebenso kritisch gesehen wie Berardi und ähnlich wie dieser eine ‚neue Sensibilität‘ als Schlüssel zu einer revolutionär befreiten Gesellschaft in Stellung gebracht, in der ästhetische Formprozesse zur Gestaltung des sozialen Miteinanders genutzt und die Körper- und Triebstruktur für den revolutionären Prozess fruchtbar gemacht werden sollte.[33] Hat man vor Augen, welche Bedeutung Marcuse der Verbindung von Schönheit und Eros als Ausdruck des Lustprinzips gegenüber dem ökonomisch zentrierten Realitätsprinzip beimisst,[34] so fällt auf, wie sehr auch Berardi auf erotische und sinnliche Qualitäten setzt, um dem Übergewicht kapitalistisch zentrierter Denk- und Handlungszwänge zu begegnen und ihm eine Art ‚Ästhetischen Antikapitalismus‘

---

29 Berardi 2017c, S. 323.

30 Berardi 2017a, Zitat S. 234.

31 Vgl. Berardi, Franco ‚Bifo‘: „*California dreamin*‘: introduzione“. In: Ders. / Federico Campagna (Hrsg.): *Quarant'anni contro il lavoro*. DeriveApprodi: Roma 2017d, S. 80–95, hier S. 81.

32 Berardi 2016, S. 43.

33 Vgl. vor allem Marcuse, Herbert / Reinicke, Helmut u. Schmidt, Alfred (Übers.): *Versuch über die Befreiung*. Suhrkamp: Frankfurt a.M. [5]1980, S. 43–76; Marcuse, Herbert: *Die Permanenz der Kunst. Wider eine bestimmte marxistische Ästhetik. Ein Essay*. Hanser: München / Wien 1977, S. 14, 25–26, 44–45.

34 Vgl. vor allem Marcuse, Herbert / Eckhardt-Jaffe, Marianne von (Übers.): *Triebstruktur und Gesellschaft. Ein philosophischer Beitrag zu Sigmund Freud*. Suhrkamp: Frankfurt a.M. 1979; Marcuse 1977, S. 70–74.

entgegenzustellen. Dies verdient bei Berardi insofern besondere Aufmerksamkeit, als die hypertrophe Semiosphäre im Zuge der Virtualisierung der Lebenswelt ausdrücklich ein ‚Übergewicht' („labirinto del sovraccarico semiotico") über jede authentische Erfahrungsmöglichkeit verzeichne, die nur durch eine erotische Wiederversinnlichung („erotismo") überwunden werden könne.[35] Ein derart verstandener ‚Ästhetischer Antikapitalismus' wendet sich nicht einfach nur gegen den Kapitalismus, sondern gegen eine spezifisch postfordistische Ausformung desselben und seine sozialen Folgen, in der die „Semiotik [...] zum Paradigma alles Realen" geworden ist („La semiotica diviene [...] il paradigma di tutto il reale").[36] Nach Berardi werde das ‚Reale' bzw. das unter den gegebenen Umständen für möglich und ‚real' Erachtete damit aber auf eine kulturell decodierbare ‚Welt aus Zeichen' reduziert („[i]l mondo è la totalità dei segni culturalmente decodificabile"),[37] die durch abstrakte Organisationsprinzipien wie Algorithmen strukturiert werde und an dessen einsinnigem Kompatibilitäts- und Konformitätsdruck der soziale Körper zu ersticken drohe.[38] Es ist dieser Nachdruck auf der Wiederversinnlichung von Subjekt- und Lebensformen und die damit verbundene Widerständigkeit, die genauer analysiert werden muss, um den ‚Ästhetischen Antikapitalismus' im Kontext des Semiokapitalismus zu verstehen.

2. Semiokapitalistische Entzeitigung der sozialen Ordnung

Der ‚Semiokapitalismus' ist eine Produktionsform, die auf kognitiver Arbeit beruht und die psychischen oder geistigen Energien einer Gesellschaft – d.h. keine Objekte oder materiellen Rohstoffe – für die Profitgenerierung in konsumierbare Zeichen verwandelt,[39] manipuliert und

---

35 Berardi 2017a, S. 234; vgl. Berardi 2018, S. 65 zum „excess of life, of Eros, of the unconscious" als Gegengewicht zum neurotechnologischen Totalitarismus.

36 Berardi 2017a, S. 235.

37 Berardi 2017d, S. 83.

38 Vgl. Berardi 2018; vgl. auch das Kapitel „Automazione e terrore" in Berardi, Franco ‚Bifo': *Futurabilità*. Nero: Roma ²2019, S. 121–145.

39 Vgl. Berardi, Franco ‚Bifo': „Il caos e l'amicizia". In: Ders. / Federico Campagna (Hrsg.): *Quarant'anni contro il lavoro*. DeriveApprodi: Roma 2017e, S. 306–307, hier S. 307.

ausnutzt.[40] Beispiele dafür sind Marketingagenturen, deren Wertschöpfung nicht auf ein objektives, materielles Fundament zurückgeführt werden kann, sondern auf ein linguistisches Simulationsspiel („gioco di simulazione“),[41] bei dem Wert durch die Erregung von Aufmerksamkeit, durch Einprägsamkeit oder die Stimulierung von Begierden generiert werde.[42] Beradi geht davon aus, dass mit der Virtualisierung der Wertschöpfung ein Spalt zwischen der materiellen Welt und der Wertproduktion entsteht, da im Semiokapitalismus Gewinne in einer in sich geschlossenen Zeichensphäre entstehen, ohne physikalische Tatsachen wie Objekte oder Muskelkraft dazwischenzuschalten.[43] Zugleich kritisiert er, dass im Semiokapitalismus humane Ressourcen wie das Innenleben, Gefühle und Gedanken, als Quelle der Wertgenerierung vereinnahmt werden, die im Industriekapitalismus noch eine Möglichkeit boten, sich zumindest mental der physischen Ausbeutung zu entziehen, und dass umgekehrt auch ökonomische Maßstäbe Eingang in die Semiosphäre der Gesellschaft bzw. in die sozialen und persönlichen Bedeutungs- und Sinnzusammenhänge finden.[44] Die Folgen der semio-, speziell finanzkapitalistischen Abstraktion der Wirklichkeit bleiben daher nicht auf das ökonomische Feld beschränkt; vielmehr kommt es im Zuge der ökonomischen Virtualisierung zum einen auch zu einer Erkaltung des sozialen Miteinanders und einer psychisch verheerenden Prekarisierung, wie Berardi vor allem in seiner bedrückenden Studie *Heroes. Suicidio e omicidio di massa* darlegt,[45] und zum anderen zu einem Bruch zwischen dem sozialen Körper und dem *general intellect*. Der Grund dafür besteht darin, dass die Infosphäre in der Hand von Marktinteressen

---

40 Vgl. Berardi, Franco ‚Bifo‘: „Attivismo“. In: Ders. / Federico Campagna (Hrsg.): *Quarant'anni contro il lavoro*. DeriveApprodi: Roma 2017f, S. 354–355, hier S. 354.

41 Berardi 2017, S. 282.

42 Jacquemet, Marco: „Cybercultura e semio-capitalismo“. In: Berardi, Franco ‚Bifo‘: *Quarant'anni contro il lavoro*. Federico Campagna (Hrsg.). DeriveApprodi: Roma 2017, S. 171–177, hier S. 175.

43 Vgl. Berardi, Franco ‚Bifo‘: *The Uprising. On Poetry and Finance*. Semiotext(e): South Pasadena 2012, S. 19.

44 Vgl. Berardi 2016, S. 89–94.

45 Vgl. Berardi 2012, S. 37; vgl. ausführlich Berardi, Franco ‚Bifo‘: *Heroes. Suicidio e omicidio di massa*. Baldini & Castoldi: Milano 2015.

liegt und im Sinne des „assolutismo del profitto“ instrumentalisiert und verkürzt werde.[46]

In den frühen 1990er Jahren problematisiert Berardi das Verhältnis der Gesellschaft zur wachsenden Info- und Zeichensphäre ausdrücklich als „Ungleichgewicht“ („squilibrio“)[47] und kritisiert, dass die Anpassung des menschlichen Organismus an die von Informationen wuchernde Umwelt zu einer Überforderung des Menschen und zu einem verheerenden Beziehungsverlust zur Realität führe.[48] Er erklärt das unter anderem damit, dass Werteverhältnisse bei Finanztransaktionen für das menschliche Zeitbewusstsein unbeherrschbar schnell verschoben werden[49] und zu Deterritorialisierungs- und Angstgefühlen in der Gesellschaft führen. Auf der Suche nach Reterritorialisierungsmöglichkeiten erscheinen nun Konstrukte wie das (National-)Identitäre attraktiv, die die in der ökonomischen Abstraktion des Semiokapitalismus und im neoliberalen Konkurrenzdruck gründenden Maßstäbe als soziale Kälte und Empathielosigkeit widerspiegeln und unangetastet lassen.[50] Berardi macht dafür ausdrücklich „l’ondata predatoria di de-realizzazione finanziaria“[51] verantwortlich, die wie ein schwarzes Loch das reale Leben verschlungen habe: „Alla fine di questo processo la vita reale scomparve nel buco nero dell’accumulazione finanziaria.“[52]

Gegen diesen Aggression und Empathielosigkeit kultivierenden Wertekatalog des Neoliberalismus, der aus „la produttività, l’accelerazione dei ritmi, l’ossessione competetiva“ besteht, ruft Berardi zu einer „Ethik der

46 Berardi, Franco ‚Bifo‘: „La ragione e la forza“. In: Ders. / Federico Campagna (Hrsg.): *Quarant’anni contro il lavoro*. DeriveApprodi: Roma 2017g, S. 348–351, hier S. 348.
47 Berardi, Franco ‚Bifo‘: „Bisogna resistere alla mutazione?“. In: Ders. / Federico Campagna (Hrsg.): *Quarant’anni contro il lavoro*. DeriveApprodi: Roma 2017h, S. 182–185, hier S. 182.
48 Vgl. ebd., S. 183.
49 Vgl. Berardi 2012, S. 12 u. 15.
50 Vgl. Berardi, Franco ‚Bifo‘: „Della Rudezza“. In: Ders. / Federico Campagna (Hrsg.): *Quarant’anni contro il lavoro*. DeriveApprodi: Roma 2017i, S. 258–259; Berardi, Franco ‚Bifo‘: „Psico-Nazi“. In: Ders.: *Quarant’anni contro il lavoro*. DeriveApprodi: Roma 2017j, S. 253–258.
51 Berardi 2015, S. 17.
52 Ebd., S. 18.

Berührung" („etica del toccamento") und der Entmythisierung neoliberaler Erzählungen auf, gegen die neue Handlungsmaximen geltend gemacht werden sollen: „Antiproduktivität, exemplarische Enthaltungspraktiken, der glückliche Boykott unterdrückender Arbeitsweisen, ein Lächerlichmachen des ökonomistischen Kultes" („antiproduttivismo, una pratica esemplare dell'assenteismo, un boicottagio felice delle procedure lavorative oppressive, una ridicolizzazione del culto economicista").[53]

Das Ungleichgewichtsregime der kapitalistischen Welt- und Werteordnung – Berardi spricht ausdrücklich von „squilibrio", „sovracarrico"[54] oder „asimmetria"[55] – ist bei Berardi gerade unter den Bedingungen ihrer Semiotisierung mit der Erfahrung von Zeit(-losigkeit) verbunden. Tatsächlich generieren Algorithmen im Semio- und Finanzkapitalismus für die menschliche Aufnahmefähigkeit unbeherrschbar schnell Zeichen, wandeln sie in ökonomischen Wert um und unterlaufen so die körperlich-materielle Fundierung der ökonomischen und sozialen Welt- und Werteordnung. Im Anschluss an Paul Virilio bemerkt Berardi daher schon 2009, in dem Artikel *Attivismo*, dass der ökonomische Wettbewerb nichts anderes als Krieg sei („la competizione economica è guerra") und ihre Gemeinsamkeit in der „Schnelligkeit" liege („velocità"),[56] während der empathische Umgang mit Anderen und ihren Körpern zeitbedürftig sei: „Per poter percepire l'altro come corpo sensibile occorre tempo, occorre il tempo della carezza e dell'annusamento. E il tempo

53 Berardi, Franco ‚Bifo': „Terapie". In: Ders. / Federico Campagna (Hrsg.): *Quarant'anni contro il lavoro*. DeriveApprodi: Roma 2017k, S. 259–264, hier S. 262.

54 Berardi 2017h, 182–183.

55 Berardi, Franco ‚Bifo': „La transizione tecnocomunicativa". In: Ders. / Federico Campagna (Hrsg.): *Quarant'anni contro il lavoro*. DeriveApprodi: Roma 2017l, S. 196–197, hier S. 196; auch Berardi, Franco ‚Bifo': „Produzione di senso in transizione". In: Ders. / Federico Campagna (Hrsg.): *Quarant'anni contro il lavoro*. DeriveApprodi: Roma 2017m, S. 197–198, hier S. 197: „Nel processo di transizione tecnocomunicativa si verifica un'asimmetria tra i formati dell'emissione tecnologica e della ricezione sociale, cioè un'asimmetria nei modelli di semiotizzazione del mondo", ebd. wird das Verhältnis auch ausdrücklich als Ungleichgewicht („squilibrio") beschrieben.

56 Berardi 2017f, S. 354.

per l'empatia è venuto meno perché l'info-stimulazione si è fatta troppo intesa."[57] Berardi kritisiert hier scharf, dass uns die unentwegte Stimulierung der Aufmerksamkeit durch neue Informationen und Zeichen die Zeit dafür raubt, einander empathisch als körperliche Wesen wahrzunehmen. Der Zeit- und Sinnlichkeitsmangel führt dann aber sowohl zu psychischen Leiden als auch zu einer Simplifizierung von Subjektformen und sozialen Beziehungen, deren Komplexität („complessità") durch die abstrakten („vincoli simbolici [...] astratti") Dispositive des Kapitalismus – „Geld, Wettbewerb, Effizienz"[58] – und ihre semioökonomischen Zuspitzungen – „Information und Stereotyp"[59] – unterdrückt werde. In *The Uprising* fordert Berardi daher „an insurrection of slowness" als Antwort auf die semiokapitalistisch-neoliberale „exploitation of speed and competition",[60] mit der die Sinnlichkeit und mit ihr algorithmische Verrechnungsautomatismen blockierende Qualitäten wie Ambivalenz und Mehrdeutigkeit auch in Subjekt- und Lebensformen rehabilitiert werden.[61] Berardi setzt hierfür ausdrücklich auf die Kunst („l'arte"), deren semiotische Verbindungen die unendlich schnellen Flüsse der Realität („la velocità infinita dei flussi di realtà") in die Langsamkeit unserer Sinnlichkeit übersetzen könne („ritmo lento della sensibiltà").[62]

Bevor die Sinnlichkeit als Gegengewicht zur Abstraktionstendenz semiokapitalistischer Produktionsprozesse und ihrer sozialen Folgen[63] genauer diskutiert werden soll, fällt mit Blick auf die unausgewogenen Zeitverhältnisse im Neoliberalismus auf, dass Berardi bereits 1977 betont, dass die Arbeits- und Lebensbedingungen zugunsten der „allgemeinen Reduzierung

57 Berardi, Franco ‚Bifo': „Psicosfera fragile". In: Ders. / Federico Campagna (Hrsg.): *Quarant'anni contro il lavoro*. DeriveApprodi: Roma 2017n, S. 358–365, hier S. 360.
58 Berardi 2017j, S. 254.
59 Berardi 2017n, S. 360.
60 Berardi 2012, S. 68.
61 Berardi 2018, S. 111–114; vgl. auch Berardi 2017n, S. 362.
62 Berardi 2016, S. 164.
63 Vgl. Berardi 2012, S. 80: „Finance seems inhumane und pitiless because it is not human and therefore has no pity. It can be defined as a mathematical tumor traversing a large part of society".

der Arbeitszeit" verändert werden müssen.[64] In marxistischer Tradition stehend[65] argumentiert Berardi, dass die Zunahme arbeitsfreier Zeit Zeit zur Entwicklung des ganzen Menschen und seiner Talente freisetze, mit der die Subjektivierung zum arbeitenden Subjekt überwunden werde.[66] In einem Text aus dem Jahr 1990, *Perdere Tempo*, problematisiert Berardi die im kapitalistischen Zeitverständnis zentrale Verknüpfung zwischen Zeit und Produktivität dann insofern, als die kapitalistische Produktivität als wesentlich zeitbezogener Prozess verstanden wird, Wert aus Zeitatomen zu schöpfen.[67] Die damit verbundene „colonizzazione del tempo"[68] durch das kapitalistische Gebot der Produktivität führe allerdings dazu, dass Zeit, die keinen ökonomischen Mehrwert habe, als bloßer Zeitverlust klassifiziert werde und die Möglichkeit verstelle, andere Zeitsemiotiken zu entdecken.[69] So manifestiert sich in der Vorstellung ‚Zeit verlieren' eine für die kapitalistische Werteordnung beispielhafte Ineinanderblendung von ökonomischer und moralischer Wertigkeit,[70] die für Berardi das Übergewicht ökonomischer Wertevorstellungen vor Augen führt.

Mit der Ökonomisierung der Zeit und der Beschleunigung der Wirtschafts- und Lebensordnung verbindet sich bei Berardi die Kritik an der kapitalistischen ‚Ignoranz', worunter er die Unfähigkeit zur Wahrnehmung und Imagination alternativer Formen des sozialen Miteinanders

64 Berardi, Franco ‚Bifo': „Nelle assemblee di massa dell'università emerge il nuovo soggetto proletario". In: Ders. / Federico Campagna (Hrsg.): *Quarant'anni contro il lavoro*. DeriveApprodi: Roma 2017o, S. 19–20, hier S. 20.

65 Vgl. Marx, Karl: *Das Kapital. Kritik der politischen Ökonomie*. In: Ders. / Friedrich Engels: *Werke*. Hrsg. vom Institut für Marxismus-Leninismus beim ZK der SED. Dietz: Berlin 1964, Bd. 25, S. 828.

66 Vgl. Berardi, Franco ‚Bifo': „Dal lirico all'epico (evitando il tragico)". In: Ders./ Federico Campagna (Hrsg.): *Quarant'anni contro il lavoro*. DeriveApprodi: Roma 2017p, S. 20–22, hier S. 21; dieses Problem wird einschlägig für die Arbeiterbewegung im 19. Jahrhundert bei Jacques Rancière diskutiert (Rancière, Jacques: *La nuit des prolétaires. Archives du rêve ouvrier*. Fayard: Paris 1981).

67 Vgl. Berardi, Franco ‚Bifo': „Perdere tempo". In: Ders. / Federico Campagna (Hrsg.): *Quarant'anni contro il lavoro*. DeriveApprodi: Roma 2017q, S. 123–131, hier S. 128.

68 Ebd.

69 Vgl. ebd., S. 129.

70 Vgl. ebd.

versteht: „[...] l'ignoranza, cioè l'impossibilità di vedere e di immaginare un'altra forma della connessione sociale."[71] In *The Uprising* legt Berardi dar, dass das Übergewicht kapitalistischer Dispositive in der Lebensgestaltung zu einem Umgang mit der Zeit geführt habe, der als ‚Gewohnheit' aber immer auch veränderbar ist: „We are accustomed [...] to thinking about time in terms of progress, an endless process of growth, and also in terms of perfectibility".[72] Solange Zeit als quantifizierbares, leeres Medium ökonomischer Produktionsprozesse verstanden wird, ist Zeit nicht mehr als ein Faktor, der in der *Gegenwart* für eine *künftige* Rendite investiert wird. Zeit ist dann nichts als ein Mittel, um Gewinne zu erzielen, wie die Börsenspekulation und die Zins- und Schuldenwirtschaft zeigen. Berardi aber sieht gerade vor dem Hintergrund der Finanzkrise 2008 den Zusammenbruch der „Futurisierung der Wirtschaft" („futurizzazione dell'economia") kommen, auf deren Ideologie das Finanzsystem errichtet ist,[73] und fordert die Neuverhandlung von Denkgewohnheiten, um das ‚verinnerlichte' Wachstumsdispositiv, das die alltäglichen Bedürfnisse, Wahrnehmungen und Konsumgewohnheiten durchtränkt habe, zu überwinden: „Il modello della crescita è stato interiorizzato profondamente, ha pervaso la vita quotidiana, la percezione, i bisogni, gli stili di consumo. L'azione culturale deve liberarci da questo modello."[74] So romantisch es erscheinen mag, dass Berardi 2009 im *Manifesto del dopofuturismo* dazu aufruft, die sich von der ‚Lohnarbeitssklaverei' befreienden Massen gerade ‚singen' zu wollen („Canteremo le folle che possono infine liberarsi dalla schiavitù del lavoro salariato") – wie im Übrigen auch die Solidarität, die Revolte gegen die Ausbeutung („canteremo la solidarietà e la rivolta contro lo sfruttamento") und die „gegenwärtige Unendlichkeit" ‚gesungen' werden[75] –, so

71 Berardi, Franco ‚Bifo': „Soggetivismo e scismogenesi". In: Ders. / Federico Campagna (Hrsg.): *Quarant'anni contro il lavoro*. DeriveApprodi: Roma 2017r, S. 222–225, hier S. 222

72 Berardi 2012, S. 89.

73 Berardi, Franco ‚Bifo': „Manifesto del dopofuturismo". In: Ders. / Federico Campagna (Hrsg.): *Quarant'anni contro il lavoro*. DeriveApprodi: Roma 2017s, S. 366–367, hier S. 366.

74 Berardi, Franco ‚Bifo': „Il comunismo è tornato ma dovremmo chiamarlo terapia di singolarizzazione", In: Ders. / Federico Campagna (Hrsg.): *Quarant'anni contro il lavoro*. DeriveApprodi: Roma 2017t, S. 329–340, hier S. 336.

75 Berardi 2017s, S. 367.

bezeichnend ist Berardis Wahl ästhetisch-poetischer Mittel für den Zweck seiner Kritik, nämlich die ‚Entkopplung' der Zeit von der kapitalistischen Werteordnung[76] und die Wiederverkörperung des sozialen Lebens. Auch in *Rumore, silenzio, bellezza* (1994) heißt es daher:

> Man muss einen neuen Sinn der Schönheit suchen, man muss einen Sinn der Schönheit suchen, der uns über die Ästhetisierung hinausführt. / Man muss sich das Problem der Bedeutung und der Funktion von Schönheit von Grund auf neu stellen, um die Beziehung zwischen dem bewussten Organismus und der Welt der Formen neu denken zu können, um den Weg für einen Therapieprozess der Sinnlichkeit zu bahnen.
> (Occore cercare un senso nuovo della bellezza, occorre cercare un senso della bellezza che ci conduca fuori dall'estetizzazione. / Occorre riproporsi da capo il problema del significato e della funzione della bellezza, per poter ripensare il rapporto tra organismo cosciente e mondo delle forme, per poter avviare un processo di terapia della sensibilità.)[77]

Ebenfalls 1994 bemerkt Berardi in *Psicopatologia della comunicazione*, an dessen Ende die sozialtherapeutische Funktion der Kunst abermals diskutiert wird:

---

76 Vgl. Berardi 2012, S. 50–59, wobei Berardis Begriff der ‚Entkopplung' aufschlussreich ist, der auch bei Walter D. Mignolo im Dekolonialisierungsdiskurs gebraucht wird und dort ebenfalls eine alternative, ‚pluriversale' Werte- und Weltordnung gegenüber dem Modernedispositiv und seiner Verankerung in kapitalistische Schemata freistellen soll (vgl. Mignolo, Walter D. / Kastner, Jens u. Waibel, Tom (Übers.): *Epistemischer Ungehorsam. Rhetorik der Moderne, Logik der Kolonialität und Grammatik der Dekolonialität.* Turia+Kant: Wien / Berlin ^{2}2016). Passend dazu spricht Berardi von der Kolonialisierung des Alltagslebens durch die Ökonomie: „L'economia ha compiuto la colonizzazione della vita quotidiana con il pieno dispiegamento del sistema industriale. Dopo aver colonizzato e sottomesso alla legge del valore, all'omologazione astratta dello scambio, ogni bene necessario alla sopravvivenza materiale, l'economia sottomette la stessa produzione di segni e di immagini e di sapere" (Berardi, Franco ‚Bifo': „L'epidemia mentale contemporanea". In: Ders. / Federico Campagna (Hrsg.): *Quarant'anni contro il lavoro*. DeriveApprodi: Roma 2017u, S. 229–233, hier S. 230). Berardi, Franco ‚Bifo': „La sorpresa". In: Ders. / Federico Campagna (Hrsg.): *Quarant'anni contro il lavoro*. DeriveApprodi: Roma 2017v, S. 206–208, hier 207 schreibt: „Mentre il totalitarismo storico pretende di annullare e colonizzare le temporalità singolari attraverso l'imposizione di un tempo globale lineare e finalistico".

77 Berardi 2017a, S. 236.

> Erotismus ist die bewusste Präsenz, die Wahrnehmung einer differenten Singularität, die der Erfahrung intrinsisch ist. In diesem Sinne können wir sagen, dass Kunst als Erotisierung der Erfahrung fungieren kann, als Restitution der Originalität, im Hinblick auf das vom Gebrauch opak gemachte Zeichen, auf das tausend Mal gegebene Wort, die tausend Mal gelebten und vom Alltäglichen banalisierten Situationen. / Aus diesem Grund hat Kunst eine eingeborene therapeutische Funktion. Sie restituiert die Wichtigkeit und Singularität der Erfahrung.
> (Erotismo è la presenza cosciente, la percezione di una singolarità differente intrinseca all'esperienza. In questo senso possiamo dire che l'arte può funzionare come erotizzazione dell'esperienza, come restituzione di originalità, al segno reso opaco dall'uso, alla parola mille volte detta, alla situazione mille volte vissuta e banalizzata del quotidiano. / Per questo l'arte ha un'innata funzione terapeutica. Essa restituisce importanza e singolarità all'esperienza.)[78]

Berardis Glaube an die Kunst bei der Rehabilitierung desautomatisierter Selbst- und Weltwahrnehmungen findet sich ganz ähnlich bereits bei Marcuse und gehört zum Kanon avantgardistischer Kunsttheorie und Ethik.[79] Tatsächlich greift Berardi programmatisch auf das Kunstkonzept des Russischen Futurismus zurück, um den Geschwindigkeitskult, das modernistische Vertrauen in die Zukunft und die konventionelle Konstituierung der Welt durch den ästhetischen Sprachgebrauch zu überwinden.[80] Anders als Marcuse begründet Berardi sein Vertrauen in das „paradigma estetico"[81] mit der ästhetisch fundierten Restituierung nicht-virtueller und zugleich zeitverankerter Lebensdimensionen, die vom hegemonialen Konnektivitäts- und Kompatibilitätsparadigma des Semiokapitalismus ausgeschaltet wurden: „Die Sinnlichkeit verlangsamt die Interpretationsverfahren, macht sie zufällig, ambigue, reduziert die kompetitive Effizienz des semiotischen Agenten".[82] Während semiokapitalistische Prozeduren auf Schnelligkeit

---

78 Berardi, Franco ‚Bifo': „Psicopatologia della comunicazione". In: Ders. / Federico Campagna (Hrsg.): *Quarant'anni contro il lavoro*. DeriveApprodi: Roma 2017w, S. 238–253, hier S. 250

79 Vgl. mit entsprechenden Rekursen auf den Surrealismus und den Russischen Formalismus z.B. Marcuse, Herbert: „Kunst in der eindimensionalen Gesellschaft". In: Ders. / Peter-Erwin Jansen (Hrsg.): *Nachgelassene Schriften Bd. 2: Kunst und Befreiung*. Zu Klampen: Lüneburg 2000, S. 71–85.

80 Vgl. Franco ‚Bifo' Berardi: *Dopo il futuro. Dal Futurismo al Cyberpunk. L'esaurimento della Modernità*. DeriveApprodi: Roma 2013, S. 23–40.

81 Berardi 2017e, S. 307.

82 Berardi 2017c, S. 322.

setzen – man denke an die kurzfristige Manipulation der Bedürfnisse durch Werbung, an Algorithmen, die rasend schnell potenzielle Partnerschaften und Konsumgüter in Aussicht stellen oder Vermögen in Bruchteilen von Sekunden investieren und verschieben –, entschleunigt die Sinnlichkeit die Zeichen- und Informationsströme dadurch, dass sie die automatisierten Deutungswege und Verknüpfungen blockiert. (Wieder-)Versinnlichung und Entschleunigung hängen bei Berardi mithin eng zusammen und stehen dem semio-, vor allem finanzkapitalistisch verursachten Ungleichgewicht zwischen dem Profitinteresse und den Bedürfnissen des sozialen Körpers diametral gegenüber.

3. ‚Mathematisierung' und ‚Ästhetisierung' der sozialen Ordnung. Zur Widerversinnlichung des *general intellect* in der sozialen Bewegung

Die Semiotisierung und Finanzialisierung der ökonomischen und der sozialen Welt hat für die Gewinnmaximierung freilich verschiedene Vorteile. Zwar kollidiert sie mit den sozialen, psychischen und organischen Bedürfnissen der Menschen, doch ermöglicht es die Quantifizierung des sozialen Lebens, die Gesellschaft be- bzw. verrechenbar zu machen.[83] Für die Problemstellung ‚Ökonomie und Gleichgewicht' ist daran aufschlussreich, dass Berardi bezüglich der Austeritätspolitik der Troika während der Finanzkrise in Griechenland „[t]he faith in the financial balance, which is imposed on the European population", als einen politischen Kategorienfehler bezeichnet:

> the promoters of financial stability think that the social body and mathematics belong to the same sphere. They are wrong, as reality is not mathematical, and mathematics is not the law of reality, but a language whose consistency has nothing to do with the multilayered consistency of life. / Mathematics is not in itself ferocious. Mathematics becomes ferocious when it is forcibly inscribed into the living organism of society […].[84]

Berardi legt hier dar, inwiefern die abstrakte Vorherrschaft ökonomischer Bilanzen und eines ausgeglichenen Finanzhaushaltes der Realität und dem

83 Vgl. Berardi 2012, S. 23–37.
84 Ebd., S. 33.

Leben gegenüber unangemessen sind. Mit der ‚Mathematisierung' sozialer Ordnungen geht nach Berardi vielmehr der Versuch einher, die Gesellschaft „clean, smooth, perfect" zu machen,[85] um sie leichter verrechnen und besser mit ihr rechnen zu können. Berardi zufolge kommt es im Namen der „financial religion" zu einer Algorithmisierung der sozialen Beziehungen auf Kosten der Solidarität und anderer außerökonomischer Werte,[86] was wiederum zu einer Verarmung („impoverishment") der sozialen, ethischen und politischen Potenziale des sozialen Körpers führe, die für ausgeglichene Bilanzen in Kauf genommen wird.[87] Ausdrücklich sieht Berardi in „the formal domination of the economic code" eine Unterdrückung der „living potency of social forces" und erläutert: „The capitalist form is not only a set of economic rules and functions, it is also the internalization of a certain set of limitations, of psychic automatism, of rules of compliance".[88] Die anthropologischen, sozialen und subjekttheoretischen Folgen der entgrenzten Ökonomie sind indes verheerend, sofern der semiokapitalistisch zugespitzte Neoliberalismus einen Menschentypus forme, der das eigene Wohlergehen nicht länger von ökonomischen Interessen zu unterscheiden wisse: „Il neoliberalismo costituisce il tentativo di costruzione dell'*homo oeconomicus*: un modello antropologico incapace di dinstinguere tra il proprio bene e l'interesse economico."[89]

Um das semiokapitalistisch dominierte Subjekt- und Gesellschaftsmodell zu überwinden, in dem ökonomischen Belangen ein Übergewicht bei der Gestaltung sozialer Strukturen zugesprochen wird,[90] bringt Berardi die Ästhetik und die Poesie ins Spiel. Im Folgenden soll es aber weder um die für Berardi ebenfalls bedeutsame Rolle der Imagination in der Konstituierung alternativer sozialer Ordnungen gehen noch darum, dass Berardi die Poesie dialektisch als antikapitalistische Protestfigur einführt, indem er in *The Uprising* zeigt, dass schon die symbolistische Poetik Rimbauds auf

85 Ebd., S. 34.
86 Ebd.
87 Ebd., S. 39.
88 Ebd., S. 58.
89 Berardi 2016, S. 238.
90 Vgl. dazu Crouch, Colin / Gramm, Nikolaus (Übers.): *Postdemokratie*. Suhrkamp: Frankfurt a.M. 12 2015.

die *dérégulation* (der Sinne allerdings)[91] und die Dereferenzialisierung der Worte gesetzt habe, wodurch der Semiokapitalismus poetisch analysierbar werde.[92] Wichtiger ist an dieser Stelle, dass Berardi gegen das Übergewicht mathematisierender Abstraktionstendenzen in sozialen Ordnungen die Wiederverkörperung oder Re-Ästhetisierung des *general intellect* fordert.

Um diesen Anspruch schärfer zu fassen, wird hier von einer Art ‚Ästhetischem Antikapitalismus' gesprochen, dessen Ziel darin besteht, die ökonomischen Profitinteressen an der Info- und Zeichensphäre durch ihre (Re-)Integration in den sozialen Körper zu brechen. Während die Forschung sich bislang eher mit dem ‚romantischen Antikapitalismus' befasst hat,[93] dessen geschichtsphilosophisches Profil durch die zugleich nostalgische wie progressive Sehnsucht nach einem vorindustrialisierten Zustand charakterisiert ist,[94] lässt sich der ‚Ästhetische Antikapitalismus' durch seinen Sinnlichkeitsprimat konturieren. Damit drängt sich der ‚Ästhetische Antikapitalismus' gerade vor dem Hintergrund der semiokapitalistischen Abstraktionstendenzen als probate Kritikform auf, denen er damit begegnet, dass er das kollektive Wissen für die Bedürfnisse des Gemeinwesens nutzen will, während die kapitalistische Nutzung des *general intellect* sie zugunsten monetärer Zugewinne weniger verkürzt.[95] Unter diesen Bedingungen ist die kollektive Intelligenz nach Berardi aber vom sozialen Körper getrennt: „Financial power is based on the exploitation of precarious, cognitive labor: the general intellect in its present form of separation from the body".[96]

Nun stellt sich die Frage, wie die soziale Wiederverkörperung von Wissen vonstattengehen soll. Auch hier bleibt Berardi der Logik von Gleichgewicht und Ungleichgewicht verbunden, indem er die Aufstände in den

---

91 Vgl. Rimbaud, Arthur: „Une saison en enfer". In: Ders.: Poésies. Bookking International: Paris 1993, S. 115–146, hier S. 133.

92 Vgl. Berardi 2012, S. 16–20 und 27–28.

93 Vgl. Löwy, Michael / Sayre, Robert: *Mélancholie et révolte. Le romantisme à contre-courant de la modernité*. Payot: Paris 1992; Eiden-Offe, Patrick: *Die Poesie der Klasse. Romantischer Antikapitalismus und die Erfindung des Proletariats*. Matthes & Seitz: Berlin 2017.

94 Vgl. ebd., S. 27–31.

95 Vgl. Berardi 2012, S. 80–82.

96 Ebd., S. 8.

Vororten von London, Paris oder Birmingham als kompensatorische Wiederbelebung des unterdrückten Körpers der Gesellschaft versteht: „chaotic reactivation[s] of the energies of the body of the socius, which has far too long been flattened, fragmented, and lobotomized".[97] Im Unterschied zum gewaltvollen Aus- oder Rückschlag des „too long" von ökonomischen Interessen unterdrückten sozialen Körpers müssen Widerstandsbewegungen nach Beradi aber einem konstruktiven Auftrag folgen und eine andere Welt- und Werteordnung begründen: „The task of resistance movements will not be to provoke, but rather to create [...] autonomous structures for knowledge, existence, survival, psychotherapy, and giving life meaning and autonomy."[98] Berardi spricht ausdrücklich von einem Paradigmenwechsel, der die ökonomische und soziale Ordnung verändern soll: „Our prospect is a paradigmatic shift: to a new paradigm that is not centered on product growth, profit, and accumulation, but on the full, unfolding of the power of collective intelligence."[99] An dieser Stelle hilft es zunächst einmal, Berardis Verständnis von Autonomie zu klären. ‚Autonomie' bedeutet bei Berardi Unabhängigkeit von kapitalistischen Denk- und Handlungszwängen[100] und wird als ‚Kraft' („forza") zum Ausschluss von Geld als Organisationsmedium in „relazioni sociali quotidiane", in „Netzen der Selbstorganisation der Intelligenz" („reti di autorganizzazione dell'intelligenza") und in der „sopravvivenza colettiva" jenseits der „economia di profitto" verstanden.[101] Obwohl Berardi „libertäre Gemeinschaften" („le comunità libertarie") als „ansteckende" („contagiosa) Ausstrahlungspunkte alternativer „glücklicher" („felice") Lebensordnungen versteht und nicht als aggressive Zerstörer der alten Ordnung,[102] steht für ihn doch

97 Ebd., S. 49.
98 Ebd., S. 50.
99 Ebd., S. 64.
100 Berardi, Franco ‚Bifo': „Che significa oggi autonomia?". In: Ders. / Federico Campagna (Hrsg.): *Quarant'anni contro il lavoro*. DeriveApprodi: Roma 2017x, S. 324–329, hier S. 324–326.
101 Berardi 2017g, S. 350.
102 Berardi 2017k, S. 261: „Occorre cioè che le comunità libertarie non pretendano di governare l'insieme sociale, né di elaborare programmi generali, ma preferiscano costituirsi come punti di irradiazione di una regola felice possibile, e contagiosa. / Contagiosa significa capace di comunicazione e di esempio, capace di modificare le altre cellule per imitazione e non per imposizione./

fest, dass die kollektive Intelligenz bzw. die „forza intellettuale“ in unversöhnlichem Kontrast zum ‚neoliberalen Dogmatismus‘ stehe („dogmatismo neoliberista“), für den zum einen der Wettbewerb („competizione“) über jedem politischen, ethischen oder gesetzlichen Regulierungsrahmen stehe und unter dessen Vorherrschaft zum anderen die Potenziale des *general intellect* ersticken würden.[103] In seinem Manifest aus dem Jahr 2008, *Il comunismo è tornato ma dovremmo chiamarlo terapia di singolarizzazione*, proklamiert Berardi daher einen unaufhebbaren Gegensatz zwischen den neoliberalen „classe criminale dell‘ignoranza“ und „il movimento dell’intelletto generale“.[104] Hier nämlich werden andere, egalitäre, nicht-kompetitive und nicht-konsumistische Subjekt- und Lebensformen imaginiert,[105] die eine lebendige Beziehung „between the social body and the general intellect“ anstreben, worin Berardi die Bedingung der Möglichkeit für einen „process of real autonomization from the grip of financial capitalism“ sieht.[106] Erst die Autonomisierung vom finanzökonomischen Übergewicht in der Konstituierung sozialer Ordnungen zieht dann auch die ‚Entkopplung des Möglichen aus dem Bestehenden‘ nach sich: „disentangling the possible from the existent.“[107]

4. Poesie, Ritornell und soziale Bewegungen

Wie kommen hier aber Ästhetik und Semiotik ins Spiel? Berardi sieht in der Poesie ein ausgezeichnetes Medium zur Wiederbelebung des sozialen Körpers („poetry is going to play […] the game of reactivating the social body“),[108] deren therapeutische Funktion („la terapia“) darin bestehe, „asignifikative Flüsse“ freizusetzen, die unterdrückte Verbindungen manifest machen und „unvorhergesehene Bedeutungsketten“ („catene

Omeopatica, infine, deve essere la cura, perché dovrà assecondare il male piuttosto che contrastarlo“.

103 Berardi 2017t, S. 331.

104 Ebd., S. 334.

105 Vgl. Berardi 2017x, S. 328.

106 Berardi 2012, S. 55.

107 Ebd., S. 59.

108 Ebd., S. 36.

significanti di tipo imprevisto") in Bewegung setzen.[109] In *Senso e deriva* bemerkt Berardi 1990, dass der ‚Sinn der Literatur' („senso della letteratura") keinesfalls in der diskursiven Repräsentation dessen liege, was es bereits gebe, sondern in der Produktion von Freiheitseffekten („producendo effetti di libertà"), die über das Gegebene hinausweisen.[110] Ihre asignifikative Funktion erfüllt die Poesie nach Berardi dadurch, dass sie die Bedeutungsabschöpfung dadurch erschwert, dass sie vieldeutig sei[111] und die ökonomisch regulierte Funktion der Sprache als Informations(aus)-tauschmedium sprenge.[112] Die Poesie zeichnet sich also dadurch aus, dass sie konventionelle Bedeutungen überschreitet („exceeding the established meaning of words") und sich nicht einfach verrechnen lässt; vielmehr öffnet sie in der ‚Entkopplung' des Signifikanten von seinem Signifikat das „Unbestimmte", d.h. die Aussicht auf das, was von der semiokapitalistisch beschränkten Bedeutungszuschreibung und der nach ihren Maßgaben decodierbaren ‚Welt'-Bestimmung blockiert wird („the reopening of the indefinite").[113]

Ein Seitenblick auf Berardis Ironie-Begriff hilft dabei, die Rolle der Poesie als Gegenordnung zu ökonomisch zentrierten Subjekt- und Lebensformen genauer zu beschreiben. Denn bei der Ironie handelt es sich um eine Form der „semiotic insolvency, as a mechanism of disentangling language, behavior, and action from the limits of the symbolic debt".[114] Ähnlich definiert Berardi Poesie als „language's excess: an insolvent enunciation in the face of the symbolic debt".[115] Sowohl Ironie als auch Poesie nehmen bei Berardi dem Bedeutungsnetz hegemonialer Sinnordnungen das „Gewicht

---

109 Berardi, Franco ‚Bifo': „Nomadismo linguistico". In: Ders. / Federico Campagna (Hrsg.): *Quarant'anni contro il lavoro*. DeriveApprodi: Roma 2017y, S. 313–318, hier S. 317.

110 Berardi, Franco ‚Bifo': „Senso e deriva". In: Ders. / Federico Campagna (Hrsg.): *Quarant'anni contro il lavoro*. DeriveApprodi: Roma 2017z, S. 119–123, hier S. 123.

111 Vgl. etwa Berardi, Franco ‚Bifo': „Esplorazione ermetiche". In: Ders. / Federico Campagna (Hrsg.): *Quarant'anni contro il lavoro*. DeriveApprodi: Roma 2017aa, S. 203–204, hier S. 203.

112 Vgl. Berardi 2012, S. 158.

113 Ebd.

114 Ebd., S. 159.

115 Ebd., S. 35.

der Realität" („sospensione il peso della realtà"), um das „Spiel der Signifikanten" an die Stelle der geltenden ‚Wirklichkeit' zu setzen („gioca il significante contro il significato") und unter den möglichen Interpretationen die leichteste zu wählen: „sceglie tra le mille possibili interpretazioni quelle che appare più leggera".[116] Damit verliert der ‚Absolutismus' der sozioökonomischen ‚Wirklichkeit' – wie man im Anschluss an Hans Blumenberg formulieren könnte – seine Bedeutungsvormacht. Denn die Poesie eröffnet eine Perspektive auf die kapitalistische Welt- und Werteordnung, die sie als Erzählung entmythisiert und zugleich durch alternative Mythen ersetzt.[117]

Wie die moderne Poesie durch ihre Autonomie charakterisiert ist, rücken auch in den poetischen Lebensmodellen autonome Lebensformen ins Zentrum.[118] Im Rekurs auf den Russischen Futurismus fordert Berardi in *Dopo il futuro*, dass die Poesie zum einen wieder als Schrei („urlo"), Explosion („esplosione") und als Ohrfeige für den Publikumsgeschmack („schiaffo al gusto de pubblico") verstanden werden müsse und zum anderen ins alltägliche Leben einkehren soll: „Ma si tratta anche di portare nella vita quotidiana, nel movimento frenetico della metropoli, delle fabbriche e delle insurrezioni la delicatezza e l'immaginazione che solo la poesia sa evocare e diffondere."[119] Ziel ist es, poetische Produktionsweisen derart zu modifizieren, dass sie Seinsweisen der Realität entsprechen („renderlo adeguato al modo di essere della realtà") und qua semiotischer Erfindungen andere Zukünfte produzieren: „producendo il futuro per mezo [sic!] di innovazione semiotica."[120] Damit argumentiert Berardi also paradoxerweise semiotisch, wenn er den unkonventionellen, asignifikativen und autonomen Zeichenumgang der Poesie als Modus zur Überwindung semiokapitalistisch zentrierter Lebensformen reflektiert. Man kann also von einem dialektischen Umschlag der Semiotisierung der ökonomischen und sozialen Welt zum Zweck der Profitmaximierung hin zur semiotisch

---

116 Berardi, Franco ‚Bifo': „Ironico felice". In: Ders. / Federico Campagna (Hrsg.): *Quarant'anni contro il lavoro*. DeriveApprodi: Roma 2017ab, S. 69–72, hier S. 71.

117 Vgl. Berardi 2012, S. 81.

118 Vgl. Ebd. 2012, S. 50.

119 Berardi 2013, S. 38.

120 Ebd., S. 39.

fundierten Kritik des Semiokapitalismus durch einen spezifischen Zeichenumgang sprechen, für den die Poesie steht. In *Breathing* heißt es:

> Only an act of language escaping the technical automatisms of financial capitalism will enable the emergence of a new life form. Only the reactivation of the body of the general intellect – the organic, existential, historical finitude that harbors the potency of the general intellect – will enable the imagination of new infinities. / Language has infinite potency [...].“[121]

An anderer Stelle beschreibt Berardi diese Zusammenhänge mit anderer Akzentsetzung: „The new form of life will be the social and instinctual body of the general intellect, the social and instinctual body that the general intellect is deprived of inside the present conditions of financial dictatorship.“[122] Während sich der soziale Körper und die profitökonomisch beschränkte Infosphäre unter der Vorherrschaft finanzkapitalistischer Interessen ausschließen, werden die Gesellschaft und der *general intellect* im poetisch markierten Post(semio)kapitalismus offenbar ins Gleichgewicht gestellt und im Verhältnis von Körper und Geist, Wissen und Ausdruck, Idee und Verwirklichung reflektiert. In diesem Sinne bleiben Berardis Überlegungen nicht bei der poetischen Erschütterung bzw. der semiotischen Deterritorialisierung hegemonialer Konsistenznormen („the breakdown of consistency“)[123] und dem „disentanglement of social life from the ferocious domination of mathematical exactitude“ stehen.[124] Vielmehr ist die Poesie hier der Modus zur Erschaffung neuer sozialer und ökonomischer Ordnungen, indem Berardi die Poesie als Ligatur zwischen „verschiedenen geteilten Imaginationen“ und als Medium der Befreiung von ‚Singularitäten‘ versteht: „La poesia è un ponte gettato sull'abisso del nulla per creare condivisione tra immaginazioni diverse e liberare singolarità“.[125]

Doch wie erfüllt die Poesie diese politisch und ethisch hochrelevante Funktion? Um diese Frage zu beantworten, ist Berardis Rückgriff auf den bei Deleuze und Guattari entwickelten Begriff des ‚Ritornells‘ aufschlussreich. Unter ‚Ritornell‘ versteht Berardi ein refrainartiges Strukturelement

121 Berardi 2018, S. 31.
122 Berardi 2012, S. 157.
123 Berardi 2018, S. 32.
124 Berardi 2012, S. 35.
125 Berardi 2017s, S. 366.

bzw. eine Grammatik für die Orientierung in sozialen Ordnungen.[126] Danach gehen sämtliche „cultural transformation[s]" auf die Erschaffung von Ritornells oder Refrains zurück, die in der modernen kapitalistischen Gesellschaft z.B. für die Etablierung einer auf Fabrikarbeit, Lohnarbeit und Fließbandarbeit gestützten Zeitwahrnehmung verantwortlich sind, indem sie die Gesellschaft und ihre Mitglieder derart disziplinieren.[127] Berücksichtigt man, dass die Zeit-, Welt- und Selbstwahrnehmung mit dem semiokapitalistischen Ritornell soweit von den Bedürfnissen und Möglichkeiten des sozialen Körpers entfremdet worden ist, sodass Deterritorialisierung und Orientierungslosigkeit als Grunderfahrungen bezeichnet werden können,[128] bietet das bei aller Schwierigkeit auch eine Gelegenheit, neue Refrains und Ritornells zu erfinden, die das individuelle und gemeinschaftliche Leben neuartig reterritorialisieren. Bei diesem neuen Ritornell handelt es sich um eine neue Erzählung[129] und vor allem um eine Rückbesinnung auf sich und seine eigene Temporalität, die es uns ermöglicht, einen Kosmos oder eine sinnvolle Ordnung um uns zu erschaffen, obwohl wir uns und der Welt durch die hypertrophe Informationssphäre völlig entfremdet gegenüberstehen.[130] Berardi spricht daher von einem ‚kollektiven Mantra', mit dem andere als die bisher gültigen Werte, etwa Resolidarisierung, Defuturisierung und Entökonomisierung, verinnerlicht werden sollen: „[...] a collective mantra chanted by millions of people will tear down the walls of Jericho much better than a pickaxe or a bomb."[131]

Hier wird das Problem ‚Ökonomie und Gleichgewicht' noch einmal aus einer überraschenden Perspektive denkbar. Berardi geht es an dieser Stelle um die Organisation des Widerstandes, der im Gleichschritt oder Gleichklang verfahren soll, um den Ansprüchen der sozialen Bewegung

126 Vgl. Berardi 2017y, S. 315.
127 Berardi 2012, S. 131.
128 Vgl. Berardi 2017y, S. 316: „il ritornello del lavoro di fabbrica, il ritornello dell'orario di lavoro, il ritornello del salario [...]. La transizione post-industriale porta con sé la formazione e l'imposizione di nuovi ritornelli: il ritornello della velocità elettronica, il ritornello del sovraccarico informativo, il ritornello della digitalizzazione".
129 Vgl. Berardi 2012, S. 55–70.
130 Vgl. Berardi 2016, S. 168–169.
131 Berardi 2012, S. 133.

Gewicht zu verleihen. Berardi entwirft also eine spezifische Ökonomie sozialer Bewegungen, die Millionen Menschen in einem ‚kollektiven Mantra' organisiert, sodass sie als soziale Bewegung Gewicht gewinnen. Dabei wird die politische Subjektivierung als ‚Ästhetischer Antikapitalismus' begreifbar, sofern Berardi den Gleichklang der im Ritornell verbundenen Singularitäten mit dem Einzug des *general intellect* in den sozialen Körper identifiziert.[132] Erst mit dem neuen Ritornell und seiner Einverleibung in sozialen Bewegungen ereignet sich nach Berardi eine ‚Entkopplung' von dem hegemonialen Rollenangebot als ökonomisch nützliches Subjekt, mit dem Ziel – um es mit Jacques Rancière zu sagen –, die ‚Aufteilung des Sinnlichen' in einer Gesellschaft ‚vernehmbar' zu verändern.[133] Diese ‚Vernehmlichkeit' verdankt sich bei Berardi gerade dem getakteten Gleich-Gewicht der Widerstandsbewegung, die die unausgewogene Investition der Infosphäre in wirtschaftliches Wachstum von der Zukunft in die Gegenwart vergegenwärtigt, wo der *general intellect* im sozialen Körper Wirklichkeit wird:

> Finally, energy is fading because competition is stupid in the age of the general intellect. The general intellect is not based on juvenile impetus and male aggressivity – on fighting, winning, and appropriation. It is based on cooperation and sharing. / This why the future is over, and we are living in a space that is beyond the future. If we are able to come to terms with this postfuturistic condition, we'll renounce accumulation and growth, and will be happy in sharing the wealth from our past of industrial labor and from our present of collective intelligence.[134]

Damit sich der *general intellect* in der sozialen Welt verwirklichen kann, darf weder der gesellschaftliche Körper noch die kollektive Intelligenz in irgendeiner Form statisch werden oder sich identitär territorialisieren. Obwohl die Deterritorialisierung in Berardis Kritik an den semio- und finanzkapitalistischen Lebensbedingungen zum Problem geworden ist, lehnt er die Reterritorialisierungen im Sinne identitärer Verwurzelung („un'identità radicata")[135] ab. Die Ablehnung „paranoider Formen der

---

132 Vgl. ebd., 150–151.

133 Vgl. Rancière, Jacques / Steurer, Richard (Übers.): *Das Unvernehmen. Politik und Philosophie*. Suhrkamp: Frankfurt a.M. 2016.

134 Berardi 2012, S. 81–82.

135 Berardi, Franco ‚Bifo': „Comunità radicata e comunità secessiva". In: Ders. / Federico Campagna (Hrsg.): *Quarant'anni contro il lavoro*.

Reterritorialisierung" („le forme paranoiche di questa riterritorializzazione"), wie sie in „nazismo, [...] fascismo, e tutte le altre forme di integralismo" zu finden seien, sowie die Überwindung der „Identitätsbesessenheit" („[l]'ossessione dell'identità")[136] ist dagegen die Voraussetzung für die Verkörperung des *general intellect* in einer lebendigen, wuchernden und heterogenen Gemeinschaft, die in Bewegung ist und sein muss:

> In libertären Bewegungen bedeutet Gemeinschaft vielmehr die Teilung von intellektuellen Werten, die Teilung einer Erfahrung, die im Entstehen begriffen ist. Eine derartige Gemeinschaft [...] schützt nicht ihre Grenzen, weil sie im Gegenteil die Wucherung, die Öffnung auf das Verschiedene, auf das Heterogene als Bedingungen ihres Vergnügens sucht. Sie wird durchaus nicht aus einer Identität geboren, sondern produziert hingegen einen Effekt der Desidentifikation, der Zerstreuung der eigenen sozialen, ethnischen, kulturellen Identität.
> (Nei movimenti libertari, comunità significà invece condivisione in divenire di valori intellettuali, condivisione di un'esperienza. Una simile comunità [...] non protegge i suoi confini perché, al contrario, cerca la proliferazione, l'apertura al diverso, all'eterogeneo come costitutivi del suo godimento. Essa non nasce affatto da un'identità, ma produce al contrario un effetto di disidentificazione, di dissipazione della propria identità sociale, etnica, culturale.[137])

‚Wucherung', ‚Öffnung', ‚Desidentifizierung' und ‚Zerstreuung' werden hier nicht als Ursache für anomische und aggressive Reterritorialisierungsversuche verstanden, wie sie Berardi am semio- und finanzkapitalistischen Regime analysiert hat, sondern als Schlüsselmomente einer auf Gleichheit und auf befreite Wissens- und Energieflüsse setzenden Gemeinschaft, die Berardi gegen das Identitäts- und Konformitätsbedürfnis ökonomisch dominerter und kalkulierbarer Gesellschaften in Aussicht stellt („Il bisogno di identità porta con sé il bisogno della conferma").[138] Berardi

DeriveApprodi: Roma 2017ac, S. 225–227, hier S. 227; zur Kritik an statischen Identitätsmodellen gewinnbringend Berardi, Franco ‚Bifo': „Trappole dell'identità". In: Ders. / Federico Campagna (Hrsg.): *Quarant'anni contro il lavoro*. DeriveApprodi: Roma 2017ad, S. 209–212; Berardi, Franco ‚Bifo': „Il nucleo dell'identità. In: Ders. / Federico Campagna (Hrsg.): *Quarant'anni contro il lavoro*. DeriveApprodi: Roma 2017ae, S. 214–217; Berardi, Franco ‚Bifo': „Nella deriva dell'identità". In: Ders. / Federico Campagna (Hrsg.): *Quarant'anni contro il lavoro*. DeriveApprodi: Roma 2017af, S. 219–222.

136 Berardi 2017ad, S. 210.

137 Berardi 2017ac, S. 227.

138 Berardi 2017af, S. 220.

zeigt sich bereits 1991 überzeugt davon, dass sich der „Weg der Freiheit und der Schönheit" („la via della libertà e della bellezza") nicht im Widerstand gegen die Veränderung öffnet, sondern in der Fähigkeit, „unseren existenziellen und psychischen Rhythmus dem Rhythmus der Veränderung" anzupassen, um die Suche nach „Freiheit" und „Singularität" wiederaufzunehmen.[139] Da wir nach Berardi aber gerade im digitalen Zeitalter („epoca digitale") Gefahr laufen, die Geistesaktivitäten unter dem Übergewicht algorithmischer Strukturierungsverfahren zu automatisieren („l'automazione delle attività mentali"),[140] ist der ‚Ästhetische Antikapitalismus' sein Mittel der Wahl, um sich dem hegemonialen Identitätsgebot zu entziehen und stattdessen den kreativen Akt der Hervorbringung („atto di creazione") sowie die Potenziale der „kreativen Überraschung" („sorpresa creativa") freizusetzen.[141] Während Identitäten die epistemische, kulturelle und soziale Semiose blockieren („L'identità è una ridondanza che si installa al centro delle semiosi"[142]) und die Welt im Konnektivitätsparadigma kontrollierbar („per tenere il mondo sotto controllo") und im „sistema di valori" verwertbar machen,[143] streut der ‚Ästhetische Antikapitalismus' Störelemente in die ökonomisch zentrierte ‚Mathematisierung' sozialer Gefüge und bringt dieses gegen seine Ökonomisierung und zukunftsorientierte Rentabilität ins Gleichgewicht. Das deterritorialisierende Übergewicht der Semiosphäre und ihre ökonomische Nutzung wird in der sozialen Bewegung des ‚Ästhetischen Antikapitalismus' – im Sinne der Widerstandsbewegung selbst *und* der unaufhörlich bewegten sozialen Verkörperung des *general intellect* – in der Gegenwart aufgehoben, sinnlich aktiviert und ausbilanziert, um sich dem profitökonomischen Vorrang des Semiokapitalismus zu entziehen. Dafür bedarf es eines neuen, poetisch aus dem konventionellen Zeichensystem zu schlagenden Ritornells, das uns sowohl gegen den chaotischen Sturm der Infosphäre und der Zeichenflüsse schützen soll („protegge dal vento caotico dell'infosfera, dai flussi semiotici") als auch die Bedingung der Möglichkeit dafür bietet, eine

---

139 Berardi 2017h, S. 183.
140 Berardi 2017af, S. 221.
141 Berardi 2017ae, S. 216.
142 Ebd.
143 Ebd.

eigene Sinnordnung zu erschaffen, die aber nicht unter dem Übergewicht neuer Automatismen erstarren darf:

> Così all'ombra del ritornello diviene possibile costruire il proprio percorso, la propria sfera di relevanze semiotiche, di affetti e di condivisioni. Ma dell'altro il ritornello può trasformarsi in una gabbia, sistema rigido di riferimenti interpretativi e di percorsi esistenziali ossessivamente ripetitivi.[144]

144 Berardi 2016, S. 169.

II. Fiktionale Welten

Simon Grund

Gleichgewicht als Ideal
Die Idee der Gütergemeinschaft in Thomas Morus' *Utopia* und ihre ethischen und anthropologischen Implikationen

1. Ökonomie, Balance, Mensch

Ökonomisches Denken steht seit der Antike in enger Verbindung mit dem Prinzip des Gleichgewichts und des gerechten Abgleichs von Gütern und Interessen. Ob in Aristoteles' Konzeption ausgleichender ökonomischer Gerechtigkeit, im Wirtschaftsdiskurs der Scholastik oder im zukunftsweisenden Werk Adam Smiths, stets ist die Denkfigur der Balance ein inhärentes und epochenübergreifendes Organisationsprinzip der wirtschaftlichen Theorie.[1]

---

1 Vgl. Hahn, Frank: *Equilibrium and Macroeconomics*. Blackwell: Oxford 1984, S. 43: „Wherever economics is used or thought about, equilibrium is a central organising idea." Aristoteles bestimmt etwa in der *Nikomachischen Ethik* die proportional relative Mitte (*mesotes*) als gerechte Bestform eines Tauschgeschäftes (1132a18–19) und Geld als kommensurables Kompensationsmittel (1132b21–1133b28). Vgl. allgemein zu Aristoteles ökonomischer Theorie Ziegler, Bernd: *Geschichte des ökonomischen Denkens. Paradigmenwechsel in der Volkswirtschaftslehre*. Oldenbourg: München 2008, S. 37–41. Zum ökonomischen Verständnis der Scholastik vgl. Kaye, Joel: *A History of Balance, 1250–1375: The Emergence of a New Model of Equilibrium and Its Impact on Thought*. Cambridge University Press: Cambridge 2014, S. 20: „[W]riters universally identified the process of economic exchange as a process of equalization, which is to say, a process of achieving a just *balance* between exchangers." (Hervorhebungen im Original). Zu Smiths ökonomischem Traktat und der Einordnung in seinem Gesamtwerk vgl. Tieben, Bert: *The Concept of Equilibrium in Different Economic Traditions. An Historical Investigation*. Edward Elgar: Cheltenham (UK), Northhampton (MA) 2012, S. 152–177, sowie allgemein Daxhammer, Rolf/ Facsar, Máté: *Behavioral Finance. Verhaltenswissenschaftliche Finanzmarktforschung im Lichte begrenzt rationaler Marktteilnehmer*. UVK: Konstanz,

Diese Modelle, die Aspekte des Gleichgewichts zum Dreh- und Angelpunkt erheben, haben allerdings in den menschlichen Akteuren, die am Marktgeschehen beteiligt und vornehmlich auf persönlichen Gewinn bedacht sind, einen neuralgischen Punkt.[2] Die vielleicht sinnfälligste Entsprechung eines Wirtschaftsaktanten, der strikt rational denkt, vollständig über alle Prozesse informiert ist und ausschließlich den eigenen Nutzen kalkuliert, findet sich in der neoklassischen Modellierung des *homo oeconomicus*.[3] Allerdings wird selbst diese abstrakte Größe, die eine präzise Vorhersage wirtschaftlichen Verhaltens suggeriert, durch empirische Studien auf den Prüfstand gestellt.[4] Vor einigen Jahren veröffentlichten Forschende der *Harvard School of Public Health* eine Studie, in der sie ihre

---

München 2018, S. 20–21. Der Begriff der *Balance* wird im Folgenden mit Joel Kaye als statisches und dynamisches Konzept betrachtet (2014, S. 4): „[B] alance has both a passive meaning (i.e., the equalized end or goal of a process) and an active meaning (i.e., the process of attaining that end)". Eine ähnliche Differenzierung stellt auch Tieben auf (2012, S. 2): „Traditionally, equilibrium is seen as a balance of forces, but it can also be understood as a state of rest or as a tendency towards such a state".

2 Schon in Aristoteles Diskussion wird das rein auf Kapitalmaximierung abzielende Geschäft kritisch als widernatürlich (*kata physin*) bezeichnet (*Pol.* 1258b1–8). Vgl. Kaye 2014, S. 107 zur Kritik am Kaufmannskapitalismus im Mittelalter.

3 Vgl. Daxhammer / Facsar 2018, S. 19–46 zu einer historischen Verortung und Problematisierung des modellhaften *homo oeconomicus*, sowie einer Diskussion alternativer Ansätze zur prädizierenden Verhaltensanalyse wirtschaftlicher Handlungsträger.

4 Im Bereich der Sozialwissenschaften steht dem *homo oeconomicus* besonders der Gegenentwurf des *homo sociologicus* entgegen, ein Typus, der bei seinen Handlungen zwischen Erwartungen und Anforderungen seiner sozialen Position und Rollen abwägt. Vgl. grundlegend Dahrendorf, Ralf: *Homo sociologicus. Ein Versuch zur Geschichte, Bedeutung und Kritik der Kategorie der sozialen Rolle.* VS Verlag: Wiesbaden 2006, sowie Weise, Peter: „Homo oeconomicus und homo sociologicus. Die Schreckensmänner der Sozialwissenschaften". In: *Zeitschrift für Soziologie* 18 (2), 1989, S. 148–161, Opp, Karl-Dieter: „Das Modell des Homo Sociologicus. Eine Explikation und eine Konfrontierung mit dem utilitaristischen Verhaltensmodell". In: *Analyse & Kritik* 8, 1986, S. 1–27. Besonders seit den richtungsweisenden Studien zur Verhaltensökonomik wird die theoretische Aussagekraft von *homo oeconomicus* auch in der Wirtschaftstheorie von Psychologie und Spieltheorie angezweifelt. Vgl. dazu besonders Kahnemann, Daniel / Tversky, Amos: „Prospect Theory. An Analysis of Decision Under Risk". In: *Econometrica* 47 (2), 1979, S. 263–291.

Probanden mit insgesamt zwölf binären Entscheidungsfällen konfrontierten. Einer davon fragte nach der präferierten Gehaltskonstellation der Teilnehmer: *Szenario A* bot den Probanden selbst ein jährliches Einkommen von $50.000, während andere lediglich $25.000 bekommen sollten. *Szenario B* verdoppelte das zu erwartende Salär zwar auf $100.000 im Jahr, jedoch sollte das Gehalt anderer $200.000 betragen. Die hypothetische Kaufkraft des Dollars wurde in beiden Fällen als dieselbe angesetzt. Eingedenk des rationalen *homo oeconomicus* kann das Ergebnis durchaus überraschen: Über die Hälfte der teilnehmenden Personen sprach sich für *Szenario A* aus, bei der sie zwar weniger absoluten Wohlstand zu erwarten hatten, dabei aber im relationalen Vergleich mit anderen die bessere Position einnahmen.[5] Dieser Versuch legt offen, dass nicht nur der *absolute* Profit, sondern – durch den Vergleich mit dem sozialen Umfeld – auch der *relative* Vorteil ein entscheidender Faktor in der ökonomischen Kalkulation des Menschen sein kann. Das Streben nach Ungleichgewicht, so könnte man an dieser Stelle zugespitzt sagen, erscheint zunehmend als anthropologische Konstituente des *homo oeconomicus* und er selbst als latente Destabilisierungsgefahr des auf Ausgleich basierenden ökonomischen Systems.[6]

Zugleich offenbart die zweigliedrige Versuchsanordnung auch eine wesentliche Leerstelle: Interessant ist doch die Überlegung, wie viele Befragte sich wohl für einen dritten Weg entschieden hätten, bei dem jeder der Beteiligten ein finanzielles Auskommen erhält, das gleichermaßen absolut wie relativ ‚genügend' ist. Dieser Gedanke, der etwa im Lichte eines vieldiskutierten (bedingungslosen) Grundeinkommens immer wieder aktualisiert wird, rührt auch an den Kern eines der einflussreichsten Werke frühneuzeitlicher Literatur, das nicht zuletzt den Wortschatz vieler Sprachen

---

5 Solnick, Sara / Hemenway, David: „Is More Always Better? A Survey on Positional Concerns". In: *Journal of Economic Behavior & Organization* 37, 1998, S. 378–380 und S. 381–382 zur Übersicht über alle 12 gestellten Fragen.

6 Auf die Wechselwirkungen zwischen Makro- und Mikroebene verweisen auch die Durchführenden des Versuches am Beispiel von Regulierungen der Kapitalsteuer (Solnick / Hemenway 1998, S. 380–381, hier S. 381): „[H]ow [can anyone] oppose a cut in the capital gains tax, since it would help the rich and would not hurt the poor. But benefits to the rich will hurt the poor if the poor, like everyone else, care about their relative standing".

um den markanten Begriff der Utopie erweitert hat: Thomas Morus' *Utopia* (zuerst 1516) entwirft in einer Zeit historisch-wirtschaftlichen Wandels das Bild einer ‚idealen' Gesellschaft, die diesen dritten Weg des Gleichgewichts ideologisch eingeschlagen hat (102,27–104,6).[7]

> Wenn ich mir im Geiste die überaus weisen und heiligen Institutionen der Utopier vorhalte, bei denen alle Angelegenheiten mit so wenigen Gesetzen so passend verwaltet werden, dass es nicht nur einen Lohn für tugendhaftes Handeln gibt, sondern dass auch bei einer ausgeglichenen Verteilung der Güter (*aequatis rebus*) jeder alles im Überfluss zur Verfügung hat (*omnia abundent omnibus*) [...], dann werde ich dem Platon mehr gewogen und wundere mich weniger darüber, dass er es verschmäht hat irgendwelche Gesetze für jene Leute aufzustellen, die selber eine Gesetzgebung ablehnten, bei der alle in gleicher und gerechter Weise (*ex aequo*) alle Güter unter sich aufteilen.[8]

An diesem programmatischen Lob der Verfassung Utopias wird dreierlei deutlich. Zum einen sind die Institutionen auf Morus' fiktivem Inselstaat danach ausgerichtet, für alle Bewohner die gleichen materiellen Bedingungen zu schaffen und in einer Form der Gütergemeinschaft (*aequatis rebus*) eine Art systemischer Balance zu etablieren. Auf der anderen Seite trägt diese Organisation des Gemeinwesens auch der Bedarfsdeckung

7 Es ist in dieser Hinsicht bezeichnend, dass auch die Herausgeber des jüngst erschienenen Sammelbandes zum bedingungslosen Grundeinkommen den ideengeschichtlichen Beginn in Morus' *Utopia* verorten (Kovce, Philip / Priddat, Birger P. (Hrsg.): *Bedingungsloses Grundeinkommen. Grundlagentexte*. Suhrkamp: Berlin 2019, S. 54–77).

8 Die Angaben beziehen sich hier und im Folgenden auf die kritische Ausgabe des lateinischen Originals von Surtz, Edward / Hexter, Jack H. (Hrsg.): *The Complete Works of St. Thomas More. Volume 4. Edited by Edward Surtz, S.J. and J.H. Hexter*. Yale University Press: New Haven (Conn.), London 1965. Die deutschen Übersetzungen stammen vom Verfasser des vorliegenden Beitrages. Wie Surtz / Hexter (1965, S. 379 ad loc.) anführen, handelt es sich hierbei um eine Anspielung, die Diogenes Laertius (3.23) über Platons Anfrage durch arkadische und thebanische Gesandte berichtet, er möge die gesetzliche Verfassung für eine von ihnen neu gegründeten Kolonie ‚Megapolis' aufstellen. Als Platon erfuhr, dass sie die Idee der Gütergleichheit ablehnten, soll er sich geweigert haben. Ähnliches berichtet Claudius Aelianus (*Var. hist.* 2.42). Zur programmatischen Funktion der vorliegenden Passage vgl. Hexter, Jack H.: „Das ‚dritte Moment' der Utopia und seine Bedeutung". In: Voßkamp, Wilhelm (Hrsg.): *Utopieforschung. Interdisziplinäre Studien zur neuzeitlichen Utopie*. Metzler: Stuttgart 1982, S. 151–167.

der einzelnen Individuen Rechnung, wobei durch die paradoxale Verkettung von Gleichgewicht (*aequatis*; *ex aequo*) und Übermaß (*abundent*) in besonderem Maße eine Interdependenz von Staat und Einzelmensch heraussticht.[9] Zuletzt verweist der Vergleich mit Platon auf einen schon in der klassischen Antike geführten Balance-Diskurs, der als gedankliches Vorbild hinter der von Morus postulierten Gütergemeinschaft steht.

Im Folgenden sollen alle drei Aspekte näher beleuchtet und in die Frage nach dem Verhältnis von Mensch und Wirtschaft einbezogen werden. In der ‚ökonomisierten Welt' Utopias, so die These, werden unter den Laborbedingungen literarischer Fiktion in verdichteter Form Aspekte vornehmlich wirtschaftlicher (Dis-)Balance und der dabei implizierten Handlungsrolle des Menschen greifbar, die mit ihrem zeitlos-experimentellen Charakter nicht nur als Reaktion auf zeitgenössische Diskurse gewertet, sondern auch als Denkanstöße in aktuelle Debatten miteinbezogen werden können.[10]

Die folgende Untersuchung zerfällt in zwei Hauptteile: Folgt man Norbert Elias, gehört zur charakteristischen Wesensart der Utopie die Verankerung in und die Auseinandersetzung mit ihrer konkreten realhistorischen Gegenwart.[11] Daher sollen nach einer einleitenden Skizze von Inhalt und Aufbau des Werkes zunächst die etablierten Lesarten der Utopia in aller Kürze umrissen werden. Dieser *erste Teil* bildet eine diskursive Grundlage für die anschließende Analyse der für das Werk charakteristischen Gütergemeinschaft. Der Hauptfokus des *zweiten Teils* liegt auf ihrer Verortung

9 In der polyptotischen Verschränkung erhält die Sentenz *omnia abundent omnibus* einen beinahe phraseologischen Charakter: Das Paradox von Gleichgewicht und Übermaß wird dadurch noch weiter betont.

10 Auch in aktuellen Fallstudien gilt die *Utopia* bisweilen als ‚Klassiker der Ökonomie', vgl. Mangeloja, Esa / Ovaska, Tomi: „Sir Thomas More's Utopia: An Overlooked Economic Classic". In: *Economic affairs* 39, 2019, S. 65–80.

11 Elias, Norbert: „Thomas Morus' Staatskritik. Mit Überlegungen zur Bestimmung des Begriffs Utopie". In: Voßkamp, Wilhelm (Hrsg.): *Utopieforschung. Interdisziplinäre Studien zur neuzeitlichen Utopie*. Metzler: Stuttgart 1982, S. 101: „Mögen Utopien auch von ganz bestimmten einzelnen Menschen erfunden werden und in diesem Sinne höchst individuelle Phantasiebilder sein, so handelt es sich dabei zugleich auch immer um soziogenetische Phantasiebilder: die Urheber sprechen aus einer sozialen Lage, auch einer erlebten sozialen Lage, heraus".

in einer allgemeinen Balancesemantik und -thematik, die, so die These, als wesentliches Strukturprofil des Staatsentwurfes zu dessen zentraler Einheit beiträgt. In diesem Zuge wird auch die Rolle des im systemischen Gefüge des Inselstaates implizierten Menschen auf den Prüfstand gestellt und seine anthropologische Konzeption, die im zweiten Buch der *Utopia* entworfen wird, näher problematisiert. Dabei geht es jedoch weniger um eine Neubewertung der *Utopia* an sich als vielmehr um eine Annäherung an das Spannungsfeld von System und Individuum unter den Vorzeichen von Balance und ökonomischem Gleichgewicht.

2. Morus' *Utopia* – ein Überblick

2.1 Inhalt und Aufbau

Der Kerntext der *Utopia* umfasst zwei Bücher. Ausgenommen davon ist eine Reihe von Paratexten epistolarer und illustrativer Art, die dem humanistischen Umfeld von Morus entspringen und die für sich genommen etwa ein Viertel des Gesamttextes ausmachen.[12] Das erste Buch beginnt mit dem Themenfeld der Politik. Der Erzähler, der den gleichen Namen trägt wie der historische Autor, berichtet von einer Reise, die ihn auf Geheiß König Heinrichs VIII. nach Flandern führt, wo er einige

12 Über die Bedeutung der paratextuellen *parerga* für die Abfassung und Interpretation der *Utopia* wird gestritten. Neue Editionen nehmen kaum noch Teile davon auf, während die einschlägige *Yale Edition* von Surtz / Hexter (1965) die Briefe und Holzschnitte des humanistischen Netzwerkes um Morus beinahe vollständig abdruckt. James Davis („Thomas More's Utopia. Sources, Legacy, and Interpretation". In: Claeys, Gregory (Hrsg.): *The Cambridge Companion to Utopian Literature*. Cambridge University Press: Cambridge 2010, S. 36) liest die *Utopia* in ihrer Gesamtheit sogar als „collaborative work". Zu Briefen als Mittel literarischer Freundschaftskonstruktion und Netzwerkbildung bei den Humanisten vgl. Cancik, Hubert: „Freundschaft", in: Cancik, Hubert / Groschopp, Horst / Wolf, Frieder Otto (Hrsg.): *Humanismus. Grundbegriffe*. De Gruyter: Berlin, Boston 2016, bes. S. 171–172 zu Morus und Erasmus. Vgl. auch zu Briefen als Selbstdarstellung Kirstein, Robert: „‚Von Mücken und Musen' oder Freundschaft in schwieriger Zeit. Reuchlins Briefwechsel in den Tübinger Jahren 1521–1522". In: Robert, Jörg / Blattner, Evamarie / Ratzeburg, Wiebke (Hrsg.): *Ein Vater neuer Zeit. Reuchlin, die Juden und die Reformation*. Stadtmuseum Tübingen: Tübingen 2017, S. 80–91.

geschäftliche Angelegenheiten zu regeln hat.[13] Im Anschluss an den offiziellen Auftrag führt ihn der Weg von Brüssel nach Antwerpen, wo er Petrus Aegidius (Peter Giles) begegnet, einem befreundeten Humanisten. Dieser ist in Begleitung eines wettergegerbten Fremden, Raphael Hythlodaeus, der von ‚Morus' schnell als Seefahrer (*nauclerus*, 48,20) identifiziert wird. Sein Freund Aegidius rühmt ihn als weitgereisten Mann, der nicht etwa wie Palinurus gesegelt sei, sondern mehr dem Odysseus gleichkomme oder gar Platon selbst (48,29–31).[14] Zudem habe der Mann aus Portugal sein väterliches Erbe ausgeschlagen und sein Leben ganz der Philosophie gewidmet (*se addixerat philosophiae*, 50,1). Nachdem so das Interesse von ‚Morus' an dem Fremden geweckt ist, entspinnt sich in seiner Unterkunft ein Gespräch zwischen den drei Männern, das den Rest des ersten Buches füllt und drei Hauptteile umfasst. Nach einem lockeren Austausch über die Reisen des Hythlodaeus schwenkt ‚Morus' zu der Frage über, warum sich dieser nicht an den Hof eines Fürsten begebe und sich mit seinem reichhaltigen Erfahrungsschatz als Berater dienlich mache (*Teil 1*: 54,1–58,15).[15]

13 Beim textinternen Erzähler ‚Thomas Morus' handelt es sich, allen historischen Bezügen zum Trotz, letztlich um eine fiktive Instanziierung des realen Autors, die daher orthographisch hervorgehoben wird. Zum Begriffspaar „fiktiv" vs. „fiktional" vgl. Schmid, Wolf: *Elemente der Narratologie*. De Gruyter: Berlin / Boston 2014, S. 31: „Ein Roman ist *fiktional*, seine dargestellte Welt *fiktiv*" (eigene Hervorhebungen).

14 Die Deutung dieser dreigliedrigen Analogie ist umstritten: Richard Sylvester („‚Si Hythlodaeo credimus.' Vision and Revision in Thomas More's *Utopia*". In: Sylvester, Richard S. / Marc'hadour, Germain P. (Hrsg.): *Essential Articles for the Study of Thomas More*. Archon Books: Hamden (Conn.) 1977, S. 296) sieht darin einen klaren Hinweis auf die Intention der Utopia als Werk politischer Ideologie in der Nachfolge Platons, während Reinhold Glei („Philologen in Utopia". In: *Neulateinisches Jahrbuch* 2, 2000, S. 52) die Aufzählung der Figuren als relativierende Klimax der Fiktionalität beurteilt. Im Gegensatz dazu stellt Dominic Baker-Smith („Reading Utopia". In: Logan, George M. (Hrsg.): *The Cambridge Companion to Thomas More*. Cambridge University Press: Cambridge 2011, S. 158) die metaphorische Lesart der Seefahrt als intellektuelle Reise in den Vordergrund.

15 Hinter dieser Frage verbirgt sich die schon in der Antike diskutierte Antithetik von *vita activa* und *vita contemplativa* des Philosophen, die auch der Widmungsbrief an Peter Giles zum Inhalt hat, der manchen Ausgaben der Utopia als Einleitung des Autors vorangestellt ist (38,3–44,28). Die Frage nach Partizipation an oder innerer Emigration aus der Politik spielt besonders bei Cicero eine Rolle,

Hythlodaeus verweist auf seine diesbezüglichen Erfahrungen, die er am Hof des englischen Kardinals John Morton gemacht habe, der als historische Persönlichkeit der Erzieher des jungen Thomas Morus selbst gewesen ist. Im zweiten Hauptteil berichtet der Seefahrer von einem Streitgespräch, das er in diesem Zuge mit dem höfischen Personal des Kardinals geführt habe (*Teil 2*: 58,15–84,20). Dort habe er den Umstand angeprangert, dass in dieser Zeit gegen eine hohe Zahl an Dieben und Räubern die Todesstrafe vollstreckt werde, die doch nur die Symptome und nicht die Ursachen eines Missstandes bekämpfe, die er in der zeitgenössischen Wirtschaftspolitik verortet. Bekannt geworden ist sein Gleichnis der ‚fleischfressenden Schafe', das er allegorisch zur Illustrierung der maßlosen Viehzucht weniger Großgrundbesitzer auf Basis der zeitgenössischen *enclosure*-Politik ausführt (64,31–66,1).[16]

> „Eure Schafe", erwiderte ich, „die für gewöhnlich so genügsam und mit so wenig Aufwand zu ernähren sind, und die jetzt—so sagt man—begonnen haben so gefräßig und unzähmbar zu sein, dass sie die Menschen selbst verschlingen und ihre Felder, Häuser, ja ganze Städte verwüsten und entvölkern."

Nach einer lakonischen Bemerkung über die Intervention des Kardinals (84,17–20) führt ‚Morus' das Gespräch zurück zur ursprünglichen Frage nach der politischen Aktivität des Philosophen (*Teil 3*: 84,20–100,3) und der Problematik der europäischen Staatsoberhäupter, die oftmals schlecht beraten werden und selbst bei vernünftigen Empfehlungen nicht rechtlich an die Weisungen ihrer Berater gebunden sind. Zuletzt fasst Hythlodaeus die im Dialog erörterten Problemfälle unter einer einzigen Ursache zusammen (104,15–18):

---

der die Maxime vertritt, auch in Abwesenheit dem Staat und seinen Bürgern durch philosophische Belehrungen nützen zu wollen (z.B. *Tusc.* 1.5, *Akad.* 1.3, *De fin.* 1.10). Später stellt etwa Seneca die Politikverdrossenheit der Epikureer (z.B. Epik. *Sent. Vat.* 58) den Stoikern gegenüber, die nach Möglichkeit immer persönliche Verantwortung für den Staat übernehmen sollen (*De Otio* 3.2–5). Vgl. auch Davis 2010, S. 32 u. Herz, Dietmar: „Zwei Wahrheiten. Zur Interpretation von Thomas Morus' Utopia". In: *Der Staat* 32 (1), 1993, S. 5 u. 15.

16 Vgl. zu den realhistorischen Gegebenheiten in Land- und Textilwirtschaft im frühneuzeitlichen England Kellenbenz, Hermann: *Die Wiege der Moderne. Wirtschaft und Gesellschaft Europas 1350–1650.* Klett Cotta: Stuttgart 1991, S. 191 u. 209–210.

> Ich bin der festen Überzeugung, dass niemals die Güter auf eine ausgeglichene (*aequabilis*) und gerechte Weise (*iusta*) verteilt werden können oder man überhaupt einen glücklichen Umgang bei menschlichen Belangen haben kann, wenn nicht vorher jegliches Privateigentum (*proprietas*) vollständig abgeschafft worden ist.

Das Postulat der Gütergemeinschaft und der ökonomischen Balance aller Bürger bildet demnach den gedanklichen Ausgangspunkt für den *im zweiten Buch* erfolgenden Reisebericht des Hythlodaeus über Beschaffenheit und Einrichtung der von ihm besuchten Insel Utopia. Das zweite Buch ist in seiner Gesamtheit beinahe vollständig monologisch und gestaltet so einen geradezu dramatischen Präsentationsmodus, der die dialogische Interaktion der Männer für die Dauer des Berichts in den Hintergrund treten lässt: Hythlodaeus beginnt seine Beschreibung mit einem Bericht über die Topographie der Insel und ihre räumlichen Dimensionen, bevor er von der Vogelperspektive ausgehend immer detaillierter wird, während er etwa über die Gestaltung der einzelnen Städte am Beispiel der Hauptstadt Amaurotum referiert oder die grundsätzlichen Tagesabläufe und gesellschaftliche Strukturen der Bewohner wie die gerechte Arbeitsteilung, Reisekonventionen und Freizeitgestaltung erörtert. Ausführlich berichtet der Seefahrer über die gesellschaftspolitischen Institutionen des Inselstaates (122,9–158,2), die wissenschaftlich-philosophischen (158,2–184,12) oder religiösen Ansichten (216,7–238,19), das Verhältnis zur Kriegskunst (198,30–216,5) und – als immer wiederkehrendes Motiv – über die Einstellung der Utopier zu Geld, über die praktizierte Gütergemeinschaft und die Nichtigkeit von Privatbesitz (z.B. 146,22–148,3 oder 156,18–158,2). Der Bericht endet mit einem kontrastiven Rekurs auf die zeitgenössischen europäischen Staatssysteme. Hythlodaeus führt zahlreiche virulente Missstände seiner Zeit an, die in Utopia aufgrund der gemeinschaftlichen Güterverteilung nicht existieren (238,19–244,13). Dabei macht er den Hochmut der Fürsten (*superbia*, 242,26) verantwortlich für die sozialpolitischen Krisen seiner Gegenwart und endet seinen Appell mit einem Verweis auf die Beständigkeit der utopischen Verfassung (244,2–13). Die Binnenerzählung endet ohne streitbare Widerworte seines Gesprächspartners ‚Morus', der nurmehr in einem letzten desorientierenden Kommentar eine endgültige Wertung der vorgebrachten Schilderungen in der Schwebe hält (244,30–31 u. 246,1–2):

> Wie ich auch inzwischen nicht allem Gesagten zustimmen kann, […] so gestehe ich doch bereitwillig ein, dass es im Gemeinwesen der Utopier sehr vieles gibt, das ich wohl in unseren Staaten mit mehr Recht wünschen als tatsächlich erhoffen dürfte.

2.2 Kontext und Deutung

Diese distanzierende Beurteilung des Erzählers ‚Morus' provoziert bis in die Gegenwart hinein die hermeneutische Frage nach der ‚Intension' der *Utopia* und ihrer diskursiven Einordnung in die realpolitische Gegenwart ihres Autors. Thomas Morus wurde wahrscheinlich am 6.2.1478 als Sohn des wohlhabenden Londoner Juristen John More geboren.[17] Sein Leben fällt damit in eine Zeit, in der kulturelle und soziale Reformströmungen wie der Buchdruck, die Entdeckungsfahrten oder die (lutherische) Reformation der christlichen Kirche einen gesellschaftlichen Wandel einleiten, der sich in nahezu allen Lebensbereichen niederschlägt und den Übergang Europas vom Mittelalter in die Neuzeit befördert.[18] Einige dieser Entwicklungen bilden grundlegende Eckpfeiler in Morus' persönlicher Biographie: So ist er als englischer Humanist und Kenner der intellektuellen Tradition der Antike seit seiner Jugend in einen Kreis kirchlicher und weltlicher Gelehrter eingebunden, der in der jüngeren Zeit bisweilen als „More Circle" romantisch überhöht wird und zu dessen erweitertem Netzwerk mit Erasmus von Rotterdam auch Europas führende humanistische Elite gezählt werden kann.[19] Auf der anderen Seite steht er als

---

17 Zur Diskussion der genauen Geburtsdaten vgl. Chambers, Raymond Williams: *Thomas Morus*. Schwabe: Basel 1947[1935], S. 49–50 u. Ackroyd, Peter: *The Life of Thomas More*. Chatto & Windus: London 1998, S. 4–14, der vom 7.2.1478 als Geburtsdatum ausgeht, auch wenn er einräumt (S. 4): „[I]t is of no real consequence to the drama of More's life." Eine Chronologie der wichtigsten privaten und beruflichen Stationen im Leben von Thomas Morus findet sich bei Miller, Clarence H. (Hrsg.): *Utopia. Second Edition. Translated and Introduced by Clarence H. Miller with a new Afterword by Jerry Harp*. Yale University Press: New Haven (Conn.) 2014. S. xxv–xxviii.

18 Die grundlegenden Ereignisse, Veränderungen und Reformtendenzen zu Beginn der Frühen Neuzeit skizziert Pfitzer, Klaus: *Reformation, Humanismus, Renaissance*. Reclam: Stuttgart 2015, S. 12–28.

19 Vgl. zu Morus' Freundeskreis Ackroyd 1998, S. 68–83, bes. S. 77–83 zum ersten Aufeinandertreffen mit Erasmus von Rotterdam im Jahr 1499, vgl. dazu auch Chambers 1947 [1935], S. 74–85. Zum Begriff des ‚Humanismus' vgl.

Anwalt und Politiker auch dem „new capitalist spirit in the economy" gegenüber, vertritt etwa die Interessen einer großen Londoner Kaufmannszunft im In- und Ausland und wird von König Heinrich VIII. kurz nach dessen Thronbesteigung zum Unter-Sheriff Londons ernannt (1510).[20] Um die wirtschaftlichen Interessen der englischen Krone zu vertreten, reist er in dieser Position 1515 auch nach Flandern. In den Kontext dieser Reise ist auch die Abfassung der *Utopia* einzuordnen.[21] Zuletzt bleibt Morus, der seit seiner Jugend von kirchlich-monastischen Strukturen geprägt ist, auch von den reformatorischen Unruhen seiner Zeit nicht unberührt und ergreift für die katholische Kirche zunächst Partei gegen Luther, später gegen den König, der ihn in diesem Zuge schließlich 1535 hinrichten lässt.[22]

Landfester, Manfred, „Einleitung". In: Landfester, Manfred (Hrsg.): *Renaissance-Humanismus. Lexikon zur Antikerezeption.* Metzler: Stuttgart, Weimar 2014, S. IX–XIV. Vgl. auch allgemein zur historischen Dynamik des Humanismus als europäische Strömung Trinkaus, Charles: *The Scope of Renaissance Humanism.* University of Michigan Press: Ann Arbor 1983, S. 3–31.

20 Kellenbenz, Hermann: *The Rise of the European Economy.* Holmes & Meier: New York 1976, S. 29. Vgl. auch Kellenbenz 1991, S. 24–38. Eng verbunden mit einer neuen Relationierung von Wirtschaft und Politik ist das Prinzip der Staatsraison, das Macchiavelli in seinem Buch *Der Fürst* (entstanden 1513, veröffentlicht 1534) noch vor Erscheinen der *Utopia* aufgestellt hatte und das beide Domänen unter der lenkenden Hand des Monarchen vereint. Vgl. Dazu Elias 1982, S. 110–112, Ludwig, Hans-Werner: „Thomas More's Utopia. Historical Setting and Literary Effectiveness". In: Boitani, Piero / Torti, Anna (Hrsg.): *Intellectuals and Writers in Fourteenth-Century Europe.* Narr: Tübingen 1986, S. 244–245 u. Pfitzer 2015, S. 21–22. Die gedankliche Weiterentwicklung der Staatsraison nach Macchiavelli skizziert Kellenbenz 1991, S. 34–38. Zu Morus' Verbindungen zur Londoner ‚Mercer'-Gilde vgl. Ackroyd 1998, S. 121–124. Vgl. zu Morus' politischem Einstand Ackroyd 1998, S. 133–136 u. Chambers 1947[1935], S. 110.

21 Vgl. Surtz / Hexter 1965, S. xxix mit Anm. 2 zur historischen Rekonstruktion der Gesandtschaft nach Flandern, die aus den Quellen nur fragmentarisch zu erschließen ist.

22 Vgl. Ackroyd 1998, S. 93–107 zu Morus' Spiritualität und seiner Zeit im Kloster. Die theologischen Streitschriften diskutieren etwa Baumann, Uwe: „Die humanistischen und kontroverstheologischen ‚Streitschriften' des Thomas Morus als ‚polemische Dialoge'". In: Baumann, Uwe / Becker, Arnold / Laureys, Marc (Hrsg.): *Polemik im Dialog des Renaissance-Humanismus. Formen, Entwicklungen und Funktionen.* Vandenhoeck & Ruprecht: Bonn 2015, bes.

Es ist nicht erstaunlich, dass Morus' bewegter Lebenslauf auch die Deutung seines vielleicht bekanntesten Werkes maßgeblich beeinflusst hat. Die folgende Übersicht orientiert sich an den hier skizzierten biographischen Eckpfeilern und kann wenig mehr als nur einen groben Überblick vorstellen.[23]

Innerhalb des ‚More-Circle' findet Morus früh Kontakt zu Europas Humanisten-Netzwerk um Erasmus von Rotterdam. Nach ihrem ersten Treffen 1499 in London entwickelt sich zwischen den beiden Männern eine Verbindung der gegenseitigen persönlichen und intellektuellen Wertschätzung, die auch in einer gemeinsamen Arbeit an der Edition antiker Texte ihren Niederschlag gefunden hat. Im Jahr 1506 veröffentlichen die beiden einen gemeinsamen Band mit Übersetzungen des griechischen Satirikers Lukian (2. Jhd. n. Chr.) als Ergebnis der beidseitigen Begeisterung für den gelehrten Witz.[24] Erasmus' *Lob der Torheit* ist nur einige Jahre später (1509, gedr. 1511) in Morus' Londoner Stadthaus entstanden und

S. 123–125 u. Zur Mühlen, Karl-Heinz: „Reform an Haupt und Gliedern. Das reformatorische Anliegen Martin Luthers im Unterschied zu Erasmus und Thomas More". In: Zur Mühlen, Karl-Heinz (Hrsg.): *Reformatorische Prägungen. Studien zur Theologie Martin Luthers und zur Reformationszeit*. Vandenhoeck & Ruprecht: Göttingen 2011, S. 78–81. Den grundsätzlich religiösen Charakter des englischen Humanismus betont Bush, Douglas: *The Renaissance and English Humanism*, University of Toronto Press: Toronto 1962, S. 69–100, bes. 71 zum ‚More circle', ähnlich auch Elias 1982, S. 115–117. Vgl. auch Harp, Jerry: „Afterword". In: Miller, Clarence H. (Hrsg.): *Utopia. Second Edition. Translated and Introduced by Clarence H. Miller with a new Afterword by Jerry Harp*. Yale University Press: New Haven (Conn.) 2014, S. 155–156, der den Ursprung der Gütergemeinschaft in der *Utopia* im christlich-humanistischen Kreis um Morus und Erasmus verortet.

23 Eine kurze Skizze einschlägiger Gesamtinterpretationen bieten etwa Ludwig 1986, S. 244–246 u. Glei 2000, S. 43–45. Eine ausführliche, annotierte Bibliographie zur kritischen Rezeption der *Utopia* bis 1997 findet sich bei Geritz, Albert J. (1998), *Thomas More. An Annotated Bibliography of Criticism, 1935–1997*. Greenwood Press: Westport (Conn.) et al 1998, S. 215–309.

24 Zu Morus und Lucian vgl. Dorsch, T.S.: „Sir Thomas More and Lucian. An Interpretation of Utopia". In: *Archiv für das Studium der neueren Sprachen und Literaturen* 203, 1967, S. 345–363, der stark die intellektuelle Komponente der Satire hervorhebt (S. 363): „All great satirists write with a moral purpose." Zu Morus' und Erasmus' beidseitiger Begeisterung für den Satiriker vgl. Glei 2000, S. 53–55, Davis 2010, S. 35–36 u. Baker-Smith 2011, S. 142–144.

nimmt nicht nur Bezug auf die satirische Tradition, sondern enthält in einem gelehrten Wortspiel auch eine Widmung an den englischen Freund.[25] Es ist nicht unplausibel anzunehmen, dass auch die *Utopia* einen literarischen Widerschein der beidseitigen Begeisterung für Lukian darstellt. Es ist daher vermutet worden, dass es sich bei Morus' Buch um einen gelehrten Zeitvertreib handelt, einen *jeu d'esprit*.[26] Besonders das zweite Buch der *Utopia* ist durchzogen von der Beschreibung fremdartiger Völker, Länder und Städte, zu deren Benennung Morus oftmals neugeschaffene ‚sprechende' Namen verwendet. Ein prägnantes Beispiel dafür liegt in der fiktiven Hauptfigur Raphael Hythlodaeus. Während der Vorname aus dem biblischen Kontext als Erzengel und Verkünder der göttlichen Wahrheit positiv und aufrichtig konnotiert ist, führt der Nachname den ersten Eindruck ad absurdum: In der Kombination der griechischen Wörter ὕθλος (*hythlos*), d.h. ‚Unsinn', und δαίω (*daiō*), ‚ich verteile', ergibt sich der innere Widerspruch eines prophetischen Boten, der nichts als Unsinn von sich gibt.[27] Ähnliche Pointen, die auf der Doppelbödigkeit der gewählten Begriffe beruhen, finden sich in den beiden Büchern zuhauf und prägen das Werk nicht zuletzt durch die titelgebende Verortung der Insel ‚Utopia'

25 Der Originaltitel des Werkes *Moriae Encomium id est Stultitiae Laus* lotet geistreich die semantische Nähe des latinisierten Thomas More (lat. *morus* = Narr) und der Torheit (lat. *moria*) aus. Vgl. dazu Glei 2000, S. 54. Wie Chambers anführt (1947 [1935], S. 115) soll das *Lob der Torheit* in nur einer Woche entstanden sein, als Erasmus wegen gesundheitlicher und organisatorischer Unpässlichkeiten eine Woche die Gastfreundschaft von Morus in Anspruch nehmen musste.

26 Vgl. Sylvester 1977, S. 290, bes. Anm. 2 u. Heiserman, A. R.: „Satire in the *Utopia*". In: Weiss, Wolfgang (Hrsg.): *Die englische Satire*. Wissenschaftliche Buchgesellschaft: Darmstadt 1982, bes. S. 172 mit Anm. 2 zu weiteren Literaturhinweisen. Warren Wooden („Anti-Scholastic Satire in Sir Thomas More's Utopia". In: *The Sixteenth Century Journal* 8(2), 1977, S. 29–45) ordnet sowohl Erasmus' *Lob der Torheit* als auch Morus' *Utopia* in den Kontext einer strategischen anti-scholastischen Satire ein.

27 Vgl. zum Namen und der janusköpfigen Darstellung des Hythlodaeus Sylvester 1977, S. 296–300, ähnlich auch Glei 2000, S. 46. Eine andere etymologische Herleitung nimmt als zweiten Bestandteil des Namens das Adjektiv δάϊος (*daios*), ‚schädlich' an. Der Sprecher wäre in diesem Sinne ‚schädlich durch Unsinn'. Vgl. dazu Baker-Smith 2011, S. 144. Wooden 1977, S. 42 bezeichnet Hythlodaeus zugespitzt als „scholastic bogy-man".

(ὀυ, *ou* = nicht; τόπος, *topos* = Ort) im ‚Nirgendwo' semantischer Unmöglichkeit.[28]

Gelehrte Unterhaltung ist nur eine Facette dieser ironischen Ausdrucksweise. Es gibt auch Stimmen, die darin eine salvatorische Distanzierung des Gesagten erkennen, eine *via diversa*, die es Morus möglich macht, als Politiker und ökonomischer Reformer über das zeitgenössische England zu sprechen und sich dabei auf den Schutzmantel der Satire als literarische Ausdrucksform berufen zu können.[29] Bekannt geworden ist diese Interpretation besonders durch die sozialistische Rezeption Karl Kautzkys gegen Ende des 19. Jahrhunderts. Kautzky liest die *Utopia* als protomarxistisches Manifest des frühneuzeitlichen Denkers, der schon früh die Gefahren der ungebremsten Kapitalakkumulierung vorhergesehen habe und in seinem fiktiven Reisebericht einen konkreten Gegenentwurf zum zeitgenössischen England konstruiere, das nach kommunistischen Prinzipien geordnet sei.[30]

---

28 Unmöglich schon aus dem Grund, „da ein Privativum *ou- im Altgriechischen nicht existiert" (Contzen, Eva von: „Die Verortung eines Nicht-Ortes - Der fiktionale Raum in Thomas Morus' Utopia". In: *Neulateinisches Jahrbuch* 13, 2011, S. 33). Ähnlich auch Surtz / Hexter 1965, S. 385 und Glei 2000, S. 46. Vgl. allgemein zu den ästhetischen Effekten der desorientierenden Namenswahl fiktiver Orte und Personengruppen Romm, James: „More's Strategy of Naming in the Utopia". In: *The Sixteenth Century Journal* 22(2), 1991, S. 173–183 u. Nelson, Eric: „Greek Nonsense in More's *Utopia*". In: *The Historical Journal* 44, 2001, S. 889–892. Ein vielzitiertes Beispiel der ironischen Verfremdung durch die griechisch kodierten Fantasienamen findet sich in der Beschreibung der Hauptstadt Amaurotum (von gr. ἀμαυρός (*amauros*), ‚dunkel, neblig'), die vom Fluss Anydrus durchzogen ist (gr. ἄνυδρος (*anydros*), ‚wasserlos') und der Namensgebung des mythischen Königs Ademus (gr. ἄδημος (*ademos*), ‚ohne Volk'). Nicht nur sind die Namen selbst für den humanistischen Leser ironisch ‚sprechend', Morus selbst trägt noch zur Ironisierung der Rezeptionserfahrung bei, indem er in einem späteren Brief an Peter Giles ausführt (250,11–18), er hätte anstatt der oben genannten Fantasienamen lieber darauf hinweisen sollen, dass die Insel nirgendwo verortet sei, der König kein Volk habe, die Stadt nur ein Phantom sei und der Fluss kein Wasser führe. Stattdessen habe er sie jedoch, der Korrektheit seines Berichts wegen, mit ‚diesen barbarischen und nichtssagenden Namen' bezeichnet (*barbaris illis … nominibus et nihil significantibus*).

29 Das Verhältnis von kritischer und unterhaltender Ironie in der *Utopia* untersuchen z.B. Sylvester 1977 oder Heiserman 1982.

30 Vgl. Kautsky, Karl: *Thomas More und seine Utopie. Mit einer historischen Einleitung*. Dietz: Stuttgart 1922[1888], S. 206–230 u. *passim*. Zwar geht Kautzky nicht so weit, Morus als Sozialisten zu bezeichnen, jedoch sieht er bei ihm

Tatsächlich finden sich in der Beschreibung des Inselstaates auffallende Parallelen zur britischen Insel und ihrer Hauptstadt London. So entsprechen etwa die räumlichen Dimensionen Utopias denen Englands und ihre 54 Städte genau der Anzahl der englischen Verwaltungsbezirke (*counties*) im 16. Jahrhundert; auch die Hauptstadt Amaurotum ist wie London von einem großen Fluss durchzogen, der die Stadt in Nebel hüllt.[31] Jedoch balancieren viele der Parallelisierungen auf einem schmalen Grat zwischen faktischer Ähnlichkeit und fiktiver Stilisierung. Die räumlichen Dimensionen der Insel sind beispielsweise mit ihrer ‚halbmondförmigen Gestalt' (*in lunae speciem renascentis*, 110,12) und dem Abstand der Städte zueinander, der in Utopia klar geregelt ist (s.u. Kap. 3), geometrisch schlichtweg unvereinbar. Die räumliche Skizze der Insel mündet so am Ende in eine Aporie.[32] Die potentielle Systemkritik läuft also letztlich der desorientierenden Strategie des Textes entgegen, der sich durch das Spiel mit Wahrheit und Fiktion einer eindeutigen Verortung entzieht.[33]

Unter ihrer ironischen Oberfläche ist die *Utopia* auch als christlich-theologische Abhandlung rezipiert worden. Im Jahr der Heiligsprechung von Morus (1935 – seinem 400. Todesjahr) erscheint mit Raymond

---

entscheidende Tendenzen schon vorgeprägt (1922: 208): „[Z]u einer Zeit, wo die kapitalistische Produktionsweise noch in ihren ersten Anfängen war, gelang es ihm bereits, in deren Wesen so weit einzudringen, daß die gegensätzliche Produktionsweise, die er in seinem Kopfe ausmalte und jener entgegenstellte, um ihre Schäden zu beseitigen, schon mehrere der wesentlichen Grundzüge des modernen Sozialismus enthält." Ludwig (1984, S. 253) verweist diesbezüglich auch auf einen Brief von Erasmus aus dem Jahr 1519, in dem dieser explizit die Parallele zum historischen England hervorhebt.

31 Vgl. allgemein zur Parallelisierung Englands und Utopias Contzen 2011, S. 34–52.

32 Vgl. Contzen 2011, S. 34: „Die räumliche Darstellung Utopias ist ein Paradoxon, das die Grenzen zwischen Möglichkeit und Unmöglichkeit verwischt und damit symptomatisch für das gesamte Werk ist, das als Spiel mit den Lesererwartungen einen Balanceakt darstellt zwischen der Hoffnung auf Realisierbarkeit einerseits und dem Wissen um ihre Unmöglichkeit andererseits." Vgl. auch Glei 2000, S. 47–48 mit einer schematischen Skizze auf Basis mathematischer Berechnungen.

33 Vgl. Nagel, Alan F.: „Lies and the Limitable Inane. Contradiction in More's Utopia". In: *Renaissance Quarterly* 26(2), 1973, S. 180: „We are asked less for a ‚willing suspension of disbelief' than for an active participation of disbelief."

Chambers' wegweisender Morus-Biographie auch eine Deutung von Leben und Werk unter katholisch-religiösen Vorzeichen, die für lange Zeit diskursprägend gewesen ist.[34] Im Lichte dieser Interpretation wird die Beschreibung der Missstände im zeitgenössischen England unter christlichen Gesichtspunkten gewertet, wo doch viele der Unsitten im Buch auf die Sünde des ‚Hochmuts' (*superbia*) zurückgeführt werden (z.B. 242,16–244,1).[35] In diesem Sinne erscheint der Staat der Utopier, bei dem weder Hochmut noch Raffgier Platz finden (138,4–9) und Geld allgemein wertlos ist, als urchristliches Idealbild einer biblischen Kommune, die sich auf ihre zentralen Tugenden besonnen hat, obwohl ihre Mitglieder nicht explizit dem Christentum angehören, sondern einen metaphysischen Monotheismus praktizieren.[36] Statt des christlichen Gottes beten die Utopier einen namenlosen ‚Vater' (*parentem*, 216,15) an. Im Umkehrschluss geraten dadurch die bekennenden Christen des frühneuzeitlichen Europa in den Verdacht wesentlichen Aspekte ihrer Religion zu vernachlässigen oder zu missachten. Das ‚goldene Büchlein' stellt vor diesem Hintergrund auch die Frage nach dem Wesenskern von Kirche und Religion und ob man durch das bloße Bekenntnis zum Christen wird oder ob nicht eher die religiöse Praxis den Wert eines Gläubigen definiert.[37]

---

34 Chambers 1947[1935], bes. S. 146–171. Vgl. Wooden 1977, S. 29: „[F]or almost a generation Chambers' interpretation or some variant of it became *the* interpretation of the Utopia", Hervorhebungen im Original.

35 Zur Häufigkeit der Begriffe *superbia* bzw. *superbus* oder *ocium* bzw. *pecunia* als lasterhafte Elemente, die in Utopia keinen Platz haben vgl. Hexter 1982, S. 163–164. Vgl. Surtz / Hexter 1965, S. ci: „[F]or him [sc. Morus] social ills resulted from sin." Ähnlich Miller 2014, S. xv: „The institutions of the Utopians clearly cannot work unless pride is eliminated."

36 Surtz / Hexter 1965, S. ciii. Vgl. dazu die Beschreibung der ersten christlichen Gemeinde in der *Apostelgeschichte* 2.44–45 oder 4.32–35.

37 Vgl. Hexter 1982, S. 163. Chambers 1947[1935], S. 151): „Morus war nicht des Glaubens, daß Heidentum besser sei als Christentum, er meinte aber, daß manche Christen ärger seien als Heiden". Ähnlich Gordon, Walter M.: „Thomas More's Utopia. Preface to Reformation". In: *Renaissance and Reformation / Renaissance et Réforme* 21 (3), 1997, S. 63–79.

2.3 Die platonische Denktradition

Nicht nur als Humanist und Kenner Lukians weist Morus eine hohe Affinität zur Tradition der klassischen Antike auf. In der eingangs zitierten Textpassage (102,27–104,6; s.o. Kap. 1) führt Hythlodaeus eher beiläufig eine Anekdote über Platon an (*aequior Platoni fio*, 104,4), auf die er zunächst nicht weiter eingeht. Die grundsätzliche geistige Verwandtschaft der *Utopia* mit Platon wird jedoch an vielen Stellen entweder direkt hervorgehoben (z.B. 100,9–12; 102,27–104,6) oder ist implizit erkennbar, etwa im äußeren Rahmen des philosophischen Dialogs. Diesbezüglich ist besonders die Konstellation der Gesprächspartner aufschlussreich. Nicht zufällig ist die Figur des Raphael Hythlodaeus als reisender Philosoph skizziert, der die Verwaltung seines Erbes zugunsten einer tieferen Welterkenntnis aufgegeben hat (50,3–5). Er verkörpert vielmehr „eine Möglichkeit zu leben, einen Lebensentwurf" und ist darin dem platonischen Sokrates vergleichbar, der selbst mäeutisch forschend die vermeintlichen Gewissheiten seiner Dialogpartner auslotet und hinterfragt.[38] So wird das Gespräch der Männer, das Morus in der *Utopia* schildert, gleichsam zum Dialog mit der Vergangenheit und der ‚Nicht-Ort' zum Gegenstand der Rede eines philosophischen Archetyps, der selbst ‚nicht am rechten Ort' (ἄ-τοπος) befindlich ist.[39]

Dazu gehört aber auch, dass Platon schon in der klassischen Antike einige der für Morus entscheidenden gedanklichen Grundsätze inhaltlich vorweggenommen hat.[40] In der Beschreibung des fiktiven Inselstaates, des Gründervaters Utopus und der Aufteilung der administrativen Bezirke ähnelt Morus' Werk in vielen Bereichen den platonischen Ausführungen über den sagenhaften Staat Atlantis, von dem in den Dialogen *Timaios* (24e–25d6)

---

38 Herz 1993, S. 6–9, Zitat 6.

39 Platon selbst bezeichnet seinen Sokrates an verschiedenen Stellen (z.B. Plat. *Tht.* 149a10, *Symp.* 215a2, 221d2; für weitere Stellen vgl. Herz 1993, S. 6–7 mit Anm. 11 u. 14) als ‚nicht am rechten Ort' (ἄ-τοπος), was man wohlwollend als ‚ungewöhnlich', kritischer hingegen als ‚wunderlich' lesen kann.

40 Eine ausführliche und immer noch hilfreiche Gegenüberstellung bietet Beger, Lina: „Thomas Morus und Plato. Ein Beitrag zur Geschichte des Humanismus". *Zeitschrift für die gesamte Staatswissenschaft* 35(3), 1879, S. 407–483. Vgl. auch Surtz / Hexter 1965, S. clvi–clx u. Schölderle, Thomas: *Geschichte der Utopie*. Böhlau: Köln et al. 2017a, S. 54–57.

und *Kritias* (108e–121b2) berichtet wird.[41] Dort skizziert er nicht nur die Atlanter als archaisch-kriegerisches Volk auf einer streng geometrisch aufgebauten Heimatinsel, er stellt ihnen im *Kritias* auch die Urgemeinschaft der Athener als komplementären Gegenentwurf gegenüber: Bei diesen verrichten etwa Frauen und Männer grundsätzlich die gleiche Arbeit, zudem gibt es in ihrer ursprünglichen Lebensform keinerlei Privatbesitz (110c3–d4) und auch Gold und Silber haben einen überaus schlechten Ruf (112c2–3). In Utopia gehen gleichfalls alle männlichen und weiblichen Bewohner dem Landbau und anderen Arbeiten nach (124,20–126,6), während die Verachtung von Gold und der Verzicht auf Privatbesitz für die Gesellschaftsstruktur bekanntermaßen konstitutiv sind. Ähnliche Gedanken finden sich auch in der platonischen *Politeia*, in der eine Gemeinschaft von Frauen und Kindern (457b7–468e4) oder Gütern (416d3–417b9) innerhalb des Wächterstandes diskutiert wird. Die Parallelen in Morus' späterem Werk, auf die auch die einleitende Textpassage anspielt (s. o. Kap. 1), sind unverkennbar.

Ebenso wichtig wie die inhaltlichen Bezüge zum antiken Vorläufer ist die geistige Verwandtschaft im Hinblick auf den konzeptionellen Überbau der Staatstheorie. Am Ende des neunten Buches der *Politeia* diskutieren der diegetische Sprecher ‚Sokrates' und sein Dialogpartner ‚Glaukon', wo der von ihnen skizzierte Idealstaat überhaupt verortet sein könnte (592a7–b5). Letzterer kommt nach einer kurzen Überlegung zu dem Schluss, dass dieser Staat lediglich ‚im Diskurs' existiere (*en logois*), dass er lebensweltlich hingegen ‚nirgendwo' verortet sei (*oudamou*). Der Bezug von Morus auf das griechische Vorbild wird besonders deutlich, wenn man sich in Erinnerung ruft, dass die Titulierung der *Utopia* vermutlich nicht auf ihn selbst, sondern auf den editorischen Eingriff von Erasmus zurückgeht. In mehreren Briefen aus dem Erscheinungsjahr der Erstausgabe (1516) wird von Morus selbst noch der Titel *Nusquama* (lat. *nusquam* = ‚nirgendwo') angeführt, was einer wörtlichen Übersetzung des platonischen Begriffs entspricht.[42] Dementsprechend liegt die Vermutung nahe, dass der Entwurf

41 Vgl. dazu Heiserman 1982, S. 191–193.

42 Vgl. Surtz / Hexter 1965, S. xv–xviii, sowie Sylvester 1977, S. 290 mit Anm. 4 u. Glei 2000, S. 46 mit Anm. 20 u. 21 für weitere Diskussionen der Namensgebung. Die grundsätzliche Rolle von Morus im Prozess der Edition und Herausgabe seines Buches problematisiert Thomas Schölderle („Thomas Morus

seiner Staatsutopie auch gedanklich dem philosophischen Vorbild folgt, die Realisierung Utopias also diskursiv erfolgen muss. Eine solche Aktualisierung des Idealstaates ‚im Diskurs' könnte indizieren, dass in Morus' Buch nicht eine einzige heuristisch unwiderlegbare Interpretation angelegt ist, sondern dass das sorgfältige Ponderieren und Balancieren von Formulierungen, Anspielungen und Bedeutungspotentialen eine literarästhetische Strategie der *Utopia* zum Ausdruck bringt: So bemerkt Dominic Baker-Smith: „Surely one indubitable quality of Utopia is that it unsettles familiar attitudes and prompts acts of political imagination [...]. Its goal is *a state of mind* rather than a specified state of society."[43]

Dass die sprachliche Aktualisierung und Diskursivierung für *Utopia* eine entscheidende Rolle spielt, zeigt sich nicht zuletzt in der Homophonie, die in der englischen Performanz des Titels – /juːtoʊpiə/ – mitgedacht ist: Ob die Welt, die Morus entwirft, ein ‚guter Ort' ist (gr. *Eu*-topia) oder ein leerer ‚Nicht-Ort' bleibt (gr. *Ou*-topia), hängt letztlich davon ab, welche Haltung man in Bezug auf die widerstreitenden und auseinanderdriftenden Lesarten entwickelt.[44] Man kann jedoch davon ausgehen, dass eine dogmatische Festlegung ebenso abwegig ist wie die Suche nach der von Hythlodaeus beschriebenen Insel.[45] Allein der sprachliche Diskurs bildet die Grundlage ihrer Existenz, die ansonsten allenfalls auf den transzendenten Bereich der Ideen beschränkt sein wird.[46]

---

und die Herausgeber. Wer schuf den Utopiebegriff?". In: Amberger, Alexander / Möbius, Thomas (Hrsg.): *Auf Utopias Spuren. Utopie und Utopieforschung.* Springer: Wiesbaden 2017b, bes. S. 17–19 zum Namen *Utopia*).

43 Baker-Smith 2011, S. 162, eigene Hervorhebungen. Ähnliche Strategien auf der Mikroebene rhetorischer Stilistik hat vor einiger Zeit Elisabeth McCutcheon am Beispiel der Litotes ausgemacht („Denying the Contrary. More's Use of Litotes in the Utopia". In: Sylvester, Richard S. / Marc'hardour, Germain P. (Hrsg.): *Essential Articles for the Study of Thomas More.* Archon Books: Hamden (Conn.) 1977, bes. S. 273–274).

44 Zur Ambiguität der Präfixe *eu-* und *ou-* und ihrer Programmatik für die Deutung des Gesamtwerkes vgl. Abensour, Miguel: „Persistent Utopia". In: *Constellations* 15 (3), 2008, S. 406–407.

45 Ironisch verweist Morus in seinem Geleitbrief an Gilles darauf hin, dass er es unglücklicherweise versäumt habe Hythlodaeus zu fragen, in welchem Teil der Welt die Insel eigentlich verortet sei (40,33–42,2).

46 Vgl. Herz 1993, S. 10: „Raphael präsentiert das Gemeinwesen der Utopier wie auch seine eigene politische Position als Ideen im platonischen Sinn".

3. Gleichgewicht als Ideal

Unabhängig von der hermeneutischen Beurteilung des Werkes fällt auf, dass viele der Diskursfelder von einem gemeinsamen strukturbildenden Prinzip bestimmt werden: „The theme that unites the entire work is the subject of order."[47] Diese auf der fiktiven Insel in vielen Lebensbereichen vorherrschende Ordnung steht der als Kontrast stets mitgedachten Wirklichkeit des frühneuzeitlichen Europas mit seinen dynamischen und ungeordneten Entwicklungsprozessen gegenüber und findet ihre Entsprechung im Text unter anderem in der semantischen Häufung von Ausdrücken der ‚Gleichheit' oder der ‚Einfachheit' von Strukturen und Institutionen, die das Leben auf der Insel bestimmen.[48] Die Regelhaftigkeit des menschlichen Zusammenlebens erstreckt sich dabei aber nicht nur auf die streng mathematischen Proportionen der Insel und ihrer Städte oder die symmetrische Anordnung von Häusern und Stadtvierteln. Vielmehr ist die Ordnung Utopias auch als dynamisches Gebilde konzipiert, dessen wesentliche Funktion in der prozessualen Erhaltung eines homöostatischen Zustandes von Gleichgewicht und Harmonie besteht, der die literarische Welt ‚ökonomisiert'. Die Denkfigur der Balance, das wird insbesondere an diesen beiden Punkten deutlich, bildet ein zentrales Leitmotiv innerhalb des Werkes, dessen Geltung und Erstreckung im Folgenden näher in den Blick genommen wird. Dabei wird die These vertreten, dass Morus als Humanist und Philologe insbesondere im Rückgriff auf antike Balancetheorien ein Strukturprofil für die Einrichtung seines ‚idealen' Staates generiert, das in dem Postulat eines radikalen ökonomischen Gleichgewichts, d.h. der Güter- und Bedarfsgemeinschaft aller Bürger, seine vielleicht sinnfälligste und zentrale Entsprechung findet.

---

47 Donnelly, Dorothy F.: „Temporal and Cosmic Order. The Making of a New Vision in Thomas More's Utopia". In: *Proceedings of the PMR-Conference* 9, 1984, S. 107.

48 Miller 2014, S. xvi–xvii.

3.1 Makrostruktur: Equilibrium und System

3.1.1 Statik: Equilibrium und relative Mitte

Der Bericht des Hythlodaeus geht zunächst von Form und Lage der Insel aus und ähnelt darin dem Schema frühneuzeitlicher Reiseberichte, die zu Morus Zeit im Kontext der spanischen und portugiesischen Entdeckungsfahrten populär waren.[49] Den Ausführungen des Aegidius zufolge (50,4–19) soll Raphael selbst Teil diverser Expeditionen (etwa von Amerigo Vespucci) gewesen sein, von denen er schon im ersten Buch ausführlich berichtet hat (50,25–54,8).[50] Die Erzählung von den Sitten und Einrichtungen Utopias unterliegt also zunächst der Perspektive des Seefahrers und Entdeckers, dem diese neue Welt auf seinen Fahrten begegnet ist. Als solcher richtet Hythlodaeus einen ersten, makroskopischen Blick auf die Insel, beschreibt Größe und halbmondförmige Gestalt (110,1–12) und führt im Anschluss aus, dass der einzige Zugang zum Landesinneren über den inseltypischen Seeweg erfolgen muss. Diese Anmerkung erhält allerdings eine besondere Aussagekraft, als Raphael im Anschluss darüber aufklärt, dass die Insel einst nicht gänzlich vom Meer umschlossen war (*olim non ambiebatur mari*, 112,1), sondern erst durch große Anstrengung auf Geheiß des Königs Utopus vom Festland abgetrennt worden ist (112,1–15). Die Insellage und die Fahrt zur See sind also selbst strategische Bestandteile der Einrichtung Utopias und erhalten so eine eigene charakterisierende Relevanz.

---

49 Vgl. Contzen 2011, S. 36. In ähnlicher Weise wird die See- und Entdeckungsfahrt zum stilbildenden Rahmen neuzeitlicher Utopien nach Morus, etwa Campanellas *Sonnenstaat* (1623) oder Bacons *Nova Atlantis* (1627). Vgl. dazu auch Wagner-Lawlor, Jennifer A.: „Anticipating Utopia. Utopian Narrative and an Ontology of Representation". In: Roberto Poli (Hrsg.): *Handbook of Anticipation. Theoretical and Applied Aspects of the Use of Future in Decision Making.* Springer International Publishing: Cham 2017, S. 507–508.

50 Zu Hythlodaeus' Reisebericht im Lichte nicht nur der kurz zuvor (1503/04) gedruckten Reiseerzählung von Vespucci, sondern auch der Tradition platonischer, lukianischer und dionysischer Bildungs- und Erkundungsreisen vgl. Glei, Reinhold: „Topisch oder utopisch? Die Reisen des Hythlodaeus in der Utopia des Thomas Morus". In: Huber-Rebenich, Gerline / Ludwig, Walther (Hrsg.): *Frühneuzeitliche Bildungsreisen im Spiegel lateinischer Texte.* Hain: Weimar 2007, S. 75–88.

Durch die halbmondförmige Gestalt der Insel bietet die Bucht im inneren einen guten Schutz von allen Seiten und dadurch einen idealen Ankerplatz für Schiffe aller Art (110,14–16). Die Zufahrt jedoch gestaltet sich ungleich aufwändiger: Nur ein schmaler, von Felsenriffen durchzogener Zugang bietet kundigen Seefahrern Einlass in das Landesinnere, dessen Ufer auf der einen Seite durch Untiefen, auf der anderen Seite durch gefährliche Klippen unsicher sind (*hinc vadis, inde saxis formidolosae*, 110,17–18). Bei der Durchfahrt gilt es also, sorgsam die Hindernisse zu meiden und nicht zu weit auf die eine oder die andere Seite abzuweichen. Der Steuermann wird so auf der Suche nach Utopias Küste selbst zum Equilibrist, der in der (Daseins-)Metaphorik der Seefahrt und des antizipierten Schiffbruchs auf dem Weg der Mitte bleiben und den Balanceakt seiner Fahrt erfolgreich gestalten muss.[51]

Abgesehen von der Einfahrt in die Bucht gibt es an der Außenseite der Insel weitere Häfen und Möglichkeiten zur Landung (110,26–29):

> Auch auf der anderen Seite gibt es Häfen, nicht wenige an der Zahl. Aber überall ist der Zugang zum Landesinneren durch natürliche Beschaffenheit (*natura*) oder menschlichen Eingriff (*arte*) derart abgesichert, dass von dort gewaltige Truppenmassen von nur einer geringen Anzahl Verteidigern abgewehrt werden können.

Auch diese Beschreibung dient der Charakterisierung der Insel unter den Vorzeichen der Balance: Das antithetische Begriffspaar von ‚Natur' und ‚Kunst' greift einen seit der Antike grassierenden Diskurs auf, der von Aristoteles axiomatisch so formuliert worden ist, dass die Kunst in ihrem Wirken stets die Natur nachahmt.[52] Zwischen den beiden Begriffen

51 Zur Daseinsmetapher der Seefahrt vgl. Blumenberg, Hans: *Schiffbruch mit Zuschauer. Paradigma einer Daseinsmetapher*. Suhrkamp: Frankfurt a.M. 1979. Auf die Verbindung der Seefahrt mit der Denkfigur der Balance wurde an anderer Stelle hingewiesen (Grund, Simon: „Der Weg der‚goldenen Mitte' – Aristoteles' Lehre der μεσότης (mesotes) und ihre Bedeutung für die Daseinsmetapher der Balance". In: Goebel, Eckard / Zumbusch, Cornelia (Hrsg.): *Balance. Figuren des Äquilibriums in den Kulturwissenschaften*. De Gruyter: Berlin, Boston 2020, S. 35–56).

52 Z.B. Arist. *Phys*. 194a21–22. Vgl. zum aristotelischen Naturbegriff Craemer-Ruegenberg, Ingrid: *Die Naturphilosophie des Aristoteles*. Alber: Freiburg, München 1980, S. 34–39. Diese hierarchische Verhältnisbestimmung bietet späteren Dichtern die Gelegenheit zur Realisierung besonderer literarischer Effekte, wenn etwa die ontologischen Relationen in Ovids *Metamorphosen* diametral verkehrt werden, sodass mal in der Actaeon-Episode die Natur paradoxerweise

steht also eine kategoriale Distanz, die in verschiedenen Diskursfeldern ein mimetisches, d.h. hierarchisierendes Verhältnis etabliert. Dieses Prinzip ist in Utopia aufgehoben und in einen Zustand der Gleichwertigkeit gebracht: „In Utopia gehen Natur und Technik also Hand in Hand; sie bilden eine vollkommene Symbiose.“[53] Morus’ Utopia stellt sich also dar als ein Land, in dem sich in der natürlich gegebenen oder künstlich geformten Topographie eine Vereinigung der Gegensätze vollzieht, die einen idealtypischen Zustand des Gleichgewichts schon in der geologischen Beschaffenheit des Inselstaates formuliert.

Wenn man das imaginäre Sichtfeld über die Insel schweifen lässt, rücken in der Folge die einzelnen Städte in den näheren Fokus, deren Zahl genau 54 umfasst und die allesamt gleich an Gestalt, Sprache und Verwaltungsapparat sind (*lingua, moribus, institutis, legibus, prorsus ijsdem*, 112,15–19).[54] In ihrer identischen politischen Strukturierung wird einerseits eine Form der Komplexitätsreduzierung vorangetrieben, andererseits bewirkt die daraus resultierende ‚balance of power‘, dass keine der Siedlungen Interesse an einer gewaltsamen Erweiterung ihres Gebietes entwickelt (*Nulli urbi cupido promovendorum finium*, 112,31–32).[55] Interessant ist aber besonders die räumliche Anordnung der Städte und ihr Abstand zu einander (112,19–22):

> Von diesen sind diejenigen, die untereinander am nächsten sind, 24 Meilen voneinander entfernt, wobei jedoch keine so weit abgelegen ist, dass man von ihr nicht zu Fuß innerhalb eines Tagesmarsches zu einer anderen Stadt gelangen könnte.

---

die Kunst nachahmt (*Met.* 3.158.159) oder im Falle des Bildhauers Pygmalion die Kunst so lebensecht erscheint, dass ihre Künstlichkeit beinahe natürlich wirkt (*Met.* 10.252): *ars adeo latet arte sua* („So sehr verbirgt sich die Künstlichkeit unter ihrer kunstvollen Gestalt“).

53 Contzen 2011, S. 35.

54 Durch diese Formulierung konstruiert Morus einen idealisierten Gegenentwurf zu den von Caesar beschriebenen gallischen Stämmen, deren Differenzen hinsichtlich Sprache, Institutionen und Gesetzen in semantischer Entsprechung und einer ähnlich asyndetischen Verkettung beschrieben werden (*Gall.* 1.2: *Hi omnes lingua, institutis, legibus inter se differunt*).

55 Vgl. auch Surtz / Hexter 1965, S. 387 ad loc.: „[…] individuality in such matters almost inevitably becomes occasion for emulation, vanity, and pride“.

Während vieles in Utopia streng geregelt ist und auf der Ordnung einfacher Regelmäßigkeit beruht, ist der Abstand zwischen den Städten auffallend vage gehalten. So wird nur ein nicht weiter eingegrenzter Bereich zwischen zwei Extrempolen genannt, gleichzeitig werden die Grenzbereiche durch die einerseits *spatiale* (mindestens 24 Meilen), andererseits *temporale* Kodierung der einzelnen Distanzen (maximal ein Tagesmarsch) weiter verunklart. Die auf den ersten Blick so eindeutig festgelegte Regulierungspraxis offenbart somit eine Leerstelle in der Vereindeutigung der konkreten Einzelfälle. Diese Art der Präsentation hat Elisabeth McCutcheon als literarästhetische Strategie der *Utopia* insgesamt beobachtet: „[T]hese constructions seem to ask us to weigh or try to balance different ideas or values, almost as if we were asked to find the balance point on a moving see-saw."[56] Diese stilistische Auffälligkeit, für die McCutcheon zahlreiche weitere Beispiele anführt, verweist damit einerseits als metafiktionaler Fingerzeig auf den literarischen Status der Utopie im Spannungsfeld ihrer historisch-faktualen Verortung.[57] Zugleich aber offenbart sich darin eine strukturbildende Konzeption des Gleichgewichtes für die Institutionen innerhalb des fiktiven Inselstaates.

Von einer höheren organisatorischen Warte aus zeigt die Vagheit der Abstandsregelungen eine institutionelle Direktive an, die darauf bedacht ist eine Gültigkeit für eine möglichst große Zahl an Einzelfällen zu gewährleisten, indem sie statt einer arithmetisch festgelegten Distanz eine relative Mitte vorsieht, die auf die individuellen Beschaffenheiten der jeweiligen Städte Rücksicht nimmt. Der ‚ideale' Abstand der Städte zueinander liegt also in einem nicht weiter definierten Graubereich zwischen zwei äußeren Extremen. Dieser Gedanke einer optimalen und relativen ‚mittleren' Form findet sich bereits in der antiken Staatstheorie und wird besonders von Aristoteles als konstitutives Element einer bestmöglichen Polis postuliert.[58] Diese muss nicht nur zu Land, sondern auch zu Wasser hin gut gelegen (*Pol.* 1327a1–10) und auch darauf bedacht sein eine institutionelle Mischform zwischen den Extrempolen radikal demokratischer oder

---

56 McCutcheon 1977, S. 273.

57 Vgl. Ludwig 1984, S. 262: „Indeed, openness should be regarded as the all-pervading literary feature of all literary Utopias".

58 Vgl. zum Folgenden Grund 2020, bes. S. 51–54

rein oligarchischer Staatssysteme zu entwickeln (*Pol.* 1295b39–1296a5).[59] Seine Stabilität bewahren wird der aristotelische Idealstaat, wenn in ihm keine der im ökonomischen Extrem gelegenen Klassen die Mehrheit der Bevölkerung stellt (*Pol.* 1296a7–10) und die Polis insgesamt nicht zu groß und nicht zu klein gerät, d.h. wenn zwischen den Extremen der Über- und Unterbevölkerung eine relative Mitte eingehalten wird (*Pol.* 1326a35–b24).[60] Dieses Bauprinzip hat bei Aristoteles ein ethisches Fundament: Im vierten Buch der *Politik* (1295a34–b1) verweist der Philosoph explizit auf eine Analogie zwischen der Tüchtigkeit (*aretē*) des Individuums und des staatlichen Kollektivs – und damit auf die *Nikomachische Ethik*, in der die Tugend des Menschen als eine ‚Mitte' (*mesotēs*) bestimmt wird, die keine arithmetisch festgelegte, sondern eine ‚nach uns' (*pros hēmas*) ausgerichtete relative Mittelposition zwischen Extremformen von Handlungen diktiert (vgl. *NE* 1106a29–b3). Diese Bestimmung der Mitte als Bestform, die in der Nachfolge etwa von Horaz als ‚goldene Mitte' (*aurea mediocritas*) normativ rezipiert worden ist, hat als geflügelte Sentenz auch Einzug in den Kanon abendländisch-humanistischer Kulturreflexion gefunden.[61]

Dass den Verhältnissen in Utopia ein solches Prinzip des Mittelwegs zugrunde liegt, zeigt sich nicht nur am Beispiel der Städte. Auch eine der von Erasmus im editorischen Prozess hinzugefügte Marginalie zur Stelle verdeutlicht dies. Als erklärende Randbemerkung setzt er die Worte: *Vrbium*

59 Pointiert spricht Hans-Joachim Gehrke („Verfassungswandel". In: Höffe, Otfried (Hrsg.): *Aristoteles. Politik*. Akademie Verlag: Berlin 2001, S. 142) von einer „wichtige[n] Balance zwischen Entgegen gesetztem, also konkret […] Demokratie und Oligarchie".

60 Ähnliche Bestimmungen zur idealen Größe des Stadtstaates finden sich auch in Platons *Politeia*, der im Gegensatz zu Aristoteles allerdings weniger von ökonomischen als von ideellen Kriterien ausgeht (423b10–11): „Ich meine folgende: So weit ein Staat wachsen kann, ohne die innere Einheit zu verlieren, so weit lasse man ihn wachsen, weiter nicht!", (Platon: *Der Staat*. Übers. u. Hrsg. v. Karl Vretska. Reclam: Stuttgart 2006, S. 201).

61 Vgl. zur peripatetischen Fundierung der ‚goldenen Mitte' (*aurea mediocritas*) bei Horaz (*Carm.* 2.10) Nisbet, Robin G. M. / Hubbard, Margaret: *A Commentary on Horace: Odes. Book 2*. Clarendon Press: Oxford 1978, S. 160 u. allgemein Grund 2020, S. 35–56. Zur Titulierung der *Utopia*, die das von Horaz aufgestellte Ideal des Gleichgewichts zwischen Nutzen (*prodesse*) und Erfreuen (*delectare*) reflektiert, vgl. Ludwig 1984, S. 262.

inter se mediocre intervallum (112, „Der *mittlere* Abstand der Städte untereinander").[62] Die Bestimmung der kleinsten (*proximae*, 112,19) und der größten Entfernung (*nulla … tam deserta*, 112,20–21) zwischen den Städten verortet einen Großteil davon also in einem Zustand der räumlichen Balance, der – auch in Bezug auf das umgebende Ackerland (112,27–31) – dem Prinzip der relativen Mitte folgend keine arithmetisch genaue Festlegung erforderlich macht. Die Distanz der Städte zueinander und ihre an den jeweiligen Anforderungen gemessene Variabilität ist nicht zuletzt auch als entscheidender Wirtschaftsfaktor zu beurteilen: Diese Form der Dezentralisierung ermöglicht den Städten nicht nur, gemessen an sich selbst, eine Möglichkeit der ökonomischen Autarkie, sondern, gemessen an den anderen, auch eine Form der Chancengleichheit im inter-urbanen Wettbewerb.[63]

Die relative Mitte bildet aber auch für andere Bereiche ein wichtiges definitorisches Kriterium. Richtet man den Blick eine Ebene tiefer auf die Bevölkerung der Insel, kann man die Einwohner zunächst in Stadt- und Landbewohner unterteilen. Die Menschen auf dem Land gliedern sich in einzelne Haushalte, die in ihrer geregelten Größe nur *ex negativo* bestimmt werden (114,3–7):

> Keine der Landfamilien hat unter den Männern und Frauen weniger als 40, daneben noch zwei zugeteilte Sklaven, denen allen ein Vater und eine Mutter als weise und reife Familienoberhäupter vorangestellt werden.

Im Fall der ländlichen Haushalte wird lediglich die untere Größe von 40 Erwachsenen in Form einer Litotes als Eckpunkt angegeben, der Rest bleibt erneut vage und die maximale Größe der einzelnen Parzelle wird den situativ-logischen oder anderweitig (ökonomisch) maßgeblichen Verhältnissen angepasst.

Ähnlich verhält es sich auch bei den Stadtbewohnern Utopias. Für die Größe der familiären Gemeinschaften führt der Sprecher Hythlodaeus im

62 Die ‚Mitte' (*mediocritas*) ist nicht erst seit Horaz ein philosophischer Terminus. Schon Cicero führt das aristotelische Ideal des Gleichgewichts zwischen zwei Extremen in seinem philosophischen Spätwerk ein, wenn er etwa in *De Officiis* (1.89) die Mitte als Position ‚zwischen dem Zuviel und dem Zuwenig' (*inter nimium et parum*) festlegt.

63 Contzen 2011, S. 40.

Gegensatz zur Landbevölkerung zwei Richtwerte als obere und untere Grenze an (134,29–136,1):

> Damit aber die Bürgerschaft nicht zu klein wird (*fieri infrequentior*) und auch nicht über das Maß hinaus anwächst (*ultra modum … increscere*), gibt man acht, dass keine Familie, von denen jede Bürgerschaft—abgesehen vom umgebenden Bezirk—6000 enthält, weniger als 10 und mehr als 16 Erwachsene umfasst. An Kindern kann man nämlich keine Zahl im Voraus festsetzen.

Somit liegt die ideale Größe der einzelnen Stadtgemeinschaft bei einer Zahl zwischen 60.000 und 96.000 erwachsenen Bewohnern. Einmal mehr wird in dieser Modellierung eine allzu genaue Festlegung vermieden. Stattdessen richten sich die Maßgaben erneut nach dem Prinzip der relativen Mitte aus. In der Vermeidung der Extreme der Unterbevölkerung oder der übermäßigen Population findet das klassische Theorem der aristotelischen Staatskunde seine Aktualisierung (*Pol.* 1326a35–b24; s.o.). Anders als bei Aristoteles, für den eine Untergrenze die Autarkie und eine Obergrenze die Regierbarkeit der Polis gewährleistet, führt Morus nicht aus, welche Motivation hinter dieser Form der Balanceerhaltung in den Städten Utopias steht. Die rechte Mitte der Bevölkerung wird gleichsam zum Selbstzweck, die ihre realpraktischen Konsequenzen nurmehr indirekt vermittelt.

3.1.2 Dynamik: Kompensation und Ausgleich

Es ist auch für Utopia nicht auszuschließen, dass etwa durch unerwartet starke Geburtenraten, Wetterkatastrophen oder Krankheiten die oberen oder unteren Grenzen der Bevölkerungskapazität innerhalb der einzelnen Familien, der Städte oder sogar des gesamten Staates überschritten werden. So beschreibt Hythlodaeus im Anschluss an die eben angeführte Bevölkerungsstruktur der Insel festgelegte Mechanismen, die zur Regulierung der Einwohnerzahlen etabliert sind. Aspekte einer *statischen* Balance werden so durch eine *dynamische*, kompensatorische Facette komplementiert, die den Erhalt des erstrebten (mittleren) Gleichgewichtszustand zum Gegenstand hat.[64]

64 Vgl. erneut die Begriffsbestimmung Kayes (2014, S. 4): „[B]alance has both a passive [sc. *static*, S.G.] meaning (i.e., the equalized end or goal of a process) and an active [s.c. *dynamic*, S.G.] meaning (i.e., the process of attaining that end)".

Diese findet zunächst im Bereich der Städte und der dort lebenden Familien Anwendung (136,1–4):

> Dieses Maß wird mit Leichtigkeit bewahrt, indem diejenigen in die zahlenmäßig zu kleinen Familien übertragen werden, die in den größeren überschüssig sind. Wenn aber einmal die Stadt als Gesamtheit die festgesetzte Grenze überschreitet, ersetzen sie dadurch den zahlenmäßigen Mangel ihrer übrigen Städte.

Die einzelnen Familien und Gruppen sind demnach als lose Verbunde zu verstehen, die jederzeit als Elemente des Ausgleichs in andere Gemeinden überführt werden können. Die Bevölkerung befindet sich somit in einem andauernden Zustand des Wechsels, der den Inselstaat in ein homöostatisches Fließgleichgewicht zwischen System und Umwelt überführt.[65] Neben dem Erhalt der relativen Größe einzelner Familien und Städte greift das Prinzip auch für die Gesamtbevölkerung der Insel (136,4–8):

> Wenn aber über die gesamte Insel hinweg die Bevölkerungsmasse den Zustand des Gleichgewichts übersteigt (*plus aequo ... intumuerit*), dann gründen sie, indem sie aus jeder Stadt Bürger zusammenziehen, auf dem nächstgelegenen Kontinent eine Kolonie mit ihrer eigenen Gesetzgebung, wo auch immer die eingeborene Bevölkerung einen Überschuss an Ackerland hat, der nicht kultiviert wird. Die indigenen Völker nehmen sie bei sich auf, wenn diese mit ihnen zusammenleben möchten.

Der Vorschlag, durch gewaltsame Aneignung Acker- und Weideland für den wachsenden Stadtstaat zu besetzen, findet sich bereits in Platons *Politeia* (373d4–e4).[66] Anders als bei Platon geht es in Utopia aber nicht grundsätzlich um eine weitere Expansion des Staatsgebietes. Vielmehr trägt diese Maßnahme zur generellen (sozialen) Saturation des Kernstaates bei und funktioniert daher prinzipiell in beide Richtungen. Wenn eine der Städte einen Bevölkerungsmangel aufweist, der nicht durch die oben beschriebenen internen Mittel der Kompensation (136,1–4) ausgeglichen werden kann, ohne dass eine der anderen Städte die untere Bevölkerungsgrenze unterschreitet, wird eine entsprechende Anzahl an Kolonisten dazu

---

65 Zum Begriff der Homöstase in Bezug auf soziale Systeme und ihre Abgrenzung zur Kybernetik vgl. Luhmann, Niklas: *Politische Planung. Aufsätze zur Soziologie von Politik und Verwaltung*. Springer: Wiesbaden 1994, S. 125–128 u. Luhmann, Niklas: *Soziale Systeme. Grundriß einer allgemeinen Theorie*. Suhrkamp: Frankfurt a.M. 1987, S. 275–282.

66 Vgl. Surtz / Hexter 1965, S. 415–416.

veranlasst, den Mangel auf der Mutterinsel auszugleichen (136,17–22). Dieser Grundsatz, der angesichts der späteren Kolonialpolitik des britischen Commonwealth einigermaßen zynisch klingt, hebt die systemische Balance der ganzen Inselgemeinschaft also auf eine übergeordnete Stufe: Die gesellschaftlichen Strukturen in Utopia ermöglichen eine kompensatorische Aufrechterhaltung der als ideal definierten Lebensverhältnisse und befördern ein soziales Gleichgewicht durch stetigen Wandel und Wechsel. Der Zustand der Balance, so könnte man sagen, erfordert beständigen Ausgleich und eine (*quantitative*) Regulierung der Lebensverhältnisse auf der Makro-, Meso- und Mikroebene.

Ergänzend lohnt sich ein Blick auf den ländlichen Gemeinschaftsverbund (*familia rustica*) und die damit verbundenen *qualitativen* Aspekte der Balance. Die Fluktuation der einzelnen Bewohner dient zwar in erster Linie dem Erhalt des demographischen Gleichgewichtes, deckt aber darüber hinaus weitreichende Konsequenzen für die Bevölkerungsstruktur der Insel auf, die nicht zuletzt in soziologischer Hinsicht interessant sind (114,7–16):

> Aus jeder Familie kehren jährlich 20 in die Stadt zurück, diejenigen nämlich, die zwei Jahre auf dem Land verbracht haben. An ihrer Stelle werden aus der Stadt ebenso viele Rückkehrer ausgewählt, damit sie von denen, die schon ein Jahr dort (auf dem Land) waren und demnach im Ackerbau erfahrener sind, eingewiesen werden, nur um selbst im darauffolgenden Jahr wiederum andere einzulernen. Auch wenn dieser Brauch des Wechsels der Landarbeiter ein jährlicher ist, damit niemand gegen seinen Willen gezwungen wird allzu lange die doch schwere Lebensart fortzuführen, erbitten sich dennoch viele, die von Natur aus eine Vorliebe für die Landarbeit haben, weitere Jahre für sich.

Der planmäßige Wechsel zwischen Stadt und Land geht über eine rein quantitative Verteilung der Menschen hinaus. Im Fokus des Wechsels steht vielmehr eine soziale Dynamik, die in der alternierenden Regelmäßigkeit des Bevölkerungsaustauschs eine maßgebliche Spannung abbaut, die in der grundsätzlichen Trennung zwischen urbaner und rustikaler Lebensweise besteht.

Bereits im ersten Buch schildert Hythlodaeus, wie er in einem Gespräch am Hofe von Kardinal Morton die Missstände seiner Zeit anprangert, in der einige wenige Edelmänner (*nobiles*) von der mühevollen Arbeit derjenigen leben, die ihr Land bestellen (*coloni*) und denen trotz der harten Tätigkeit kaum genug zum Leben bleibt (62,3–12). Dieses Porträt der zeitgenössischen Verhältnisse deckt sich auch mit historischen Quellen aus dieser Zeit, die ein klares Bild jener Gesellschaft zweier Klassen nachzeichnen.[67] In gewissem Sinne sind die Strukturen Utopias als ein Gegenentwurf zu den Problemen der englischen Landwirtschaft zu verstehen, die Hythlodaeus im ersten Buch skizziert. Nicht nur muss niemand die Landarbeit länger als zwei Jahre am Stück ertragen, auch teilen die Utopier die Arbeitslast gleichmäßig auf Frauen und Männer (und sogar Kinder) auf (124,20–25). Im Rahmen der literarischen Fiktion schildert Morus also ein System, in dem typische Konflikte sozialer Klassen fehlen, weil den jeweiligen Gebräuchen und Institutionen „das Fehlen strukturell erzeugter Konflikte" selbst inhärent eingeschrieben ist.[68] Das liegt zum großen Teil daran, dass die soziale Ordnung Utopias keine ‚Gesellschaft' etabliert, wie sie Hythlodaeus besonders im ersten Buch für das zeitgenössische Europa schildert. Der klassischen Dichotomie Tönnies' folgend präsentiert sich die Bevölkerung in Utopia als eine Form der ‚Gemeinschaft', die in der Konventionalisierung des für alle gültigen ‚jährlichen Brauchtums' eine übergeordnete Sache über das eigene Wohlbefinden setzt, wenn auch vereinzelte Individuen eine freiwillige Mehrarbeit leisten.[69] Dieser Aspekt wird nicht

---

67 Vgl. Laslett, Peter: *Verlorene Lebenswelten. Geschichte der vorindustriellen Gesellschaft*. Böhlau Verlag: Wien, Köln, Graz 1988, S. 35–69, bes. 43–45.

68 Dahrendorf, Ralf: *Pfade aus Utopia. Zu einer Neuorientierung der soziologischen Analyse*. R. Piper & Co. Verlag: München 1974, S. 244.

69 In seinem grundlegenden Werk zur begrifflichen Trennung von „Gemeinschaft und Gesellschaft" begründet Tönnies die wegweisende sozialphilosophische Tradition, die zwischen verschiedenen interpersonellen Relationen unterscheidet, von denen die *Gesellschaft* künstlich konstruiert, die *Gemeinschaft* dagegen organisch gewachsen ist (zit. nach Clausen, Bettina / Haselbach Dieter (Hrsg.): *Ferdinand Tönnies. Gesamtausgabe Band 2. 1880–1935: Gemeinschaft und Gesellschaft*. De Gruyter: Berlin, Boston 2019, S. 124–125): „Alles vertraute, heimliche, ausschließliche Zusammenleben (so finden wir) wird als Leben in Gemeinschaft verstanden. Gesellschaft ist die Öffentlichkeit, ist die Welt. In Gemeinschaft mit den Seinen befindet man sich, von der Geburt an, mit allem Wohl und Wehe daran gebunden. Man geht in die Gesellschaft wie in die Fremde." In der kritischen Diskussion der Begriffe hebt jedoch Plessner hervor, dass Formen der Gemeinschaft immer an eine ‚Grenze' stoßen, die mit der Ausübung von Macht verbunden ist (*Grenzen der Gemeinschaft. Eine Kritik des sozialen Radikalismus*. Suhrkamp: Frankfurt a.M. 2016, S. 120): „Für ihren Glauben, ihre Einrichtungen und Sitten unterziehen sich Genossen einer primären Vertrautheitssphäre der Last staatlicher Organisation, entsagen einem

nur am Beispiel der Landarbeit deutlich, sondern auch durch eine Vielzahl anderer Einrichtungen wie etwa der paritätischen Gesundheitsversorgung (138,26–140,10) oder, besonders sinnfällig, in der ökonomischen Bedarfsgemeinschaft von Gütern und Lebensmitteln (s.u.). Der Aspekt der Gemeinschaft ist an einer späteren Stelle im Text mit noch mehr Nachdruck auf die prägnante Formel gebracht: *Ita tota insula uelut una familia est* („Und so ist die ganze Insel wie eine einzige Familie", 148,2–3).

3.2 Mikrostruktur: Die Gütergemeinschaft und das Menschenbild der Utopia

Die Institutionen Utopias etablieren ein System des Gleichgewichts, das ständig im Wandel ist und doch in einer zeitlosen Beständigkeit verhaftet bleibt: „Obwohl einige seiner Teile sich in vorgezeichneten und berechenbaren Bahnen bewegen, bleibt Utopia als Ganzes ein perpetuum immobile".[70] Das trifft nicht nur auf die soziale Organisation des Gemeinwesens zu, sondern prägt in besonderer Weise dessen ökonomische Ausrichtung, nämlich in der Gütergemeinschaft und der Abwesenheit von Privatbesitz.

Das ökonomische Kapital Utopias beruht nicht auf Geld. Etablierte Zahlungsmittel halten die Bewohner nur für Notfälle in ausreichender Reserve bereit, um im Kriegsfall Feinde mit Söldnerheeren oder durch Bestechung abzuwehren (148,24–150,3). Auch findet kein wechselseitiger Austausch von Waren im Sinne kaufmännischer Berechnung zwischen den Einwohnern statt. Stattdessen wird ein Überschuss von Gütern und Alltagsprodukten unter der planenden Aufsicht des jeweiligen Stadtrates zwischen den einzelnen Gemeinden ausgeglichen, ohne dass kommerzielle Faktoren eine Rolle spielen (116,5–13; 146,25–148,2). Man kann also sagen, dass die Prinzipien der Balance, die für die Insel und ihre Bewohner gelten,

---

unbestimmt großen Teil ihrer Freiheit und natürlichen Würde und beugen sich als Mittel unter einen höheren Zweck." In Utopia zeigt sich diese Machtdiktion etwa in dem forcierten Wechsel von Lebensort und Wohnsitz ihrer Bürger oder in der expansiven Kolonialpolitik. Man hat die *Utopia* unter diesen Vorzeichen gelegentlich mit Hitlers *Mein Kampf* und ähnlich totalitären Systementwürfen verglichen (z.B. Sylvester 1977, S. 300–301, Ludwig 1986, S. 259–260), die oft auf Vorstellungen von „Gemeinschaften des Blutes" beruhen (vgl. Plessner 2016, S. 42–49).

70 Dahrendorf 1974, S. 245.

auch für das ökonomische System Utopias gültig sind. In einer Randglosse bringt Erasmus die Quintessenz dieses Prinzips auf eine pointierte Formulierung: *Aequabilitas facit, ut omnibus sufficiat* („Ebenes Gleichmaß sorgt dafür, dass alle genug haben", 146).

Dieser Gedanke greift die zu Beginn des Beitrags angeführte Textpassage auf, in der Hythlodaeus die Vorzüge einer Wirtschaftsordnung preist, in der ‚bei einer ausgeglichenen Verteilung der Güter jeder alles im Überfluss zur Verfügung hat' (*aequatis rebus omnia abundent omnibus*, 102,30; s.o. Kap. 1). In der Vergangenheit ist oft betont worden, dass die kleinste konstitutive Einheit Utopias die Familie ist.[71] Die Gütergemeinschaft wirkt sich jedoch explizit auf die individuellen Bedürfnisse aller Bewohner aus, von denen Erasmus sagt, dass die Gleichheit einen Zustand der ‚Genügsamkeit' für jeden Einzelnen bewirkt (*omnibus sufficiat*, 146). Die utopische Antwort auf das wirtschaftliche Ungleichgewicht in England, das Hythlodaeus im ersten Buch schildert, stellt also gleichzeitig die Frage nach der Beschaffenheit des darin involvierten Einzelmenschen, der im systemischen Gefüge der Insel ansonsten weitestgehend gesichts- und aktionslos bleibt.

Die Güter in Utopia werden zentral verteilt: In der Mitte jedes Stadtviertels befindet sich ein großer Speicher, in dem alle produzierten Waren gelagert werden und von wo aus ihre Distribution erfolgt. Die Oberhäupter jeder Familie erfragen dazu eine individuelle Anzahl an Lebensmitteln und sonstigen Produkten, die sie ohne Geld oder Gegenleistung von der Gemeinschaft erhalten (136,26–31). Zwar steht hier auf den ersten Blick wieder die jeweilige Familie im Blickpunkt, die Begründung für diesen gelebten Kommunismus ist jedoch individual-anthropologischer Art (136,31–138,9):

> Denn warum sollte etwas verweigert werden? – wo es doch reichlichen Überfluss an allen Dingen gibt und niemals die Furcht eintritt, dass irgendjemand mehr einfordern möchte als er wirklich braucht. Denn warum sollte man von jemandem glauben, dass er Überflüssiges (*supervacua*) fordern werde, wenn er doch

---

71 Surtz / Hexter (1965, S. 414, ad loc. 134,24) weisen darin auf einen grundlegenden Unterschied zu Platon hin, der für seinen Wächterstaat zwar eine Gemeinschaft von Gütern postuliert, in der gleichzeitigen Aufhebung aller familiären Strukturen durch die Praxis einer Frauen- und Kindergemeinschaft jedoch deutlich andere Wege einschlägt. Ähnlich Baker-Smith 2011, S. 150 u. Mangeloja / Ovaska 2019, S. 76.

sicher weiß, dass ihm niemals etwas mangeln wird? Freilich – geizig und raffgierig macht alle Lebewesen die Furcht vor dem einstigen Mangel, beim Menschen aber sorgt allein der Hochmut (*superbia*) dafür, dass er die übrigen durch die überflüssige (*superflua*) Prahlerei mit Dingen, die er sich selbst zum Ruhm anrechnen, in den Schatten stellt. Für dieses Laster gibt es in den Einrichtungen der Utopier keinen Platz.

Das ökonomische Gleichgewicht in Utopia ist kein klassisches *pareto-optimum*, das einen Zustand der Balance beschreibt, bei dem kein Marktteilnehmer einen Vorteil erringen kann, ohne dass ein anderer einen Nachteil erhält.[72] Stattdessen gilt das Prinzip einer *gleichen Gewichtung* der Interessen aller am Marktgeschehen beteiligten Akteure. Die anthropologische Grundlage dieser Maxime beruht im Wesentlichen auf zwei Argumenten.[73]

Das erste Argument folgt dem rationalen Denkmuster von *homo oeconomicus* und den Prinzipien der Bedürfnisbefriedigung bei vollständiger Einsicht in alle Prozesse des Marktes. In dieser Rolle scheint die Befürchtung, dass die Bewohner für künftige schwere Zeiten Vorsorge treffen und dadurch mehr als nötig einfordern, ziemlich absurd, ist doch zu jeder Zeit sichergestellt, dass eine gleichmäßige Verfügbarkeit aller Güter vorliegt, d.h. niemals eine Begrenzung des Angebots stattfindet.[74] Die Gründe dafür, warum in Utopia keine Knappheit eintritt, wird jedoch erst an einer späteren Stelle im Text erklärt, als über die philosophischen und ethischen Einstellungen die Rede ist: Ähnlich der antiken abendländischen Tradition gibt es unter den Bewohnern eine rege Diskussion über Wesen und Wert

---

72 Vgl. Kerber, Walter: „Homo oeconomicus. Zur Rechtfertigung eines umstrittenen Begriffs“. In: Biervert, Bernd / Held, Martin (Hrsg.): *Das Menschenbild der ökonomischen Theorie. Zur Natur des Menschen.* Campus Verlag: Frankfurt, New York 1991, S. 69–71.

73 Folgt man Herz (1993, S. 24–25), handelt es sich bei den Ausführungen von Hythlodaeus genau genommen um eine Art der *negativen* Anthropologie, die die Natur des utopischen Menschen im Wesentlichen durch einen kontrastiven Abgleich mit den „Menschen der abendländischen Welt“ (S. 25) beschreibt. Man kann allerdings hinterfragen, wie sinnvoll eine solche Zweiteilung ist, wo doch beide Menschenbilder in Form von ‚Ideal‘ und Wirklichkeit nur zwei Seiten derselben Medaille darstellen.

74 Vgl. dazu Herz 1993, 23–24.

der Tugend. Diese haben sie für sich so definiert, dass sie einem bekannten stoischen Ideal sehr nahe kommt (160,13–162,21):

> Freilich (*Nempe*) als Tugend bestimmen sie es, gemäß der Natur zu leben (*secundum naturam vivere*), so jedenfalls seien wir von Gott eingerichtet. Sie sagen, dass derjenige wahrhaftig der Natur folgt, der beim Erstreben und Vermeiden der Dinge der Vernunft folgt.

In das stoische Diskursfeld verweist explizit auch die Marginalie zur Stelle: *Hoc iuxta Stoicos* („Dies entspricht den Stoikern", 162). In ihrer einleitenden Formel zitiert die Passage außerdem in beinahe wörtlichen Wiedergabe den fünften Brief über Ethik des römischen Stoikers Seneca (ca. 1-65 n.Chr.).[75] In der dortigen Problematisierung der natürlichen Lebensweise des Philosophen wird auch das für die Utopier so wichtige rationale Agieren näher ausgeführt und besonders als ein Vermeiden der Extreme bestimmt. Dieser Balanceakt, der vorsieht, sich für ein glückliches Leben auf die ‚gebräuchlichen und leicht zu beschaffenden Dinge' zu beschränken (*res … usitatas et non magno parabiles*, Sen. *Ep.* 5.5), kommt auch an weiteren Stellen des Briefkorpus und zum Teil noch deutlicher zur Sprache.[76] Zudem wird am Ende des fünften Briefes das Prinzip der natürlichen Lebensweise explizit auch mit der Furcht vor der ungewissen Zukunft in Verbindung gebracht, die auch bei Morus eine entscheidende Rolle spielt.[77]

Die Utopier sind also in ihrer Auffassung der Tugend dem stoischen Ideal nicht fern, zu dessen Wesenskern es gehört, sein Leben nicht an Luxuswaren, sondern an jederzeit leicht zu beschaffenen Gütern auszurichten. So erklärt sich auch, dass sie trotz des kurzen 6-Stunden Tages ausreichend Waren herstellen, indem sie sich bei der Produktion nur auf die wesentlichen und zum naturgemäßen Leben notwendigen Dinge beschränken

75 Vgl. Sen. *Ep.* 5.4: „Freilich (*Nempe*) unser Vorsatz ist es, gemäß der Natur zu leben (*secundum naturam vivere*)."

76 Sen. *Ep.* 39.4: „Es ist Zeichen eines großen Geistes die großen Dinge zu verschmähen und die mittleren (*mediocria*) den allzu kleinen vorzuziehen. Jene nämlich sind nützlich und zum Leben notwendig, die anderen aber schaden gerade dadurch, dass sie überflüssig sind (*nocent … quod superfluunt*)."

77 Sen *Ep.* 5.7: „[…] bei unserem Hekaton habe ich den Satz gefunden, dass ein Ende der Begierden auch als Heilmittel gegen die Furcht nützt. Er sagt: ‚Du wirst aufhören zu fürchten, wenn du aufgehört hast zu hoffen'."

(128,27–130,25). Folglich kann die Furcht vor Mangel (*inopia*, 128,29) keine wirkliche Beunruhigung sein, da knappe Luxusware aus dem Kreis derjenigen Güter ausgeschlossen ist, die zur Befriedigung der Bedürfnisse angedacht sind. Diese Konzeption ist jedoch weniger rational-ökonomisch als ethisch: Die rationale Herangehensweise entspringt aus dem spezifischen Verständnis der Tugend als naturgemäße Lebensweise und erhält dadurch einen normativen Charakter. Die Feststellung, dass die Menschen in Utopia nicht geizig und raffgierig sind (*auidum ac rapacem*) ist keine faktische Beschreibung der Natur des Menschen, sondern ein durch soziokulturelle Norm herbeigeführter *status quo*: Eine ethische Fundierung, die das menschliche Streben nach dem ‚mehr' durch eine Tugend der Mäßigung sanktioniert, ist inhärent in Hythlodaeus Argumentation eingewoben und unterminiert die scheinbare Allgemeingültigkeit seiner couragierten Aussage, die in einem anderen kulturellen Kontext keine Gültigkeit behalten muss.

Noch deutlicher ist der zweite Fall, in dem die Zurschaustellung von Luxusgütern verworfen und dem Laster der Hochmut (*superbia*) als kulturellem Faktor zugeschrieben wird. Für Hythlodaeus ist der Hochmut die treibende Kraft hinter dem Streben des Menschen nach relativem Wohlstand und das ‚Übertreffen der anderen' (*caeteros antecellere*, 138,7) im sozialen und ökonomischen Vergleich. Diese Ansicht lässt sich exemplarisch am Verhältnis der Utopier zu Gold und Silber veranschaulichen. Hält man sich vor Augen, warum diese Edelmetalle auf der Insel in keinem guten Licht erstrahlen, trifft man zunächst auf das bekannte Argumentationsmuster, das auch schon im Hintergrund der oberen These steht (150,16–19):

> Bisweilen verhält es sich bei ihnen mit Gold und Silber so (aus denen es [sc. das Geld] hergestellt wird), dass sie von niemandem höher eingeschätzt werden, als es die Natur (*natura*) ihrer ureigenen Wesensart verdient, und wer sieht nicht, wie weit sie gemessen an dieser unterhalb des Eisens stehen?

Diese Prämisse ist zunächst rein rational und stellt die mangelnde Bedeutung von Gold für ein natürliches und bescheidenes Leben heraus. Im Hintergrund steht auch hier der Gedanke, dass ein tugendhaftes Leben von den Idealen der Natürlichkeit und der Vernunft geleitet wird und dass diese Einstellung dem menschlichen Hochmut (*superbia*) entgegenwirkt. In seinen weiteren Erläuterungen führt Hythlodaeus jedoch eine strategische

Diffamierung des Goldes ins Feld, die das Gewicht klar auf die normgebende Kraft des gemeinschaftlichen Diskurses legt (152,3–18):

> Aus Gold und Silber fertigen sie nicht nur für die öffentlichen, sondern auch für die Privathäuser Nachttöpfe und gerade das schimpflichste Geschirr an. Darüber hinaus verwenden sie die gleichen Metalle für Ketten und schwere Fußfesseln, mit denen sie Sklaven anbinden. So sorgen sie auf jede Weise dafür, dass Gold und Silber bei ihnen in Verruf stehen.

Aus dieser Bestimmung wird deutlich, dass ein Streben nach Luxus und relativem Wohlstand nicht nur implizit durch die ethische Fundierung des Menschenbildes, sondern auch explizit durch den soziokulturellen Wertekanon und das System geltender Normen beseitigt werden. Soziologisch gesehen zeigt sich so die diskursive Gewalt und die ‚Grenze der utopischen Gemeinschaft' schon in einem Kernbereich der Gesellschaftsstruktur.[78] In anthropologischer Hinsicht offenbart sich erneut eine Erosion der These über die Natur des Menschen. Durch den naturalistischen Fehlschluss, der in der Identifikation des ‚Natürlichen' mit dem ‚Guten' und in der Übertragung des ‚ist' auf das ‚soll' besteht, wird eine Prinzipienfrage aufgeworfen, die in konzentrierter Form das Spannungsfeld umschreibt, das die *Utopia* in ihrem Kern verbindet: das Verhältnis von Wirklichkeit und Ideal.[79]

---

78 Plessner 2016, S. 27: „Der Radikalismus […], als Überzeugung von der grundsätzlichen Umwälzbarkeit der gesellschaftlichen, auf Gewalt basierten in gewaltlose, gemeinschaftliche Lebensbezüge verstanden, wird in dem Augenblick als Lüge entlarvt sein, in welchem zur Klarheit gediehen ist, daß auch das seelische Leben und Sein für sich genommen nur unter besonderen Kautelen den Werten der Direktheit Raum gewährt, im Übrigen aber die Methoden der Indirektheit, der Gewalt befolgen muß."

79 Der Gedanke des naturalistischen Fehlschlusses (*naturalistic fallacy*) über die Unzulässigkeit des Schließens auf das präskriptive ‚soll' auf Basis des deskriptiven ‚ist' geht ursprünglich auf David Hume zurück, wurde aber besonders von George Edward Moore (*Principia Ethica. Aus dem Englischen übersetzt und herausgegeben von Burkhard Wisser*. Reclam: Stuttgart 1970) am Beispiel des Utilitarismus von John Stuart Mill exemplifiziert. Dieser hatte ausgeführt, die Lust sei das einzige, was begehrenswert sei (desirable), woraufhin Moore kritisiert (1970, S. 111): „Nun dieser Fehlschluß ist in diesem Schritt so offenkundig, daß man sich wundert, wie Mill ihn übersehen konnte. Tatsache ist, daß ‚begehrenswert' (desirable) nicht ‚begehrbar' (able to be desired) bedeutet, so wie ‚sichtbar' (visible) ‚sehbar' (able to be seen) bedeutet. Begehrenswert meint einfach das, was begehrt werden *sollte* oder was begehrt zu werden *verdient*." Hervorhebungen im Original.

4. Fazit: System und Individuum

Hythlodaeus These, dass die Abschaffung von Privateigentum die Menschen daran hindert, die Kalkulation ihrer Interessen nach dem eigenen Standpunkt im sozialen und ökonomischen Vergleich auszurichten, motiviert maßgeblich den fiktionalen Reisebericht über die neue Insel Utopia. Ein von außen herbeigeführtes, institutionelles Gleichgewicht, so der Gedanke des Erzählers, soll dazu beitragen, dass sich dieses gleichgewichtige System von innen selbst erhält.

Die Argumentation unterliegt jedoch in der Folge nicht nur einem naturalistischen, sondern auch einem paradoxalen Zirkelschluss, den Clarence Miller vor einigen Jahren als Charakteristikum der *Utopia* beschrieben hat: „The institutions of the Utopians clearly cannot work unless pride is eliminated. And how is pride eliminated? By the institutions, especially the abolition of private property. The institutions cannot be introduced unless they have already been introduced."[80] Dieses Paradox betrifft nicht nur die Ebene der Institutionen und der übergeordneten Organisation, sondern auf einer basalen Ebene auch die Idee der Menschen, die eine solche Gemeinschaft idealerweise bevölkern. Das System gibt vor, die Interessen jedes Einzelnen gleich zu gewichten, setzt dabei aber den Inhalt der Interessen mit gesellschaftlich normierten Vorstellungen gleich. Wenn also ein bestimmtes Bild von der Natur des Menschen gezeichnet wird, das sich selbst durch die Fundierung in normativen Idealen unterminiert, ist darin das Paradox *Utopias* in seiner kleinsten Konstituente bereits angelegt. So gesehen macht Morus' ‚goldenes Büchlein'in konzentrierter Form deutlich, dass der ‚ideale' Mensch genau dort zu finden ist, wo sein Buch ihn verortet: im Nirgendwo.[81]

Zugleich zeigt sich darin ein interessantes Gedankenexperiment: Morus' ‚ökonomisierte' Welt ist durchaus eine des Gleichgewichtes, nur ist dieses nicht wirtschaftlicher, sondern sozialer Natur: Der entscheidende Punkt ist nicht der gerechte Ausgleich von Gütern und Interessen, sondern die

80 Miller 2014, S. xiv–xv.

81 Vgl. Herz 1993, S. 27: „Angesichts der durch die menschliche Natur vorgegebenen Bedingungen sind *nur* Institutionen in der Lage, als gesellschaftliche Korrektive zu wirken" (Hervorhebungen im Original).

Balance von In- und Output eines Systems sozialer Rollen und Erwartungen. Nicht nur in der performativen Abwertung des Goldes zeigt sich die diskursive Gewalt der utopischen ‚Gemeinschaft', vielmehr ist die gesamte soziale Ordnung auf einen ubiquitären Panoptismus ausgelegt, in dem sich die Bewohner zu jeder Stunde gegenseitig überwachen und auf die Einhaltung der allgemeinen gesellschaftlichen Übereinkünfte achten (146.15–21).[82] Die ökonomischen Motivationen treten hinter die sozialen zurück und aus der Erfüllung der normierten Erwartung resultiert eine Form der Balance, die der Soziologe Ralf Dahrendorf als Kernpunkt seiner Disziplin beschreibt: „Gleichgewicht heißt, daß jeder seine Rolle spielt".[83]

Im Unterschied zu den Verhältnissen in England im ersten Buch, in der viele der Probleme auf das Streben des *homo oeconomicus* nach relativem Wohlstand zurückgeführt werden, repräsentiert die Bevölkerung Utopias unter der Vorgabe desselben ökonomischen Kalküls den radikalen Gegenentwurf des *homo sociologicus*, der ganz in der Erfüllung der an ihn gestellten gesellschaftlichen Erwartungen aufgeht.[84] Eine Dialektik der beiden Positionen und deren Vermittlung liegt nicht zuletzt auch der abschließenden ambivalenten Stellungnahme des fiktiven ‚Morus' zwischen Wunsch und Hoffnung zugrunde (*optarim verius, quam sperarim*, 246,2). Zugespitzt formuliert stellt sich die Gleichgewichtswelt Utopias als nicht weniger extrem heraus als das englische Gegenbild und realisiert so letztlich das paradoxale Wesen der Utopie durch eine Balance, die zu Dis-Balance führt.

82 Als Panoptismus bezeichnet Foucault (*Überwachen und Strafen. Die Geburt des Gefängnisses*. Suhrkamp: Frankfurt a.M. 1994, S. 251–292) in Rückgriff auf Benthams idealisiertes Gefängnis (Panoptikum) Machtstrukturen, die das Alltagsleben der Menschen durch ständige Beobachtbarkeit in jedem Bereich des Lebens durchdringen.

83 Dahrendorf 1974, S. 249.

84 Zum Konzept des *homo sociologicus* vgl. Dahrendorf 2006, Opp 1986 u. Weise 1989. S. auch oben Anm. 4.

Kim Luther

Die Herrschaft der Balance
Ausgeglichenheit als Totalitarismus des Posthumanen in Nicola Barkers *H(A)PPY*

„When you rip the cloth off the umbrella, is the umbrella still an umbrella?"[1]

Auch wenn die bestimmenden Aspekte im Diskurs um unsere ökonomische Zukunft neue Technologien und der Einfluss von Künstlicher Intelligenz sind, bleibt die Rolle der Daten im klassischen Gespann der Produktionsfaktoren Arbeit und Kapital wissenschaftlich umstritten.

Thieß Petersen arbeitet unter Bezugnahme auf Henning Vöpel, den Direktor des Hamburgischen WeltWirtschaftsInstituts, drei Konsequenzen heraus, die die Erhebung von Daten auf den Stand eines Produktionsfaktors für das Wirtschaftssystem haben würde. So würden in diesem Fall aufgrund steigender Bedeutung von Daten im wirtschaftlichen Produktionsprozess (1) „nicht nur menschliche Arbeitskraft, sondern auch der Produktionsfaktor Kapital"[2] durch den Produktionsfaktor „Daten" ersetzt werden. Dies würde sodann (2) eine Neudefinition des Verhältnisses „von Kapital, Arbeit und Daten"[3] erforderlich machen, was sich mit Daten als drittem Produktionsfaktor in einer Veränderung der Preise für die jeweiligen Produktionsfaktoren niederschlagen würde – sinkende Preise für Arbeit und Kapital, steigende für Daten. Schon jetzt wird klar, auf die ein oder andere Weise wird in diesem Modell folglich jeder die veränderte Balance im Gefüge an Produktionsfaktoren im eigenen Leben fühlen und auch allgemein sind Entscheidungen zu treffen,

---

1 Auster, Paul: The New York Triology. faber and faber: London 1992, S. 77.
2 Petersen, Thieß: Diginomics verstehen. Ökonomie im Licht der Digitaliserung. UVK: München 2020, S. 133–136.
3 Ebd., S. 134.

wie eine Gesellschaft insbesondere mit Wertverlust von Arbeit umgehen möchte und welche Rolle dem Individuum dann zukommt. Es sind diese Fragen die Nicola Barker in „H(A)PPY durchspielen lässt: Was passiert wenn (3) „[a]us dem jetzt vorherrschenden Industriekapitalismus (...) somit perspektivisch ein Datenkapitalismus [wird], ‚in dem die Daten das Kapital beherrschen'".[4]

Wie also leben in einer Welt, die frei von Bedürfnissen ist, die durch den Kapitalismus zu befriedigen wären? Macht das *happy* oder brauchen wir den Ehrgeiz und die Strebsamkeit zu einem erfüllenden und (auch ökonomisch) lohnenswerten Leben?

Bedingungen des In-der-Weltseins schufen schon immer Literatur oder bildeten zumindest deren Erzählanlass. Mit Blick auf das Genre der utopischen und dystopischen Literatur lassen sich, wie Susanna Layh umfangreich aufgezeigt hat, zahlreiche auslösende historische Ereignisse finden, die als Brüche und Wendungen ursächlich für den Überhang der einen Gattung über die andere gesehen werden können.[5]

Hier zeigt Susanna Layh u.a. dass die negative Utopie, also literarische Entwürfe, die nicht länger einen erstrebenswerten gesellschaftlichen Zustand entwerfen, sondern solche, die sich kritisch mit den möglichen alternativen Formen des Lebens auseinandersetzen und dabei eine Gesellschaft vorstellen, die noch schlechter aufgestellt ist, als die außerfiktionale Realität, sich im 20. Jahrhundert zur bestimmenden Ausdrucksform aufschwingt. Lediglich in den 1960er und 1970er Jahren kann ein kurzfristiges Wiedererstarken der literarischen Utopie festgestellt werden, so Layh, die aber aufgrund „einer Ära der Stagnation und der Desillusionierung"[6] unterbrochen bzw. ganz aufgegeben wird.

Auf den ersten Blick scheint sich auch Nicola Barkers 2018 veröffentlichter Roman *H(A)PPY* nahtlos in die mannigfachen anti-utopischen, dystopischen oder gar apokalyptischen Werke dieser letzten Jahrzehnte einzureihen. Auch auf den zweiten Blick erfährt dieses Urteil keine

4 Petersen 2020, S. 134.

5 Layh, Susanna: Finstere neue Welten. Gattungsparadigmatische Transformationen der literarischen Utopie und Dystopie. Köngishausen und Neumann: Würzburg 2014.

6 Ebd., S. 218.

Revision: Mira A, die Protagonistin des Romans, lebt in einer Gesellschaft, die frei von Krankheit und Verfall ist, deren Bürger den Tod chemisch und technisch besiegt haben. Um diesen Zustand dauerhaft zu sichern, wird ein Überwachungsinstrument eingesetzt, das menschliche Schwächen, Unsicherheiten aber auch Leidenschaften erkennbar macht, aus- und bewertet und entsprechende Mittel zur chemischen Gegensteuerung bereithält.

Solche und ähnliche Narrative finden sich vielfach im Genre der Science-Fiction-Literatur, der apokalyptischen Literatur oder auch im Zukunftsroman dystopischer Art und zeigen sich nicht als wirkliches Novum. Doch ist bei aller Vielfalt an Definitionen – die oft Unklarheit schafft – dennoch wichtig festzulegen, von welchem Genre wir bei diesem Roman ausgehen müssen. Auch hier folgt dieses Kapitel den feingranularen Definitionsversuchen Susanna Layhs, die eine sinnvoll anwendbare Alternative zu der gängigen synonymen Verwendung der Begriffe von Anti-Utopie und Dystopie entwickelt. Bei Nicola Barkers *H(A)PPY*, so kann zuallererst schon festgestellt werden, handelt es sich keinesfalls um eine Utopie. Der vorgestellte Entwurf zeigt eine Protagonistin, die mit sich und dem System um das große Gut ihrer Individualität ringt und schlussendlich niedergerungen wird. Dieser Prozess wird von der Protagonistin als tief verstörend und schmerzvoll empfunden und da die Rezipienten, wie später noch zu thematisieren sein wird, auf die Perspektive der Protagonistin angewiesen sind, findet in dieser beobachtenden Verzweiflung eine Rezeptionslenkungsstrategie ihren Ausdruck. Verbinden wir in unserer außerliterarischen Wirklichkeit Balance oder den Zustand des in „Balance Seins“ als etwas vorteilhaftes, gar begehrenswertes, so zeigt Nicola Baker die dunklen Seiten des Ideals auf.

Es ist genau das jahrtausendealte Ideal der Balance, an dem die Protagonistin scheitert, da sie diese staatlich geforderte innere Ausgewogenheit aufgrund ihres künstlerischen Ausdrucksinteresses in der Musik nicht aufrechterhalten kann. Indem sie atonale Klassik als die Form für sich erkennt, in der sie ihrer Kreativität und auch ihrem Wesen am besten Ausdruck verleihen kann, wendet sie sich gegen das System, da hierin nicht nur ihr Interesse, sondern auch ihre Leidenschaft liegt. Mit der so ausgelösten Gefühlsregung verlässt sie das staatlich festgelegte Maß an innerer Ausgewogenheit und wird zwangsläufig zur Systemrebellin.[7]

---

7 Barker, Nicola: H(A)PPY. Wiliam Heinemann: London 2017, S. 78.

Gesamtgesellschaftlich ist jedoch die innerfiktionale Ordnung nicht zwingend als schlecht zu bewerten, hat sie es doch geschafft, wesentliche Herausforderungen des Daseins zu überwinden. Die sie umgebende Umwelt beschreibt die Protagonistin in einer aufbauenden Rückwendung[8] direkt zu Beginn der Erzählung wie folgt:

> After they banded together and saved us from the Floods and the Fires and the Plagues (im Originaltext rot eingefärbt) and the Death Cults (im Originaltext beide Wörter lila eingefärbt), the Altruistic Powers actively discouraged The Young from thinking about God (im Originaltext blau eingefärbt). We walked a new path. They called it The New Path. They called it A Path of Light. And The Young were taught various, simple techniques that allowed them to feel at peace. We moved Beyond God (im Originaltext blau eingefärbt). We were taught to celebrate This Moment. And our chemicals were balanced.[9]

Was sich also anfangs als Traum nach vorwärts liest, wird erst mit dem Fortschreiten der Handlung als tief unterdrückerisch erkennbar. In diesem Kapitel wird es also die Aufgabe sein, herauszuarbeiten, inwiefern das Ideal der inneren und äußeren Balance zum Träger dieses anti-utopischen Potenzials der Erzählung wird.

1. Das Ideal der Balance

Sich körperlich oder seelisch in einem ausgewogenen Zustand zu befinden, ist zu Beginn des 21. Jahrhunderts zu einem den Diskurs um den Menschen bestimmenden Trend geworden, der sich unter anderem in der Beliebtheit von entspannenden und ausgleichenden Sportarten wie Yoga oder auch der Betonung der Achtsamkeit ihren Niederschlag findet.

Im Roman jedoch wird die Balance als ein unbarmherziges, nicht zu erreichendes und gewalttätiges Ideal dargestellt. Exemplifiziert wird die Balance des Einzelnen an der Protagonistin Mira A, die auch die narrative Perspektive vorgibt. Es handelt sich hierbei um eine Erzählung in der Form eines Bewusstseinsstroms – in der englischen Literaturwissenschaft treffender als *Stream of Consciousness* bezeichnet–, ein innerer Monolog also, der scheinbar authentisch die Bewusstseinsabläufe der Protagonistin

---

8 Lämmert, Eberhard: Bauformen des Erzählens. Metzler: Stuttgart 2004, S. 100–138.

9 Barker 2017, S. 1. Schreibweise hier und im Weiteren zitiert wie im Original.

widerzuspiegeln scheint. *Stream of Consciousness* ist deswegen in diesem Fall treffender ausgedrückt, da die Erzählung genau das abzubilden scheint: Den Strom des Bewusstseins und der Gemütsregungen der Protagonistin und das sogar in der Form und Farbe des Instruments, des Graphen, der genau diese Regungen überwachen soll.

Deutlich wird dies auch dadurch, dass die anfangs noch recht kohärenten Gedankenelemente im Verlauf der Erzählung immer weiter in Auflösung begriffen sind – parallel zur inneren Auflösung und des Verlusts der Balance der Protagonistin. *Stream of Consciousness* erscheint hier auch deswegen passender, wie im Weiteren noch deutlich werden wird, da der Text durch seine Beschaffenheit nahelegt, möglicherweise nur das Abbild eines Aufzeichnungsprozesses der Bewusstseinsströme der Protagonistin durch ein technisches Instrument zu sein. Diese Aufzeichnung wird handlungsintern von der Protagonistin reflektiert und die Gesamtheit aller Aufzeichnungen als „Information Stream" bezeichnet: „If my character becomes too significant and the narrative becomes permanently embedded on The Information Stream then The System will become polluted. You must stop thinking about me, Mira A. You must push these thoughts away. You must tear down The Cathedral."[10]

Die vorgestellte erzählte Gegenwart ist eine neue Welt, die als Kontrastfolie dient und eine Vergangenheit vorführt, die unserer derzeitigen textexternen Gegenwart gleicht. Alle Probleme der Vergangenheit, also unserer täglichen Lebensrealität, scheinen in der neuen Welt [the New Path] jedoch gelöst zu sein: Eine vormals von Naturkatastrophen und menschlichen Abgründen gezeichnete (Um-)Welt beschreitet einen neuen Weg, der losgelöst von jeglicher Religion oder Glauben an Gott allen Mitgliedern Frieden bringt. Gekennzeichnet ist die so entstandene Gesellschaft wesentlich durch eine innere, humorale Balance. Da insbesondere die Protagonistin Mira A mit ihrer inneren Ausgewogenheit ringt, bewegt sich auch das Narrativ entlang dieser humoralen Balance-Brüche, die gleichzeitig die Auflehnung gegen das System bedeuten. Der innere Zustand wird vom staatlich installierten Graphen aufgezeichnet und die ständige Bezugnahme der Erzählung auf die Färbung des Graphen – und damit

10 Ebd., S. 47.

auf das Maß der inneren Ausgewogenheit – destilliert für den Leser eine Krisensituation, die zum Zweck hat, das dogmatische System zu reflektieren. Dabei tritt deutlich zutage, dass der ausgewogene Zustand eines jeden Bürgers, das politische und gesellschaftliche Wohl sichert und damit den ökonomischen Wohlstand der gesamten Bevölkerung gewährleistet, denn aus innerer Ausgewogenheit heraus erwächst kein individueller Ehrgeiz, mehr zu erreichen oder zu besitzen als die anderen Mitglieder der Gesellschaft, anderen zu schaden oder Mitmenschen oder die Umwelt für den persönlichen und eigenen Erfolg auszubeuten.

Durch die Betonung des gesundheitlichen Zustands und die enorme Bedeutung, die die kontinuierliche Überprüfung der chemischen Zusammensetzung der einzelnen Körper sowie des Gesellschaftskörpers im Ganzen im Romangeschehen erlangt, lässt sich eine deutliche Nähe zur Idee der Humorallehre Galens oder auch der des Hippocrates erkennen. Bei Galen sowie bei Hippocrates wird der menschliche Körper – aber auch individuelles Verhalten – in Abhängigkeit von den vier Körpersäften definiert. Diese müssen in einem ausgewogenen Verhältnis zueinanderstehen. Ist einer der vier Säfte (Blut, gelbe Galle, schwarze Galle, Schleim) überrepräsentiert, so findet dies Ausdruck im Verhalten eines Menschen oder beschreibt gar einen Krankheitszustand. Der Historiker Joel Kaye zeigt in seinen Studien zur Entwicklung des Konzepts der Balance speziell für die Periode des Mittelalters die Ursprünge der Humoralpathologie auf und verweist auf Galens Definition eines gesunden Körpers:

> The sign of the healthiest bodies is that they are equally [proportionally] balanced in their members [...] with respect to the four elemental qualities: heat, cold, dryness, and wetness; and that there is an equality in the organic members [...] in terms of their quantity, construction, number, and the form of their component parts, both with respect to their instrumental functions and their relationship to the whole.[11]

Gesundheit, so wird deutlich, bildet sich aus zwei Komponenten: einer inneren Ausgewogenheit und ihrer Bezugnahme auf die den Körper

---

11 Kaye, Joel: A History of Balance 1250–1375. The Emergence of a New Model of Equilibrium and its Impact on Thought. Cambridge University Press: Cambridge 2014, S. 151.

umgebenden Umwelt. Auch die Bestandteile der Umwelt müssen in einem ausgewogenen Verhältnis zueinanderstehen, um eine innere, individuelle Balance des Menschen zu komplementieren. Gleichermaßen zeigt das der Roman:

> The chemicals enter us in a multitude of ways. Our environments are sensitive. Our environments are cooperative. Everything is Whole. We are total, universal, all-integrated. We are in Balance. We work (but never struggle) to stay In Balance. And everything functions perfectly. So we no longer have to worry.[12]

Der Mensch dieser neuen Gesellschaft lebt in einem Netz aus Verbindungen zu anderen Menschen und ihn umgebenden Objekten. Auch Gefühle, die im Zusammenspiel unterschiedlicher Menschen entstehen, wie Ehrgeiz, Neid oder Mitleid werden reguliert und ihre Ausprägung oder auch Entfaltung unterdrückt. Problematisch daran ist aber, so wird im Roman klar, dass die Nivellierung von Emotionen unmöglich ist, was sich auch im antiken Konzept schon offenbart, denn, so arbeitet Kaye heraus: „Perfect health, in Galenic theory, exists as a theoretical abstraction. [...] The multiform ever-transient body can approach or depart from, but never arrive at, a singular balancing *point* designated as perfect health."[13] Festzuhalten ist also, dass die im Roman geforderte Balance, die sich auf den inneren Zustand des Individuums erstreckt und ein gleiches Maß an Emotionen für alle Menschen vorgibt, gemäß Galen, nicht zu erreichen ist. Weil es unmöglich erscheint, dass der festgelegte perfekte Status erreicht werden kann, weil er perfekt in der Theorie verbleibt, kann das Vorgestellte nicht zum gesellschaftlichen Erfolg führen, so ließe sich argumentieren.

> By means of the non-naturals, Galen posited an interactive relationship between interior and exterior, between the body's contents and its ever-changing contexts. Changes in the external environment were directly to the body's interior *complexions* – the proportional balance of the four qualities that regulates the health of each part of the body as well as the body as a whole.[14]

---

12 Barker 2017, S. 2.
13 Kaye 2014, S. 152. Hervorhebung im Original.
14 Ebd., S. 155.

Die Protagonistin und die sie umgebende Gesellschaft müssen zwar nach einem perfekten Zustand streben, jedoch umfasst der perfekt ausgewogene Zustand genau das, was Galen beschreibt: Auch die Umwelt ist hier, wie oben gezeigt, in ihrer Wirkungsmacht aufgerufen und für das Wohlbefinden des Einzelnen sowie des Ganzen essenziell.

2. Individualität und Persönlichkeit als Bedrohung des Systems

Doch Zugunsten einer Balance, die sich in der sozialen und wirtschaftlichen Gleichheit und Gerechtigkeit äußert, wird die Individualität jedes Einzelnen geopfert:

> Because Now all creatures are equal. That is our Philosophy. No one may be raised above. So The Sensor – because we want it to, because we need it to, because we ask it to – helpfully breaks these once-lauded individuals down into their component parts. It deconstructs them. [...] They are not credited with names, because names generate a kind of tiny, psychological implosion, a connection, a dangerous synergy that bounces between the letters and the information and the image and the meaning.[15]

Der hier beschriebene „Sensor", also die technische Instanz, die den Grad der inneren und äußeren Ausgewogenheit benennt, wird zum bestimmenden Faktor der Dekonstruktion des Einzelnen, indem er misst und meldet, was der allgemeinen Perfektion entspricht oder wahlweise entgegensteht. Und es sind damit zwei Umstände – die Vernachlässigung des Einzelnen und seiner individuellen charakterlichen Beschaffenheit sowie die Starrheit der Balance – die, nach Galen, den Misserfolg einer so angelegten Gesellschaft begründen, denn „[t]he individual body is always becoming, always in motion either toward or away from balance/health on numerous levels, and it is the individual body which must be cured."[16]

Evident wird das grundsätzliche Problem eines wie im Roman aufgestellten Systementwurfs: Körper sind dynamische Einheiten, die alle eine eigene und einzigartige Balance anstreben müssen. *Die* Balance als Universalwert gibt es nicht – weder in Bezug auf den menschlichen noch auf den gesellschaftlichen Körper. Festgehalten werden muss folglich: Die

---

15 Barker 2017, S. 8.
16 Kaye 2014, S. 153.

Gleichheit aller kostet die Individualität des Einzelnen, gerade weil die Festlegung der Balance auf einen definierten Wert das sonst dynamische System aus Körper und Umwelt zum Erstarren bringt.

Außerfiktional wird diese Beobachtung allein durch die Entwicklung der Vier-Säftelehre gestützt. In Bezug auf die Charakterlehre stellt der Historiker Harald Derschka fest, dass was noch in Galens Konzeption lediglich als das Verhalten beeinflussend angesehen wurde, ab dem Jahr 1100 anders beurteilt wird. Was einmal eine bestimmte Leidenschaft oder Persönlichkeit beschrieb, entwickelt sich später hin zu einer Persönlichkeitstheorie.

3. Außerfiktionale Ohnmacht – die Rolle der Intertextualität

Wie im Weiteren zu zeigen sein wird, handelt es sich bei dem vorliegenden Roman nicht nur um eine Kritik bzw. Reflexion einer posthumanen Gesellschaft, die droht, durch technische Mittel der Überwachung ins Unmenschliche abzugleiten, sondern um einen systemkritischen Blick auf die Politik Paraguays. Dies lässt sich feststellen ganz ohne eine „Überdeutung" des Werks zu leisten, wie es mit Orwells *1984* geschah, was seit seiner Veröffentlichung 1949 zahlreiche (Um-)Deutungen erfuhr und „in hohem Maß von unterschiedlichen Lagern ideologisch vereinnahmt"[17] wurde.

Zunächst wird der Leser durch die Danksagung am Ende des Buches auf den Verweis aufmerksam, wenn es heißt „Special thanks to [...] Peter Lambert and Andrew Nickson for their seminal, scholarly and utterly engrossing *Paraguay Reader* (Duke University Press Books, 2012)."[18] Dem mit der Geschichte und Politik Paraguays nicht vertrauten Leser stellt sich zunächst die Frage, in welcher Verbindung ein Werk, dass sich vornehmlich als Kritik einer posthumanen Gesellschaft präsentiert, mit der Geschichte dieses doch im globalen politischen Kontext noch nicht bedeutend in Erscheinung getretenen südamerikanischen Landes steht. Welche Bezüge lassen sich im Roman finden, die einen Mehrwert zur Deutung

17 Schölderle, Thomas: Geschichte der Utopie. Böhlau Verlag: Köln Weimar Wien 2017, S. 131.

18 Barker 2017, S. 285.

anbieten? Verstecken sich hinter dem Ideal der Balance möglicherweise nicht eingelöste Wahlversprechen oder vorgetäuschter Altruismus?

> We were perfected. We were given just enough choices to make us feel as though we were free, but not so many that our minds (our still-fragile intellects) became overloaded. Doubt ended. The Information Stream was purified. [...] We do not crave more than enough. We are content. We are In Balance. And we work hard – but never too hard – to stay In Balance.[19]

Leidenschaften, Begehren, Ehrgeiz oder Neid werden innerhalb des installierten altruistisch anmutenden Systems überwacht und zum Wohle Aller kontrolliert. Auffällig ist hier die Formulierung „to make us feel as though we were free" – um uns das Gefühl zu geben, wir wären frei – die grammatisch auf einen unwahren oder unrealistischen Umstand hinweist. Es handelt sich also um das Vortäuschen einer Freiheit in einem Umfeld voller Kontrolle.

> Sometimes – while we sleep, as we gently dream – they remind us of how it used to be so that we appreciate how good things are now. Now that we are Free From Desire. And we are H(A)PPY to be reminded of this because it reinforces our sense of peacefulness, of calm, of conformity, of equilibrium.[20]

Selbst Eingriffe in die private und intime Situation des Schlafes und die damit verbundene Kontrolle der aufkommenden Traumbilder können durch das auf das Wohl aller ausgerichtete Ziel einer ausgewogenen Gesellschaft gerechtfertigt werden. Der Umstand, dass das Recht an den Informationen am eigenen Körper aufgelöst ist, wird im Roman nicht kritisch kommentiert, obwohl es doch eine der drängendsten Fragen am Beginn des 21. Jahrhunderts ist: Wie können persönliche Daten vor dem Zugriff und der Analyse Dritter gesichert werden. Im Zusammenhang mit Daten zur Gesundheit ist dies noch um ein Vielfaches umstrittener, insbesondere da der Einsatz von Monitoring-Instrumenten bei Menschen mit speziellen Krankheitsgeschichten von größtem Vorteil sein kann, wie auch der K.I.-Forscher Michael Wooldridge in *The Road to Conscious Machines. The Story of AI* betont:

> It is important not to underestimate the potential of this technology. *For the first times ever, our state of health can be monitored on a continual basis.* At the

19 Ebd., S. 1–2.
20 Ebd., S. 2–3.

> most basic level, our AI-based healthcare systems can provide impartial advice on managing our health. This is, in some sense, what devices like Fitbit already do – they monitor our activity, and can also set us targets (...).[21]

Die im Roman vorgestellte politische Situation scheint aber ganz anderer Art zu sein und diese Bedenken längst vertrieben oder besiegt zu haben. Die Frage danach, ob es vertretbar ist, Gesundheitsdaten auch z.B. Krankenkassen zur Verfügung zu stellen auch auf die Gefahr hin, dass diese ein dynamisches Preismodell entwickeln, wird nicht thematisiert. Maßgeblich sind Daten zur Balance, nicht Fragen der Grundrechte.

Ebenfalls beachtenswert ist in diesem Textauszug, dass sich das neu generierte System allgemein unter Rechtfertigungsdruck sieht und die eigene Legitimation nur durch den bildlichen Aufruf einer als grausig empfundenen vergangenen (und eben überwundenen) Lebensrealität herbeiführen muss. Konträr zu dem, was gemeinhin als Nostalgie betrachtet wird, nämlich das Lob des Vergangenen, zeigt der Rückblick auf die Vergangenheit im Roman keine positiven Gegebenheiten, sondern die Bedrohung der Grundbedingungen des Menschseins. Der Leitspruch, so könnte man sagen, ist in Barkers Roman nicht länger „früher war alles besser", sondern „früher war alles schlechter". Insbesondere in Zeiten des Wahlkampfs, funktioniert Politik nach dem Prinzip der Diskreditierung anderer Parteien und Modelle, vor allem dann, wenn eine regierende Partei abgelöst werden soll, ist dies eine altbekannte Persuasionsstrategie. Mit Bezug auf den Text und damit auf Paraguay muss dazu noch ein weiterer Aspekt politischen Handelns näher betrachtet werden: die erlittene Ungerechtigkeit durch staatliche Regelungen oder Entscheidungen sowie die damit einhergehende Propaganda. Dazu sollen zwei Beispiele aus dem Text dienen.

Kapitel 13 im Roman thematisiert unter dem Titel *The Flood* die zunehmende Entfremdung der Protagonistin von dem System, das sie in mentaler und medizinischer Gefangenschaft hält. Mira A ist sich unsicher, wer das Narrativ kontrolliert, ob sie noch länger selbst die Erzählerin ist. Was das Herannahen der Wassermassen der Flut beschreiben soll, liest sich wie eine äußere und innere Rebellion gegen das System und seine installierten

---

21 Wooldridge, Michael: The Road to Conscious Machines. The Story of AI. Pelican Books: London 2020, S. 218.

Werte, wenn es heißt: „And these words…they are not mine, surely? Because I am resisting them, I am fighting them, even as they curl out of my mind, my mouth, even as they slip from my tongue, even as they hang in the air around me like a heavy pall of cigar smoke."[22] Mira A wehrt sich gegen die Worte, die gleich darauf folgen: „Health minister Antonio Barrios said that, even in this case, an abortion would be a violation of Paraguayan law".[23] Den Referenzpunkt hierzu bietet zweifellos ein Fall eines zehnjährigen paraguayischen Mädchens aus dem Jahr 2015, die nachweislich aufgrund der Vergewaltigung ihres Stiefvaters schwanger wurde. Der Versuch der Mutter, einen Schwangerschaftsabbruch für die bereits im zwanzigsten Monat schwangere Tochter zu erwirken, blieb erfolglos, da das sehr katholische Paraguay Abtreibung gesetzlich verbietet. Da dieser Fall internationale Aufmerksamkeit erregte, sah sich auch der Gesundheitsminister Paraguays, Antonio Barrios, gezwungen, sich zu dem Fall zu äußern und bekräftigte ein weiteres Mal, dass ein Schwangerschaftsabbruch keinesfalls akzeptabel wäre, da es dem zehnjährigen Mädchen gut gehe und die Schwangerschaft ohne Probleme verlaufe.[24] Aufgegriffen wird im Roman jedoch kein besonders brutaler Einzelfall. Dieses Schicksal einer sehr frühen Schwangerschaft durch Vergewaltigung teilten in Paraguay, gemäß Daten der Gesundheitsministeriums, 889 Mädchen im Alter zwischen 10 und 15 allein im Jahr 2015.[25]

Das Narrativ der Protagonistin und damit der Erzählerin wird zahlreiche Male unterbrochen durch typologische Variationen, Veränderungen der Farbe einzelner Wörter oder Absätze, Durchstreichungen von Sätzen und nicht zuletzt auch thematisch in einem ständigen Wechsel der Themen. Besonders an dieser Stelle des Textes jedoch ist es, dass die Erzählerin diesen Bruch und ihre Macht – vor allem aber ihre Ohnmacht – über die Erzählung reflektiert, stilistisch bricht und damit thematisiert. Diese

---

22 Barker 2017, S. 153–154.

23 Ebd., S. 154 u.198.

24 Romo, Rafael: „11-year-old rape victim denied abortion gives birth in Paraguay," CNN, 14.08.2015. Zuletzt abgerufen 14.9.2019. <www.edition.cnn.com/2015/08/13/americas/paraguay-young-rape-victim-gives-birth/.>.

25 „Paraguayan rape victim, 14, dies giving birth," The Guardian. Zuletzt abgerufen 14.9.2019. <https://www.theguardian.com/global-development/2018/mar/22/paraguayan-rape-victim-14-dies-giving-birth>.

ab diesem Zeitpunkt in der Erzählung auftretenden Störungen, die sich teils sehr explizit auf politische oder gesellschaftliche Ereignisse Paraguays beziehen und, wie in diesem Fall, auch einen deutlichen sprachlichen Bruch vom Roman hinzu einer journalistischen Meldung darstellen, lassen sich als Demonstration der Ohnmacht des Einzelnen sowie der Masse gegen ein politisches und ökonomisches System deuten, das unter dem Deckmantel religiöser Lebensbewahrung gegen die Interessen eines Kindes, das Leid erfahren hat, agiert. Sowohl die Erzählerin als auch der Leser werden an diesen Stellen immer plötzlich aus dem Verlauf gerissen und mit der Thematik eines ungerecht agierenden Staates konfrontiert. Die Repetition des identischen Textelements später im Text unterstreicht die Bedeutung des Falls zusätzlich. Ähnlich wird mit anderen historischen Begebenheiten verfahren, die im Text aufgerufen werden. Sie alle zeugen überwiegend von der Ohnmacht der Bürger Paraguays, die gegen das politische System und der an ihnen verübten Ungerechtigkeit machtlos sind.

In diesem Kontext wird auch der Fall der Guarani thematisiert:

> … Many Paraguayans may passionately believe themselves to be part of a Guarani ‚race', but genetically any ‚Guarani blood' is likely to be very thinly dispersed in modern Paraguay. As Bartomeu Meliá has argued, ‚Given the historic and social reality of Paraguay and the fusion of such diverse ethnic elements – above all European – the concept of race has no meaning at all. The so-called Guaraní race is no way a defining element of our national being…'…There are perhaps five factors that have influenced Paraguay's historical development and identity through shared national experience: isolation, war, land, immigration, and language.[26]

Zunächst muss angemerkt werden, dass sich Bartomeu Meliás Aussage genauso zitiert findet im *Paraguay Reader*[27], auf den sich die Autorin in der Danksagung bezieht. Hinzukommt dass insbesondere die letzten Beiträge des Readers auf die sprachliche Situation Paraguays Bezug nehmen und herausarbeiten, wie es um die traditionsreiche Sprache im aktuellen Paraguay bestellt ist: „In 1870, at the end of the contemptible imperialist genocide, the assault on our national identity and on the Guaraní language,

26 Barker 2017, S. 199.

27 Vera, Helio: „With the Help of Dona Petrona. We Make an Incursion into Folk Cuisine". In: Lambert, Peter / Nickson, Andrew (Hrsg.): The Paraguay Reader. History, Culture, Politics. Duke University Press: London 2013, S. 221.

basis of social cohesion and popular resistance in Paraguay, began."[28] Wie Gómez fortfährt, so wurde die eng mit der kulturellen Identität der Paraguayer verknüpfte Sprache, die sowohl im sozialen Raum wie auch in offiziellen Kontexten benutzt wurde, nach dem Krieg bis heute verboten, obwohl das nun zur Amtssprache erhobene Spanisch von der Bevölkerung in maßgeblichen Teilen nicht beherrscht wird. Dieser Umstand ist ursächlich dafür, dass Menschen, die Spanisch nicht ausreichend beherrschen, von politischen Prozessen ausgeschlossen bleiben. Dass sich der Roman inhaltlich mit diesem besonderen Fall vernichteter kultureller Identität beschäftigt, kann also als weiteres Indiz und Demonstration individueller, aber weitgreifender Ohnmacht gelesen werden. Dass es sich mit Guaraní um eine Sprache handelt, die bis heute vor allem Verwendung in Prosa, Lyrik aber auch Musik findet, scheint dabei in besonderem Maße auf die Eigenschaft des Textes als Kunstprodukt hinzudeuten und noch einmal die von der Protagonistin empfundene Identität als Musikerin zu bestätigen. Die Vergangenheit zeigt sich historisch wie literarisch im Roman als von Krieg, Elend und Tod aber auch kultureller Diversität gezeichnet, aus der der einzige Weg heraus darin bestand, die Balance zur bestimmenden Größe zu erheben und so das individuelle (Kunst-)Erleben zu unterdrücken.

4. Gewalt der Balance

In Rahmen seiner Beschäftigung mit dem Konzept der Balance fragt Joel Kaye „is balance a universal and unchanging state or ideal, or can it assume different forms from culture to culture and even within the same culture?"[29] Der Roman entwickelt hier eine interessante Aufstellung: Nicht die Auffassung von dem, was Balance in ihrer Essenz auszumachen scheint ändert sich von Kultur zu Kultur oder über Epochen hinweg. Die vorgestellte Balance beinhaltet alles, was Menschen und Gesellschaften versuchen zu erreichen: ein ausgeglichenes Wesen, ausgewogene Ernährung,

28 Gomez, Miguel Angel Veron: „The Bicentenary of Paraguayan Independence and the Guarani Language". In: Lambert, Peter / Nickson, Andrew (Hrsg.): The Paraguay Reader. History, Culture, Politics. Duke University Press: London 2013, S. 405.

29 Kaye 2014, S. 1.

ausbalancierte Farben der Umgebung und der Kleidung, ein politisches System das keine Minderheiten mehr kennt, sondern ausgewogen alle Interessen vertreten kann, ein gesundes Verhältnis von Arbeit und Freizeit, von Motivation und Ehrgeiz bis hin zur individuellen hormonellen Ausgewogenheit. Die Auffassung davon, was wir als ausgewogen wahrnehmen, hat eine erstaunliche Konstanz wie Kaye aufzeigt. Hingegen ist im Roman die Position des Menschen, des Individuums aber auch der Gesellschaft zur Ausgewogenheit entscheidend. Ändert ein kulturelles System seinen Standpunkt zur Balance und – wie es im vorliegenden literarischen Beispiel der Fall ist – leitet davon den Maßstab für ein glückliches und erfülltes Leben ab, welcher dann in der Form eines Sets an Werten und Normen die Gesellschaft beherrscht, wird die Balance zu einem Instrument der Macht unter dem Deckmantel eines begehrenswerten Ideals. Vor allem im Kontext des Romans ist es besonders verwunderlich, dass das Konzept der Balance als *guiding principle* auftritt, da es eine Gesellschaft leitet, die noch nicht einmal begehren darf – auch keinen Idealzustand –, betrachtete man es streng. Was über Jahrhunderte hinweg also als das Ideal des einzelnen Organismus aber auch der Gesellschaft galt, wird nun zum Credo einer ganzen Gesellschaft und damit zum Korsett für die angelegte Zukunft.

Das Konzept der Balance wird hier ad absurdum geführt. Was eigentlich tief mit unserem Gefühl verbunden ist, sowohl physisch als auch ethisch-moralisch, wird im Roman gegen jeden Einzelnen gewendet. Und das gelingt deswegen so erfolgreich, sowohl romanintern als auch für den Leser, weil jeder ein Gefühl für Balance und was sie bedeutet hat. „The sense we have of its presence or absence in large measure determines our judgment of what is right or wrong, ordered or disordered, healthful or dangerous."[30]

Das innere Gefühl, was sich innerhalb und was sich außerhalb einer Balance bewegt, ist immer auch damit verknüpft, was Menschen als (moralisch) richtig oder falsch wahrnehmen – wobei ‚richtig' hier immer den Zustand *in Balance* meint. Der Roman präsentiert daher ein System, das komplett auf dem am größtmöglichen Richtigen aufbaut und das auch als politisches System etabliert, dessen Regierung schlicht durch das Messen

30 Ebd., S. 2.

der Balance durch den Graphen regiert. Es ist an dieser Stelle, an der sich auch zeigt, dass das jahrhundertealte Konzept der *Balance of Power* sich in eine *Power of Balance* verkehrt.

5. Balance of Power oder Power of Balance?

Die Basis eines politischen Systems, in dem überhaupt eine *Balance of Power* auftreten kann, so Michael Sheehan, ist das Bestehen eines politischen Systems, das internationale Reichweite bzw. Aktionsspielräume hat und dadurch konstant miteinander in Kommunikationsprozesse treten muss, um diese zu verhandeln.[31] In seiner Beschreibung wird aber auch evident, dass diese Ausgeglichenheit der politischen Kräfte nicht gegeben ist, sondern aktiv hergestellt werden muss:

> In order to maintain their interdependence, states will rely on diplomacy supported by military power – primarily their own, but supplemented by that of allies if necessary. As each state moves to match the efforts of its rivals a balance of power will emerge which sustains a basically stable system. Power must be countered by matching power.[32]

Ist Balance also ein Aushandlungsprozess, eine Situation, in der sich die einzelnen Parteien begegnen, gegenseitig beobachten, Unterschiede herausarbeiten, um diese dann durch eigene Mühen auszugleichen? Es läge nahe, die so etablierte Form des Ausgleichens oder etwa den daraus resultierenden Zustand als *Balance of Power* zu bezeichnen. Die Begriffsgeschichte hingegen antwortet anders. Wie Richard Little und Michael Sheehan aber auch zahlreiche andere Politikwissenschaftler gezeigt haben, handelt es sich bei der *Balance of Power* um eines der traditionsreichsten, mächtigsten und umstrittensten theoretischen Konzepte internationaler Beziehungen.[33] Es lassen sich über 500 Jahre alte Versuche finden, politische Systeme mithilfe dieses Konzepts zu erklären.[34] In der Aufarbeitung dieser ergibt sich jedoch ein komplexeres Bild, als gemeinhin angenommen, denn

---

31 Sheehan, Michael: The Balance of Power. History and Theory. Routledge: New York 2007, S. 11.

32 Ebd., S. 11.

33 Little, Richard: The Balance of Power in International Relations. Metaphors, Myths and Models. Cambridge University Press: Cambridge 2007, S. 3.

34 Sheehan 2007, S. x-3

die *Balance of Power* hat die unterschiedlichsten Deutungen und Prägungen erfahren, nicht zuletzt weil es sich dabei um eine Metapher handelt. Martin Wight arbeitet neun verschiedene Formen des Konzepts heraus.

Allein die Auswahl von vier dieser neun offenbart die Ambiguität: „(1) An even distribution of power. (...) (3) The existing distribution of power. Hence, any possible distribution of power. (...) (8) Predominance. (9) An inherent tendency of international politics to produce an even distribution of power."[35] Die *Balance of Power* kann sowohl die existierende politische Situation beschreiben, die sich vollkommen ausgewogen darstellt, sie kann aber zugleich auch eine Vorherrschaft eines dieser politischen Kräfte bedeuten, also ein unausgeglichenes Mächte- und Kräfteverhältnis beschreiben. Balance meint folglich auch irgendeine Art der Gewogenheit, unabhängig davon, ob diese zwei gleichwertige Teile oder Partner beinhaltet.

Immer bedarf es der Aushandlung. Sheehan bemerkt, „it should be noted, that system is not the same thing as society. (...) They have argued that instead that there is such a thing as 'international society', that states and governments are bound by rules and therefore form a community with one another, a society."[36]

Die Idee der Balance, die die wirtschaftliche Ausrichtung der Gesellschaft und Politik in all ihren Facetten und ihre Bürger in ihrer Individualität tief zu durchziehen scheint, wird zum Träger der Narration, was sich am Ende als Inbegriff dieser Balance auch offenbart, wenn erkennbar wird, dass es sich bei der erzählenden Instanz nicht länger um eine als menschlich angenommene Figur handelt, sondern um das Ergebnis eines technischen Aufzeichnungsprozesses handeln könnte.

6. Text als Körper – Körper als Text

In Ihrem für die Forschung zum Posthumanen mittlerweile zum Standardwerk gewordenen Buch *How we became Posthuman?* entwirft Katherine Hayles einige Fragen, die sich im Angesicht einer posthumanen

35 Wight, Martin: „The Balance of Power". In: Butterfield, Herbert / Wight, Martin (Hrsg.): Diplomatic Investigations. Essays in the Theory of International Politics. Allen and Unwin: London 1966, S. 151.

36 Sheehan 2007, S. 11.

Zukunft – oder, so ihre Behauptung, bereits zur Gegenwart gewordenen – Gesellschaft auftun.

> [W]hen the human meets the posthuman, will the encounter be for better or for worse? Will the posthuman preserve what we continue to value in the liberal subject? Will free will and individual agency still be possible in a posthuman future? Will we be able to recognize ourselves after the change? Will there still be a self to recognize and be recognized?[37]

Im Angesicht einer weitestgehend unbekannten Zukunft, muten diese Fragen nach der Entwicklung unseres Selbst und der Möglichkeit zur Reflexion der eigenen Situation in der Zukunft als durchaus gerechtfertigt an. Innerfiktional müssen wir in *H(A)PPY* jedoch feststellen, dass das freie Subjekt mit freiem Willen, nach dem Hayles fragt, so nicht länger zu existieren scheint, sondern die Zwänge einer etablierten Balance zwanghaft durchgesetzt wurden. Auch die individuelle Handlungsmacht wird durch dieses System wirkungsvoll unterdrückt. Einzig das Narrativ, das durchaus als Reflexionsprozess des Individuums verstanden werden kann, wehrt sich gegen die Situation.

> It makes us H(A)PPY...
> H(A)PPY
> H(A)PPY
> But why is that happening?
> H(A)PPY
> Why? Why does the A persist on disambiguating? On parenthesising?[38]

Es gibt hier noch ein Selbst, das im Reflektieren sich erkennt und – nimmt man die entstandene Erzählung als Darstellung des Graphen von Mira A – so auch ein Selbst, dass sogar in seinen Gedankenströmen erkannt und offenbar wird. Der Text offenbart sich als hochkomplexes Gewerk aus Wörtern mit unterschiedlichen Typographien und Einfärbungen, deren

37 Hayles, Katherine: How We Became Posthuman? Virtual Bodies in Cybernetics, Literature, and Informatics. University of Chicago Press: Chicago 2002, S. 281.

38 Barker 2017, S. 4. Wie im zitierten Auszug zu sehen ist, verlässt der Text auch die gewöhnlichen Darstellungsformen eines kohärenten Textgefüges. Anzumerken ist hier noch, dass im Buch das ‚A' zusätzlich rot eingefärbt ist. Zitiert wie im Original.

Auffälligkeit im Text thematisiert wird, ohne dass daraus deren Bedeutung für den Leser aber als eindeutig hervorginge. Lediglich einzelne Teile lassen sich entschlüsseln. Wie sich gezeigt hat, erfüllt das Narrativ mehrere Funktionen: es präsentiert, es repräsentiert, es wehrt sich, es ist politisch. Gegeiselt durch das Ideal der Balance, wird Mira As Körper und der aller anderen Bürger der vorgestellten Welt zu einem Träger politischer und wirtschaftlicher Interessen: Die Ausgewogenheit sichert den Frieden und den Wohlstand aller, weil keiner nach mehr strebt und damit andere zu verdrängen sucht. Ausgewogenheit so gedacht bedeutet eine Form des Gleichmachens und Gleichschaltens und verknüpft den individuellen Körper mit dem des Staates.

Doch auch der Text als solcher und das Buch werden durch die zahlreichen Hervorhebungen und farblichen Betonungen sowie die offensichtlichen Brüche in ihrer Körperlichkeit nutzbar gemacht. Wie bereits oben erwähnt, so verlässt der Textkörper mit dem Fortschreiten des Romans zunehmend die gewohnte Form einer äußerlich wie innerlich kohärenten Erzählung. Im selben Maße verlässt die Gedankenwelt der Protagonistin ihre – auch politische – Konformität und tritt in Rebellion. Hieran schließt sich die Deutung, dass es sich bei Mira A gar nicht um die Erzählerin im strengen Sinne handelt, sondern der Text mit all seinen Auffälligkeiten die Darstellung des Graphen ist, der Text also lediglich Repräsentation eines Gedankenstroms der Protagonistin. Ganz im Hayle'schen Sinne hat hier die Information seine Körperlichkeit verlassen. Einen Körper als Mittel zum Ausdruck und Übermittlung von Inhalt oder als Ausgangspunkt für Kommunikation erscheint im Roman nicht länger notwendig, weißt jedoch ein weiteres Mal auf den posthumanen Charakter hin. „The principle assumption made in Artificial Life is that the 'logical form' of an organism can be separated from its material basis of construction, and that 'aliveness' will be found to be a property of the former, not the latter."[39] Katherine Hayles unterstellt Christopher Langtons Behauptung zwar einen Hang zur Tautologie, weil sie hierin das Bestreben vermutet, eben dieser materiellen Basis Beseeltheit zuzusprechen, sodass schlussendlich auch Computerprogramme als lebendig gelten könnten, obwohl sie lediglich

39 Langton, Christopher: Artifical Life. An Overview. MIT Press: Cambridge 2000, S. 1.

Information beherbergen, den ursprünglichen fleischlichen Körper dafür aber nicht länger benötigen. Hierdurch wird neben der Balance ein weiterer Allgemeinplatz der westlichen Philosophie und Kulturwissenschaft aufgegriffen. Schon Platon bezeichnete den Körper als „Gefängnis der Seele" und „[m]an könnte ohne große Mühe zahllose weitere Zeugnisse für die hierarchische Entgegensetzung von Seele bzw. Geist und Körper und die daraus resultierende (nicht nur) epistemische Geringschätzung des Leibes anführen. Der menschliche Körper, so scheint es, ist von der Geburt bis zum Tod der Ort von Unreinheit, Sünde, Leiden, Leidenschaften und Lächerlichkeit."[40] Die Untersuchung der besonderen Rolle, die die Balance in diesem Roman einnimmt, hat gezeigt, dass die innere und äußere Ausgeglichenheit insbesondere Ausdruck in der Unterdrückung von Gefühlsregungen und Leidenschaften findet. Schon Descartes sieht den Körper als „Lokus der Leidenschaften",[41] es ist jedoch der Körper, durch den die Umwelt auf uns einwirkt.

Die Abschaffung des Körpers könnte daher, so könnte man meinen, die Lösung sein, um dem Menschen von seinen ihn behindernden Leidenschaften zu befreien und das volle Potenzial des Geistes zu nutzen. Der Roman zeigt jedoch, dass die Kontrolle jeglicher Gefühlsregung und das Austarieren auf ein gesundes Maß keinesfalls zu einem glücklicheren Leben führt. In diesem Sinne scheint der Roman das Descart'sche Argument fortführen zu wollen und zu betonen, dass der Körper der Ort der Leidenschaften ist und betont den Körper und seine Leidenschaften als notwendig für ein glückliches und lebenswertes Leben.

Bei Nicola Barkers Roman handelt es sich daher keineswegs um einen dystopischen Roman, der sich in einen seit dem 20. Jahrhundert bis heute bestehenden kulturpessimistischen Diskurs einreiht.[42] Nicola Barkers Roman kann als Plädoyer für den Körper gelesen werden, da antike Ideale wie die Balance aber auch die Abkehr des Geistes von seinem ihn

---

40 Fingerhut, Joerg / Hufendiek, Rebekka / Wild, Markus: „Was ist Philosophie der Verkörperung?". In: Dies. (Hrsg.): Philosophie der Verkörperung. Grundlagentexte zu einer aktuellen Debatte. Suhrkamp: Berlin 2017, S. 21.

41 Ebd., S. 22.

42 Pethes, Nicolas: „Posthumanismus". In: Bühler, Benjamin / Willer, Stefan (Hrsg.): Futurologien. Ordnung des Zukunftwissens. Wilhelm Fink: Paderborn 2016, S. 365.

beherbergenden Körper als keinesfalls erstrebenswert vorgeführt werden. Barker vereint, so lässt sich argumentieren, in einer Erzählung, die anscheinend in der Zukunft stattfindet auch eine Erzählung über das Vergangene. Die teils auch intertextuellen Episoden, die auf die politischen Ereignisse in Paraguay hinweisen, demonstrieren im selben Maße eine Dominanz des Staates bei gleichzeitiger Missachtung des Einzelnen Bürgers und seiner Rechte. Es offenbart den Körper als bloßes Instrument, an dem politische Macht ausgelebt wird und dem immer wechselnde politische und ökonomische Kursänderungen aufgezwungen werden.

Max Roehl

Die Aufhebung der Ökonomie
Souveränität, Gerechtigkeit und die Struktur der Zeit in Friedrich Dürrenmatts *Der Besuch der alten Dame*

„Klara liebte die Gerechtigkeit. Ausgesprochen."[1]

Friedrich Dürrenmatts tragische Komödie *Der Besuch der alten Dame* (1956) handelt von einem ausgeklügelten Racheplan, den die Hauptfigur Claire Zachanassian nach 45 Jahren und weitreichenden Vorbereitungen in die Tat umsetzt. Im Jahr 1910 war sie – damals hieß sie Klara Wäscher – von Alfred Ill, dem Vater ihres noch ungeborenen Kindes, verleumdet und verstoßen worden, war in der Folge zur Dirne geworden und hat ihr Kind an die christliche Fürsorge verloren. Bald darauf ist das Kind gestorben – wahrscheinlich an einer Hirnhautentzündung. Bei der Rückkehr in ihre Heimatstadt Güllen fordert sie nun: „Eine Milliarde für Güllen, wenn jemand Alfred Ill tötet."[2]

Mit Claire Zachanassian erfindet Dürrenmatt eine unwahrscheinlich-übermächtige Figur, der es möglich ist, nach Vergeltung zu verlangen. Das geht nur, indem er sie zu einer unermesslich reichen Frau macht, sie also mit dem Machtmittel der modernen Welt ausstattet: Geld.[3] In seiner

---

1 Dürrenmatt, Friedrich: „Der Besuch der alten Dame. Eine tragische Komödie". Neufassung 1980. *Werkausgabe in dreißig Bänden*, Band 5. Hrsg. in Zusammenarbeit mit dem Autor. Diogenes: Zürich 1980a, S. 19.

2 Ebd., S. 49.

3 Es ist vor diesem Hintergrund von Bedeutung, dass sich das Wort Geld von ‚gelten' ableitet und somit nicht nur mit der ‚Zahlung', sondern auch mit ‚Lohn', ‚Vergeltung' und ‚Opfer' assoziiert ist: „[G]elt *bezeichnet ursprünglich jegliche leistung die zu entrichten ist, besonders gegenleistung, eben wie* gelten. [...] *ursprünglich religiösen hintergrund zeigt es in der bed. opfer*", GELD [Art.]. In: Deutsches Wörterbuch von Jacob Grimm und Wilhelm Grimm. Vierten Bandes erste Abtheilung. Zweiter Theil. Bearbeitet von Rudolf Hildebrand und

Anmerkung zum Stück schreibt Dürrenmatt, Claire Zachanassian „sei nur das, was sie ist, die reichste Frau der Welt, durch ihr Vermögen in der Lage, wie eine Heldin der griechischen Tragödie zu handeln, absolut, grausam, wie Medea etwa. Sie kann es sich leisten."[4] Durch ihre finanzielle Macht und ihre Künstlichkeit – Teile ihres Körpers sind durch Prothesen ersetzt – ist die alte Dame genuin als eine „dichterische Erscheinung"[5] ausgewiesen, die in Umkehrung auf eine Welt verweist, die ohne Gerechtigkeit ist.

In Ergänzung der Zeitbezüge des Stückes auf die Nachkriegsgesellschaft und das Wirtschaftswunder sowie der tiefgründigen Anspielungen auf die Naziherrschaft möchte ich Claire Zachanassian als Figuration der souveränen Position lesen. Als übermächtige Milliardärin hat sie den ökonomischen Ausnahmezustand in Güllen herbeigeführt, in dem sie nun den Tod Alfred Ills fordern kann – im Tausch für eine Milliarde: „Ich gebe euch eine Milliarde und kaufe mir dafür die Gerechtigkeit."[6] Die Aufhebung der Ökonomie, der Kapitalzirkulation wie der Arbeitsteilung, hat die Herstellung eines moralischen Gleichgewichts zum Ziel: „Frau Claire Zachanassian bietet eine Milliarde, wenn ihr das Unrecht wiedergutmacht, das Frau Zachanassian in Güllen angetan wurde."[7] Wiedergutmachung wird hier also verstanden als die Erzeugung einer Balance durch verschobene Wiederholung. Claire kann die Zeit nicht zurückdrehen und das ihr geschehene Unrecht, an dem auch die übrigen Güllener ihren Anteil haben, vergessen machen, doch kann sie durch Verdopplung ein Gleichgewicht herstellen, in dem die kollektive Tat an Alfred Ill die kollektive Tat an Claire aufwiegt. Dem entspricht eine bestimmte Zeitstruktur, die auf der Kontinuität von Schuld und Schulden in Vergangenheit und Zukunft basiert. *Der Besuch der alten Dame* ist so auch ein Drama über die Zeit.

Hermann Wunderlich. S. Hirzel: Leipzig 1897, Sp. 2889–2908, hier Sp. 2889 u. 2890.

4 Dürrenmatt 1980a, S. 142.

5 Ebd., S. 143.

6 Ebd., S. 45.

7 Ebd., S. 46.

1. Die Aufhebung der Ökonomie

In Güllen ist das Wirtschaftsleben zum Erliegen gekommen. Niemand hat Geld, das zirkulieren könnte. Die Einwohner Güllens „[l]eben von der Arbeitslosenunterstützung", „[v]on der Suppenanstalt."[8] Entsprechend sind auch die öffentlichen Kassen betroffen. Der Bürgermeister klagt: „Unsere Kassen sind leer. Kein Mensch bezahlt Steuern."[9] Bereits die erste Nebentext-Passage macht klar, dass die kleine Stadt völlig „ruiniert" und „verfallen" ist. Auch ist das „Bahnhofsgebäude verwahrlost"[10]. Die Einwohner Güllens sind nicht nur ökonomisch, sondern auch kulturell („Dabei waren wir eine Kulturstadt"[11]) und politisch bankrott („Politisch sind wir auch ruiniert"[12]), wobei sie in bemerkenswerter Hierarchie die Wirtschaft zur Grundlage der Kultur erklären: „Wir sind nicht arm, Madame, nur vergessen. Wir brauchen Kredit, Vertrauen, Aufträge, und unsere Wirtschaft, unsere Kultur blüht."[13] Weshalb sich das Städtchen in einer solch prekären Lage befindet, ist selbst dem Pfändungsbeamten rätselhaft: „Das Land floriert, und ausgerechnet Güllen mit der Platz-an-der-Sonne-Hütte geht bankrott."[14]

Was die Güllener noch nicht wissen: Verantwortlich für den Ruin ihrer Stadt ist Claire Zachanassian, jene Milliardärin und einstige Bewohnerin der Stadt, die sie gerade am Bahnhof erwarten und um eine Spende bitten wollen. Sie hat den Verfall der Stadt absichtlich durch Ankauf sämtlicher Grundstücke herbeigeführt. Die zum Teil antisemitischen Theorien der Güllener über ihren Ruin („Alles von den Freimaurern abgekartet", „Von den Juden gesponnen", „Die Hochfinanz lauert dahinter", „Der internationale Kommunismus zieht seine Fäden"[15]) werden in ihrer Zurschaustellung und offensichtlichen Austauschbarkeit als Sündenbockgeschichten und Verschwörungstheorien ausgewiesen. Es ist mit Claire gerade eine Frau aus ihrer Mitte, die sie selbst verstoßen hatten. Der ökonomische

8 Ebd., S. 14.
9 Ebd., S. 16.
10 Ebd., S. 13.
11 Ebd., S. 14.
12 Ebd., S. 15.
13 Ebd., S. 89.
14 Ebd., S. 16.
15 Ebd., S. 17.

Ruin der Stadtbewohner steht im Zusammenhang mit ihrem moralischen Bankrott.[16]

Der Tauschhandel in Güllen ist durch Claires finanzielles Monopol zum Erliegen gekommen: „Claire, die sich von langer Hand eine Monopolstellung in Güllen verschafft hat, kann nunmehr die wirtschaftliche Notsituation der Güllener kompromisslos für ihr Rachekalkül ausnutzen."[17] Es liegt also an ihrer Finanzkraft und dem Erwerb sämtlicher Gebäude und Grundstücke, wodurch sie Eigentümerin der Produktionsmittel geworden ist, dass sie den Mord an Ill für die eine Milliarde fordern kann. Ihre Macht begründet sich durch die Aufhebung der Ökonomie, so dass als einzige Rettung die Zuführung ihres Kapitals von außen erscheint. Die „Milliardärin ist unsere einzige Hoffnung"[18], meint der Bürgermeister und hält Spenden in „Millionen"-Höhe für „genau die richtige Auffassung."[19]

Der Versuch der Güllener, der alten Dame ein Geschäft anzubieten, nämlich in die wichtigsten Einrichtungen und Gebäude der Stadt zu investieren und somit „[h]undert Millionen [...] planvoll, wohlverzinst anzulegen"[20], läuft ins Leere, da ihr schon alles gehört. Sie ließ „den Plunder aufkaufen durch [ihre] Agenten, die Betriebe stillegen."[21] So ist der Plan der Stadtbewohner, den Mord an Ill durch ein Geschäft zu umgehen, „nicht auszuführen. Ich kann die Platz-an-der-Sonne-Hütte nicht kaufen, weil sie

---

16 Nicht nur durch die Namen der Kinder „Hermine und Adolfine" (S. 29) markiert, handelt es sich beim *Besuch der alten Dame* auch um eine Reflexion der Verhältnisse „im Nazi- und Nachkriegs-Deutschland", womit Dürrenmatt zeigt, „aus welcher Mentalität heraus das Geschehen in Güllen stattfindet." Graubner, Hans: „Theologische Aspekte in Friedrich Dürrenmatts *Der Besuch der alten Dame*". In: Ders. / Pormeister, Eve (Hrsg.): *Tradition und Moderne in der Literatur der Schweiz im 20. Jahrhundert. Beiträge zur Internationalen Konferenz zur deutschsprachigen Literatur der Schweiz , 26.–27. September 2007.* Tartu University Press: Tartu 2008, S. 105–133, hier S. 111 u. 110.

17 Descourvières, Benedikt: „Die Welt als Rätsel und die Bühne als Welt: Friedrich Dürrenmatts Komödien *Der Besuch der alten Dame* und *Achterloo*". In: Ders./ Marx, Peter W. / Rättig, Ralf (Hrsg.): *Mein Drama findet nicht mehr statt. Deutschsprachige Theater-Texte im 20. Jahrhundert.* Peter Lang: Frankfurt a.M. u.a. 2006, S. 119–137, hier S. 126.

18 Dürrenmatt 1980a, S. 18.

19 Ebd., S. 19.

20 Ebd., S. 89.

21 Ebd., S. 90.

mir schon gehört."[22] Claire möchte mit ihrer Investition gar kein Geld verdienen. Ihre Rache wird stattdessen, wie Gerhard Neumann treffend beschreibt, „wie ein Luxus betrieben"[23], der seinerseits die Aufhebung der Ökonomie bedeutet.

Berührt wird hier die Frage der Verschwendung, wie sie sich in Georges Batailles Studie *Die Aufhebung der Ökonomie* findet. Bataille geht davon aus, der lebende Organismus hat, „dank des Kräftespiels der Energie auf der Erdoberfläche, grundsätzlich mehr Energie, als zur Erhaltung des Lebens notwendig ist. Die überschüssige Energie (der Reichtum) kann zum Wachstum eines Systems (zum Beispiel eines Organismus) verwendet werden." Wird der Überschuss allerdings nicht vom Wachstum absorbiert, so müsse er „ohne Gewinn verlorengehen und verschwendet werden, willentlich oder nicht, in glorioser oder in katastrophischer Form."[24] Hier scheint ein Zusammenhang zwischen dem verstorbenen Kind, das nicht mehr genährt werden kann, und dem immensen Geldüberschuss auf, der nun völlig befreit von jedem produktiven Wachstum ist. Die „nutzlose Vergeudung der Gewinne, das ist es, was alle zurückweisen, die in der Entwicklung der Produktivkräfte den idealen Zweck der menschlichen Tätigkeit sehen."[25]

Auch die Dorfbewohner können der ungeheuren Verausgabung der alten Dame nichts entgegensetzen. Da sich diese einer ‚ökonomischen' Beteiligungslösung am Wiederaufbau Güllens verweigert, scheint lediglich noch die rigorose Ablehnung des in Aussicht gestellten Geldes eine Option zu sein. Diese aber ist, wie Claire weiß, für die korrupten Güllener keine reale Alternative. Durch die Strategie des Kredits wird es ihnen möglich sein, mit dem Faktor Zeit die individuelle Schuld am Tod Ills zu umgehen und dennoch an das in Aussicht gestellte Geld zu gelangen.

---

22 Ebd., S. 89.

23 Neumann, Gerhard: „Friedrich Dürrenmatt. Dramaturgie der Panne". In: Ders. / Schröder, Jürgen / Karnick, Manfred (Hrsg.): *Dürrenmatt, Frisch, Weiss. Drei Entwürfe zum Drama der Gegenwart.* Mit einem einleitenden Essay von Gerhart Baumann. Fink: München 1969, S. 27–59, hier S. 48.

24 Bataille, Georges / König, Traugott et al. (Übers.): *Die Aufhebung der Ökonomie.* 2., erweiterte Auflage. Matthes & Seitz: München 1985, S. 45.

25 Ebd., S. 46.

2. Zeit ist Geld

Die alte Dame hat Zeit. Ihr ostentatives „Ich warte“[26], das den ersten Akt des Dramas beschließt, zeigt sie zum einen in der Sicherheit, dass sich ihr Plan erfüllen wird. Es weist jedoch zum anderen auf das Problem der Zeit hin, das nicht nur der Kreditlogik zugrunde liegt, sondern auch dem Umgang mit der eigenen Vergangenheit. Bemerkenswert ist vor diesem Hintergrund, dass Ill im Dialog mit der alten Dame, lange bevor diese seinen Tod fordert, selbst den Wunsch nach der Aufhebung der Zeit äußert:

> ILL Wäre doch die Zeit aufgehoben, mein Zauberhexchen. Hätte uns doch das Leben nicht getrennt.
> CLAIRE ZACHANASSIAN Das wünschest du?
> ILL Dies, nur dies. Ich liebe dich doch! *Er küßt ihre rechte Hand.* Dieselbe kühle weiße Hand.
> CLAIRE ZACHANASSIAN Irrtum. Auch eine Prothese. Elfenbein.[27]

Ills vorgeblicher Wunsch ist Teil der Strategie der Einwohner Güllens, Claire eine Spende für die Stadt abzuringen. Insofern ist er nicht ernst gemeint, ruft jedoch das Problem zeitlicher Kontinuität auf. Der abrupte Hinweis auf die Prothese, der die pseudo-romantische Szene ironisch bricht, weist nicht nur auf Claires körperliche wie seelische Versehrtheit hin, sondern auch auf den zeitlichen Abstand zur beschworenen Vergangenheit. Es ist eben nicht „[d]ieselbe kühle weiße Hand“[28], die Ill damals zu halten gewohnt war. Dass Ills Wunsch hier unernst gemeint ist, zeigt sich vor allem daran, dass er infolgedessen genau gegenteilig argumentiert.

Wenn Claire ihren Jugendfreund nämlich mit den lang vergangenen Ereignissen konfrontiert, betont sie eine biographische Kontinuität, die Ill gerade leugnet, indem er darauf besteht, dass es sich um „[a]lte Geschichten“ handelt: „Ich war jung und unbesonnen.“[29] Mehrfach weist Ill auf die Zeit hin, die seit den Ereignissen vergangen ist, und darauf, dass er aufgrund der großen Zeitspanne kaum dafür zur Verantwortung zu ziehen ist: „ILL *stampft auf den Boden* Verjährt, alles verjährt! Eine alte,

26 Dürrenmatt 1980a, S. 50.
27 Ebd., S. 39.
28 Ebd.
29 Ebd., S. 46.

verrückte Geschichte."[30] Für Ill war alles „ein böser Jugendstreich, den ich ihr spielte";[31] „Das Leben ging doch längst weiter!"[32] Claire betont hingegen die zeitliche Kontinuität: „Das Leben ging weiter, aber ich habe nichts vergessen, Ill." Die Vergangenheit ist für sie nicht abgeschlossen:

> Du hast dein Leben gewählt und mich in das meine gezwungen. Du wolltest, daß die Zeit aufgehoben würde, eben, im Wald unserer Jugend, voll von Vergänglichkeit. Nun habe ich sie aufgehoben, und nun will ich Gerechtigkeit, Gerechtigkeit für eine Milliarde.[33]

Was für Ill lang her ist – auch im rechtlichen Sinne, denn er spricht von Verjährung –, bleibt für Claire höchst aktuell. Allerdings kann sie am eigenen Leib aus Prothesen beobachten, dass die Zeit unermüdlich fortschreitet. Daher muss sie, um etwas an der Vergangenheit ‚zu ändern', eine zweite Tat hinzusetzen:

> CLAIRE ZACHANASSIAN Ich liebte dich. Du hast mich verraten. Doch den Traum von Leben, von Liebe, von Vertrauen, diesen einst wirklichen Traum habe ich nicht vergessen. ich will ihn wieder errichten mit meinen Milliarden, die Vergangenheit ändern, indem ich dich vernichte.[34]

Claire kann die Zeit nicht zurückdrehen, doch sie kann durch die Verdopplung der Tat ein Gleichgewicht herstellen. Ihr Plan besteht darin, durch den Mord an Ill das Unrecht, das ihr selbst widerfahren ist, buchstäblich aufzuwiegen. Die Zeit lässt sich – zum Nachteil Ills – eben nicht aufheben.

Mit der Verkommenheit der Güllener kann die alte Dame rechnen. Daher bringt sie gleich zu Beginn den Sarg für Alfred Ill mit. Claires Spenden sind bereits verplant, bevor sie der Stadt überhaupt angeboten werden. Der Bürgermeister antizipiert schon einmal die Bewirtschaftung der *Platz-an-der-Sonne-Hütte*: „Kommt die in Schwung, kommt alles in Schwung, die Gemeinde, das Gymnasium, der öffentliche Wohlstand."[35] Es ist diese Projektion in die Zukunft, die später durch Kredit fortgeführt wird und zur kollektiven Schuld der Güllener – finanziell wie moralisch – gerät. Insofern ist Claire in der Tat eine „Schicksalsgöttin", der man zutraut,

30 Ebd., S. 48.
31 Ebd., S. 56.
32 Ebd., S. 49.
33 Ebd.
34 Ebd., S. 117.
35 Ebd., S. 33.

„daß sie Lebensfäden spinnt.“[36] Als Herrin über das Geld ist sie auch Herrin über die Zeit.

Nachdem ihnen die Summe von einer Milliarde – mit der Bedingung, dass Ill getötet werde – in Aussicht gestellt wird, lassen die Einwohner der Stadt anschreiben.[37] Indem sie einander Kredit geben, verlegen sie die Zahlung für eine Ware oder Dienstleistung (z.B. für teure Zigarren, Schokolade, Kognak, Schuhe, Waschmaschine, Fernsehapparat, aber auch für eine neue Kirchenglocke oder den Bau eines neuen Stadthauses) in die Zukunft. Es ist klar, dass sie die Schulden nicht aus eigener Kraft tilgen können – auch deshalb, weil es sich dabei nicht um Investitionen handelt, die sich in Zukunft auszahlen, sondern um bloßen Konsum. Sie rechnen also bereits mit dem Geld der alten Dame, für das eben der Tod Alfred Ills Voraussetzung ist: „Ill Die Stadt macht Schulden. Mit den Schulden steigt der Wohlstand. Mit dem Wohlstand die Notwendigkeit, mich zu töten.“[38] Entsprechend alarmiert ist Ill angesichts der Kreditfreude der Güllener, durch die das Geld der alten Dame unverzichtbar wird und sich schleichend die Schuld (in finanzieller wie moralischer Hinsicht) auf das Kollektiv verteilt: „Ihr spekuliert schon mit meinem Tod!“[39] Das Anschreiben-Lassen ermöglicht es den Einwohnern Güllens, kollektiv und nicht individuell schuldig zu werden. Aus dem Mord des Einzelnen wird die Tat aller, wie insbesondere die gelben Schuhe, die nun alle tragen, zum Ausdruck bringen.[40]

3. Die Souveränität und der Ausnahmezustand

Die alte Dame hat den ökonomischen Ausnahmezustand in Güllen, in dem sie nun ihre finanzielle Macht entfalten und zum Gesetz werden kann, selbst herbeigeführt. Sie ist im Sinne Carl Schmitts souverän, insofern sie „über

---

36 Ebd., S. 34.

37 „Ill Ihr ließet's aufschreiben. Auch bei mir ließet ihr's aufschreiben.“ (Ebd., S. 60)

38 Ebd., S. 65.

39 Ebd., S. 72.

40 Vgl. Tampi, Latha: „Alle tragen neue Schuhe. Gesellschaftskritische Parallelen zwischen Hermann Kants *Okarina* und Friedrich Dürrenmatts *Besuch der alten Dame*“. In: *Rethinking Europe. Yearbook Goethe Society of India* 2005, S. 108–147, hier S. 121.

den Ausnahmezustand entscheidet."[41] Explizit auf diesen Zusammenhang hingewiesen hat Patricia Käppeli: „Claire wird zur souveränen Figur, die über den Ausnahmezustand herrscht und, um personale Gerechtigkeit zu erreichen, auch Gewalt als legitimes Mittel ansieht."[42] Dass Claire als souveräne Figur über die Aufhebung der Ordnung bestimmt, zeigt sich schon bei ihrer Ankunft, da sie nicht regulär und planmäßig mit dem Zug ankommt, sondern selbst entscheidet, welcher Zug sie nach Güllen bringt, auch wenn dieser dort eigentlich gar nicht hält: „Ich ziehe immer die Notbremse."[43] Die alte Dame fällt wie ein ‚Meteor' in Güllen ein: Es handelt sich scheinbar um den „Ein-fall[] einer destruktiven Macht von außen."[44] Weitere Signale sind die willkürliche Gründung einer Institution, nämlich der Stiftung zugunsten von Eisenbahnwitwen,[45] oder die Verfügung über die Presse: „Ich brauche die Presse fürs erste nicht in Güllen. Und später wird sie schon kommen."[46] Ihre Gatten sind austauschbare Marionetten, über die sie nach Belieben verfügen kann und denen sie gar neue Namen gibt: „The name-giving authority of Claire expresses her power over others, which is based on her enormous wealth (and her worldliness), and contrasts with her helplessness as a young pregnant victim of men and

---

41 Schmitt, Carl: *Politische Theologie. Vier Kapitel zur Lehre von der Souveränität.* 10. Auflage. Duncker & Humblot: Berlin 2015, S. 13.

42 Käppeli, Patricia: *Politische Systeme bei Friedrich Dürrenmatt. Eine Analyse des essayistischen und dramatischen Werks.* Böhlau: Köln u.a. 2013, S. 163. Siehe dort auch die kritische Reflexion Carl Schmitts.

43 Dürrenmatt 1980a, S. 22. Die alte Dame behandelt, wie Andrzej Pilipowicz ausführt, „die Außenwelt mit solch einer Willkür, die nur der Innenwelt typisch ist: Die Realität wird z.B. ‚zerschnitten', indem sie den D-Zug an einer ungeplanten Haltestelle hält, oder ‚umgestellt', wenn sie alle nach ihrem Belieben kommen und gehen lässt." Pilipowicz, Andrzej: „Die Transfusionen des Geistes. Die Rache in *Titus Andronicus* von William Shakespeare und in *Der Besuch der alten Dame* von Friedrich Dürrenmatt". In: Białek, Edward / Bieniasz, Magdalena / Tomiczek, Eugeniusz (Hrsg.): *Teksty ofiarowane Profesorowi Feliksowi Przybylakowi.* Atut: Wrocław 2009, S. 139–164, hier S. 156–157.

44 Dick, Ernst S.: „Dürrenmatts Dramaturgie des Einfalls. *Der Besuch der alten Dame* und *Der Meteor*". In: Mainusch, Herbert (Hrsg.): *Europäische Komödie.* Wissenschaftliche Buchgesellschaft: Darmstadt 1990, S. 389–435, hier S. 398.

45 Vgl. Dürrenmatt 1980a, S. 23.

46 Ebd., S. 24.

traditional society."[47] Schließlich führt sie gar die Todesstrafe in Güllen wieder ein, und zwar ohne rechtliche Grundlage.

> DER PFARRER *verwirrt* Die Todesstrafe ist in unserem Lande abgeschafft, gnädige Frau.
> CLAIRE ZACHANASSIAN Man wird sie vielleicht wieder einführen.[48]

Wenn Alfred Ill vorgibt, er „lebe in einer Hölle, seit du [Claire, MR] von mir gegangen bist", und damit vor allem seine ökonomische Lage beklagt, so bringt Claire Zachanassian mit ihrer Antwort die wahren Verhältnisse auf den Punkt: „Und ich bin die Hölle geworden."[49] Die Welt, in der Ill und die weiteren Güllener Leben, gehört der alten Dame. Sie leben in *ihrer* Hölle.

Souveränität erlangt Claire durch Geld, das im Stück als universelles Machtmittel gezeichnet ist und mit dem Dürrenmatt seine Figur im Überfluss ausstattet. Mit ihrem Vermögen kann sie nun in der Tat die „künstliche *Seele*" der Souveränität ausüben, die nach Thomas Hobbes „dem ganzen Körper Leben und Bewegung verleiht [...]."[50] Hat sie Güllen durch die Aufhebung der Ökonomie bewegungslos gemacht, so kann sie nun über die Handlungen der Menschen verfügen: „Nun bin ich da. Nun stelle ich die Bedingung, diktiere das Geschäft."[51] Es verwundert nicht, dass Claire aufgrund dieser Machtposition auch als Figuration Gottes gedeutet wurde. Eine kleine Szene aus dem *Besuch der alten Dame* kehrt diesen Zusammenhang selbst hervor:

> DER BÜRGERMEISTER Meine Herren, die Milliardärin ist unsere einzige Hoffnung.
> DER PFARRER Außer Gott.
> DER BÜRGERMEISTER Außer Gott.
> DER LEHRER Aber der zahlt nicht.
> DER MALER Der hat uns vergessen.[52]

---

47 Brown, Russell E.: „Claire and the Oby's. Names in Friedrich Dürrenmatt's *Besuch der alten Dame*". In: Ders.: *Names in Modern German Literature. Essays on Character- and Place-Name Selection by Twentieth Century German Authors*. Heinz: Stuttgart 1991, S. 37–47, hier S. 40.

48 Dürrenmatt 1980a, S. 29.

49 Ebd., S. 38.

50 Hobbes, Thomas / Schlösser, Jutta (Übers.): *Leviathan*. Mit einer Einführung und hrsg. von Hermann Klenner. Meiner: Hamburg 1996, S. 5.

51 Dürrenmatt 1980a, S. 90.

52 Ebd., S. 18.

Zum Ausdruck kommt hier die Abwesenheit Gottes, auf den nicht zu hoffen ist, weil er nicht zahle. Die Menschen haben den Grund ihres ökonomischen Elends nicht etwa im Fehlen eines gottgefälligen, also sittlichen Lebens entdeckt. Es ist ironischerweise die alte Dame, auf die sie nun hoffen, obwohl sie die finanzielle Notsituation der Stadt allererst herbeigeführt hat.

In der Forschung wurde das Stück mit dem theatrum mundi assoziiert: „In dieser von ihr manipulierten und in diesem Sinne ‚geschaffenen' Welt nimmt Claire Zachanassian die Rolle Gottes sowie die des Spielleiters (die im theatrum mundi die Welt innehat) ein."[53] Hingewiesen wurde auch auf die Tradition des Deus ex machina, wobei die alte Dame nicht etwa „als ‚höhere Gewalt' die von den Menschen nicht mehr zu lösenden Verwicklungen glücklich beseitigt", sondern umgekehrt „erst die ganzen Verwicklungen" initiiert und dafür sorgt, „daß sie ein tragisches Ende nehmen."[54] Wenn Dürrenmatt in den *Stoffen* über seine Figuren Frau von Zimsen (*Achterloo*), Mathilde von Zahnd (*Die Physiker*) sowie den Großen Alten (*Durcheinandertal*) sagt, „[s]ie alle nehmen in meinem Welttheater die Stelle Gottes ein, und das, weil ich mir Gott nicht mehr vorstellen kann, und stelle ich ihn mir vor, wird daraus eine Frau von Zimsen oder der Große Alten eben",[55] so ist in diese Reihe auch Claire Zachanassian aufzunehmen. Metadramatisch betrachtet nimmt sie die Rolle der Regisseurin ein, die das Theaterspiel während der Aufführung selbst gestaltet. Nicht umsonst kann sie vom Balkon aus, „von erhöhtem Standort die folgerichtige Entwicklung der von ihr in Szene gesetzten Handlung"[56] überblicken.

---

53 Obermayer, August: „Dürrenmatts *Besuch der alten Dame* als theatrum mundi". In: Veit, Walter (Hrsg.): *Antipodische Aufklärungen/Antipodean Enlightenments. Festschrift für Leslie Bodi.* Peter Lang: Frankfurt a.M. u.a. 1987, S. 323–332, hier S. 327.

54 Knopf, Jan: „Friedrich Dürrenmatt: *Der Besuch der alten Dame*. Die fünfziger Jahre und ihre Auswüchse". In: *Dramen des 20. Jahrhunderts.* Band 2. Reclam: Stuttgart 1996, S. 71–91, hier S. 77.

55 Dürrenmatt, Friedrich: „Abschied vom Theater. Nachwort zu Achterloo IV". In: Ders.: *Gesammelte Werke in sieben Bänden,* Band 6: *Stoffe/Zusammenhänge.* Diogenes: Zürich 1996, S. 705–751, hier S. 750–751.

56 Obermayer 1987, S. 328.

Indem Claire das wirtschaftliche Spiel aufhebt, kann sie ihre Macht jenseits der Rechtsordnung in ihrem Sinne ausspielen: „Die Menschlichkeit, meine Herren, ist für die Börse der Millionäre geschaffen, mit meiner Finanzkraft leistet man sich eine Weltordnung.“[57] Aufgrund des ihr widerfahrenen Übels ist die alte Dame, so Pilipowicz, bestrebt, „ihre eigene Ordnung durchzusetzen und die moralische Beschaffenheit ihrer Mitbürger umzugestalten“[58], wobei meines Erachtens nicht von ‚umgestalten‘ zu sprechen ist – das ist nämlich gar nicht nötig –, sondern davon, dass sie diese in ihrem Sinne nutzt. Die Verkommenheit der Stadtbewohner zeigte sich bereits in der Vergangenheit, nur kann Claire durch ihr Finanzmonopol diese Eigenschaften nun für ihre eigenen Ziele in Anspruch nehmen. Wenn es weiter heißt, Claire strebe nach einer „die Regel ersetzende Ausnahme, wodurch das Gute an den Rand der Werte verdrängt und das Schlechte potenziert wird“[59], so ist der Hinweis auf Ausnahme und Regel im Sinne des Souveränitätsdiskurses zwar von großer Bedeutung, doch mutet die Rede vom Guten und Schlechten angesichts der Güllener Verhältnisse recht euphemistisch an. Käuflichkeit und Mitleidlosigkeit sind immer schon Eigenschaften der Güllener Stadtgemeinschaft, das wird durch Claires Schicksal klar – sie können nicht einfach der Ausnahme innerhalb einer Ordnung zugerechnet werden, die grundsätzlich zu Gutem oder Schlechtem in der Lage wäre. Schon vor Claires Angebot zeigt sich die Perfidie der Güllener, wenn sie sich gleich ein weiteres Mal an ihr bereichern wollen: „Die Zachanassian soll mit ihren Millionen herausrücken“[60], „Ill hat sie im Sack. Wildkätzchen, Zauberhexchen hat er sie genannt, Millionen wird er aus ihr schöpfen.“[61] Auch als sie verstoßen worden war, ging es um Bereicherung: Die falschen Zeugen, die aussagten, Claire geschwängert zu haben, und von ihr als Strafe „kastriert und geblendet“[62] wurden, waren von Ill mit Schnaps bestochen worden. „Einwohner grinsten [ihr] nach“,

57 Dürrenmatt 1980a, S. 91.
58 Pilipowicz 2009, S. 144.
59 Ebd.
60 Dürrenmatt 1980a, S. 19.
61 Ebd., S. 33.
62 Ebd., S. 48.

als sie das „Städtchen verließ, im Matrosenanzug, mit roten Zöpfen, hochschwanger“[63].

Auch die Rolle von Alfred Ill lässt sich mit Blick auf das Paradigma der Souveränität erhellen. Auf seine Position als Sündenbock, dessen Ausschluss und Opferung gemeinschaftsstiftende Funktion hat (doch vor allem „die archaischen Grundlagen moderner Gesellschaft bloß[]legt“[64]), wurde in der Forschung hingewiesen. Strukturell betrachtet ist Alfred Ill in der Terminologie Giorgio Agambens zunächst einmal der *homo sacer*, das heißt „menschliches Leben“, das „unter den souveränen Bann fällt“, sich also dadurch auszeichnet, dass es „getötet, aber nicht geopfert werden kann [...].“[65] Diese „Produktion des nackten Lebens ist“, so Agamben, „die ursprüngliche Leistung der Souveränität.“[66] Alfred Ill befindet sich in einer solchen ‚vogelfreien‘ Situation, in der er getötet werden kann, ohne dass ein Mord begangen wird.[67] Zeichen für diese Existenz unter dem Bann ist der Panther, den Ill nicht nur als Spitznamen trägt,[68] sondern der als Tier gejagt und erlegt wird und somit als Vorbote von Ills eigenem Schicksal erscheint: „Der Werwolf“, so Agamben, „der sich im kollektiven Unbewußten als hybrides Monster, das, halb Mensch, halb Tier, halb in der Stadt und halb in der Wildnis lebt, niederschlagen sollte, ist also ursprünglich die Figur dessen, der aus der Gemeinschaft verbannt worden ist.“[69] Nicht umsonst klagt Ill: „Sie jagen mich wie ein wildes Tier.“[70]

Nun scheint Alfred Ill in einem gewissen Sinne ‚geopfert‘ zu werden. Doch sieht die funktionale Betrachtung der vermeintlichen Erneuerung

---

63 Ebd., S. 90.

64 Braungart, Wolfgang: „Ills Krankheit, Ills Opfer. Einige Thesen zu Friedrich Dürrenmatts *Der Besuch der alten Dame* (1956) im Ausgang von René Girards Theorie des Sündenbocks“. In: Düßel, Reinhard / Edel, Gert / Schödlbauer, Ulrich (Hrsg.): *Die Macht der Differenzen. Beiträge zur Hermeneutik der Kultur*. Redaktion: Renate Solbach. Synchron Wiss.-Verlag der Autoren: Heidelberg 2001, S. 213–224, hier S. 224.

65 Agamben, Giorgio / Thüring, Hubert (Übers.): *Homo sacer. Die souveräne Macht und das nackte Leben*. Suhrkamp: Frankfurt a.M. 2002, S. 93.

66 Ebd.

67 Vgl. ebd.

68 Vgl. Dürrenmatt 1980a, S. 26.

69 Agamben 2002, S. 115.

70 Dürrenmatt 1980a, S. 74.

der Gemeinschaft durch das Opfer zu sehr von der alten Dame als Motor des Ganzen ab. Von Bedeutung ist gerade die Umdeutung des souveränen Zugriffs, der absoluten Willkür, die Claire in Bezug auf Ill ausübt, in die Strafe für ein Verbrechen, die das gerechte Gemeinwesen in Güllen begründe, und schließlich, durch den Schlusschor markiert, in ein dargebrachtes Opfer.[71] Diese Umdeutung wird von den Einwohnern Güllens vorgenommen und verdeckt den einfachen Tauschcharakter der Rechnung ‚Mord gegen Milliarde'.

Die Ausnahme, die Claire einführt, steht nicht völlig jenseits der ‚ordentlichen' Verhältnisse, sondern radikalisiert diese, indem sie sichtbar macht, was *regel*mäßig in Güllen bestimmend ist.[72] Dürrenmatts groteske Darstellung, seine übersteigerte Versuchsanordnung dient gerade dazu, „herrschende Machtstrukturen zu entlarven, die im Netz des gegebenen ökonomischen und institutionellen Systems produziert werden."[73] Dieser machtanalytische Aspekt ist in der tragischen Komödie eng mit einem moralischen verknüpft.

4. Die Gerechtigkeit der Literatur

Die alte Dame strebt Gerechtigkeit an. Was ihr widerfahren ist – der Ausschluss aus der Gemeinschaft, der Verrat durch die sich bereichernden

---

71 Nach Girard setzt der Opfervorgang „eine gewisse Verkennung voraus. Die Gläubigen kennen die von der Gewalt gespielte Rolle nicht und dürfen sie auch nicht kennen." Girard, René / Mainberger-Ruh, Elisabeth (Übers.): *Das Heilige und die Gewalt*. Fischer: Frankfurt a.M. 1992, S. 17. Auch die Güllener verkennen die eigentliche Natur ihrer Tat. Deutet der Lehrer sie als Verwandlung „unser[es] Gemeinwesen[s] in ein gerechtes" (S. 121), so ist sie doch eigentlich nur möglich, weil die Gerechtigkeit aus Güllen gerade verschwunden ist. In dieser permanenten Umdeutung liegt das satirische Substrat der tragischen Komödie.

72 „Befindet sich Ill also in dem ursprünglichen Prozeß um die Vaterschaftsklage aufgrund einer finanziell stärkeren Position und des Wissens um die Käuflichkeit seiner Mitbürger im Vorteil, so gilt das gleiche für Claire 45 Jahre später." Von Maltzan, Carlotta: „Bemerkungen zur Macht in Dürrenmatts *Der Besuch der alten Dame*". In: *Acta Germanica. Jahrbuch des Germanistenverbandes im südlichen Afrika* 19, 1988, S. 123–134, hier S. 127.

73 Ebd.

Nachbarn –, das soll noch einmal geschehen; nur diesmal Ill.[74] Angesichts der von ihm verübten Tat und ihrer Folgen – Claire verliert ihr Kind und wird zur Prostituierten – verwundert die Sicherheit ein wenig, mit der die Forschung die Schwere seines Verbrechens einschätzt und mit seiner Strafe ins Verhältnis setzt: Im *Besuch der alten Dame* werde „eine mehr oder weniger böswillige Verirrung (der durch bestochene Zeugen gewonnene Vaterschaftsprozeß) im Rückblick zum Ausgangspunkt eines diabolisch und in höchster Konsequenz gesponnenen, eine ganze Stadt ruinierenden Verhängnisses, eine pervertierte Gretchentragödie sozusagen."[75] Das Opfer Ills stehe „in keinem vernünftigen Verhältnis zu seiner Schuld"[76]; „Ills Verurteilung zum Tode, als Strafe für seinen Rufmord und seine Anstiftung zu Meineid vor 45 Jahren, erscheint unverhältnismässig hart."[77] Selbstverständlich zeigt Dürrenmatt hier einen Strafexzess, der absolute Gerechtigkeit beansprucht, und er hat sich selbst gegen die Absolutheit von Werten wie Freiheit und Gerechtigkeit ausgesprochen.[78] Doch darf das Geschehen im *Besuch der alten Dame* auch nicht realistisch missverstanden werden mit Blick auf eine mögliche politische Ordnung. Vielmehr wird wie häufig bei Dürrenmatt durch Einführung einer übermächtigen Figur ein poetischer Raum geschaffen, in dem (in voller Subjektivität) Gerechtigkeit geübt werden kann.

Peter von Matt hat Dürrenmatts Vorstellungen von Gerechtigkeit auf dessen Konservatismus bezogen, der sich „gegen jede Institution richtet, die sich als heilbringende Ordnung inszenieren möchte."[79] Entlarven kann

---

74 „Ill hatte sich im ursprünglichen Prozeß der Vaterschaftsklage auf die Bestechlichkeit seiner Mitbürger verlassen und damit Claire alias Kläri Wäscher in eine Außenseiterposition gedrängt; das gleiche trifft nun unter umgekehrten Vorzeichen auf ihn zu." Ebd., S. 126.

75 Neumann 1969, S. 49.

76 Müller, Rolf: *Komödie im Atomzeitalter. Gestaltung und Funktion des Komischen bei Friedrich Dürrenmatt.* Peter Lang: Frankfurt a.M. u.a. 1988, S. 117.

77 Käppeli 2013, S. 179.

78 Vgl. Dürrenmatt, Friedrich: „Monstervortrag über Gerechtigkeit und Recht, nebst einem helvetischen Zwischenspiel. Eine kleine Dramaturgie der Politik". In: Ders.: *Werkausgabe in dreißig Bänden,* Band 27: *Philosophie und Naturwissenschaft. Essays, Gedichte und Reden.* Hrsg. in Zusammenarbeit mit dem Autor. Diogenes: Zürich 1980b, S. 36–107, hier S. 57–58.

79 Von Matt, Peter: „Der Liberale, der Konservative und das Dynamit. Zur politischen Differenz zwischen Max Frisch und Friedrich Dürrenmatt". In: Pellin,

Dürrenmatt in der Versuchsanordnung des *Besuchs der alten Dame* die Institutionen Kirche, Schule, Politik und Presse, die allesamt von Claires Auftritt profitieren und an der Umdeutung des Mordes in ein Opfer („damit unsere Seelen nicht Schaden erleiden […] und unsere heiligsten Güter“[80]) mitwirken. Nach von Matt erscheinen bei Dürrenmatt „die gesellschaftlichen Normen und Ordnungssysteme stets so plakativ, so schematisch“, weil sie „eben auch in Wahrheit artifiziell, […] illusionär“ sind, „was ihr Heil und ihre Nützlichkeit betrifft.“ Das gilt auch für „das System der Justiz im liberalen Staat und ihr[en] Gerechtigkeitsbegriff“, wie von Matt auch mit Blick auf den *Besuch der alten Dame* festhält:

> Es gehörte zu den zentralen Lebensleidenschaften Dürrenmatts, der falschen Gerechtigkeit unserer offiziellen Justiz eine andere Gerechtigkeit gegenüberzustellen. Nicht als Institution, sondern als plötzlich aufflammendes und wieder verlöschendes mythisches Ereignis.[81]

Die Struktur der Ausschließung wird wiederholt, nur befindet sich diesmal die alte Dame in der souveränen Position. Die Herstellung von Gerechtigkeit ist auf finanzielles Kapital angewiesen, das es erlaubt, die soziale Dynamik im eigenen Interesse zu nutzen. Claires Handeln soll individuelles „Unrecht umkehren“ und auf diese Weise eine moralische Balance herstellen, während sie zugleich ein „inszeniertes Weltgericht“[82] abhält.

Bei Dürrenmatt kann sich die ausgestoßene Einzelne gegenüber der Gruppe, die sie verstoßen hatte, zur Wehr setzen. Alfred Ill ist also nicht der Einzige, gegen den sich Claires Rache richtet, auch wenn er der Einzige ist, der ihr zum Opfer fällt. Angriffspunkt ist vielmehr die gesamte Stadtgemeinschaft, die an Ill wiederholen soll, was sie an Claire verübt hatte, um so ein weiteres Mal schuldig zu werden. Claire benutzt die korrupte Gemeinschaft demnach zum einen als ein Mittel, so wie Ill, der zwei Güllener bestochen hatte, um für ihn zu lügen. Zum anderen jedoch sind

---

Elio / Weber, Ulrich (Hrsg.): *„Wir stehen da, gefesselte Betrachter“. Theater und Gesellschaft*. Wallstein, Chronos: Göttingen, Zürich 2010, S. 69–85, hier S. 79.

80 Dürrenmatt 1980a, S. 125 u. S. 126

81 Von Matt 2010, S. 80.

82 Weber, Ulrich: „Erinnerung und Variation. *Mondfinsternis* und *Der Besuch der alten Dame* in textgenetischer Sicht“. In: Rusterholz, Peter / Wirtz, Irmgard (Hrsg.): *Die Verwandlung der „Stoffe“ als Stoff der Verwandlung. Friedrich Dürrenmatts Spätwerk*. Erich Schmidt: Berlin 2000, S. 179–195, hier S. 188.

die Stadtbewohner auch selbst Ziel der Vergeltung, indem die alte Dame sie dazu bringt, einen aus ihrer Mitte zu lynchen und im Wohlstand zwar, doch verblendet und einem drohenden Schicksal ausgesetzt, weiterzuleben.

Das zeigt sich auch, wenn sich Ill, der seine Angst überwunden und den über ihn verhängten Tod akzeptiert hat, weigert, Selbstmord zu begehen und den anderen den Gewaltakt gegen ihn abzunehmen: „Gott gebe, daß ihr vor eurem Urteil besteht. Ihr könnt mich töten, ich klage nicht, protestiere nicht, wehre mich nicht, aber euer Handeln kann ich euch nicht abnehmen.“[83] Als der Bürgermeister droht: „Wenn Sie reden wollen, müssen wir das Ganze eben ohne Gemeindeversammlung machen“, zeigt sich Ill „froh, eine offene Drohung zu hören“, und erhält als Antwort eine Verkehrung der Tatsachen: Der Ausgeschlossene und vom Tod Bedrohte wird nun selbst zur Gefahr erklärt, die eine präventive Tat erfordert: „Ich drohe Ihnen nicht, Ill, Sie drohen uns. Wenn Sie reden, müssen wir dann eben auch handeln. Vorher.“[84] Selten klar sieht der Lehrer das Unheil voraus, das dem kollektiv schuldig gewordenen Güllen blüht: „Noch weiß ich, daß auch zu uns einmal eine alte Dame kommen wird, eines Tages, und daß dann mit uns geschehen wird, was nun mit Ihnen geschieht, doch bald, in wenigen Stunden vielleicht, werde ich es nicht mehr wissen.“[85]

Durch ihre überbordende finanzielle Potenz und ihre unwirkliche Prothesen-Existenz[86] ist die alte Dame betont im Reich der Fiktion verortet.[87] „Es gibt keine Götter mehr, die Flüche verhängen, nur noch, als

83 Dürrenmatt 1980a, S. 109.
84 Ebd., S. 107.
85 Ebd., S. 103.
86 „Die Irrealität der Figur und den konstruktiven ‚Als-ob‘-Charakter dieses Weltgerichts hat Dürrenmatt u.a. durch ihre Prothesenhaftigkeit unterstrichen.“ Weber 2000, S. 189. „Claire ist ganz und gar ‚montiert‘, ist Allegorie der Welt, eine Kunst-Figur“, Braungart 2001, S. 223.
87 Es handelt sich um den „Versuch, der Ungestalt der Wirklichkeit durch den Entwurf fiktionaler Gegenwelten eine Gestalt zu geben“, Payrhuber, Franz-Josef: „‚Die Gerechtigkeit läßt sich nur noch durch ein Verbrechen wiederherstellen.‘ Anmerkungen zu Friedrich Dürrenmatts *Besuch der alten Dame*“. In: Lange, Günter (Hrsg.): *Lese-Erlebnisse und Literatur-Erfahrungen. Annäherungen an literarische Werke von Luther bis Enzensberger.* Festschrift für Kurt Franz zum 60. Geburtstag. Unter Mitarbeit von Bernhard Meier. Schneider Verlag Hohengehren: Baltmannsweiler 2001, S. 308–323, hier S. 310.

Parodie des Göttlichen, den Autor, und an seinem langen Arm die Milliardärin auf dem Balkon des ‚Goldenen Apostels'."[88] Was in dieser Versuchsanordnung anhand einer souveränen Figur zum Ausdruck kommt, ist die üblicherweise in der Realität herrschende Ohnmacht – die Erfahrung also, der unsittlichen menschlichen Gemeinschaft ausgeliefert zu sein. Die Gerechtigkeit, die Claire übt, so macht das Stück klar, ist eben nur in der Literatur möglich.

88 Rüedi, Peter: *Dürrenmatt oder Die Ahnung vom Ganzen*. Biographie. Diogenes: Zürich 2011, S. 575. Für die Lektüre des vorliegenden Beitrags und ihre hilfreichen Hinweise danke ich herzlich Corinna Sauter.

III. Geographische Welten

Heinrich Wilke

Kapitalistische Naturzerstörung und Ausbeutung
Lektionen aus der englischsprachigen Karibik des späten 17. Jahrhunderts

Beweise dafür, dass eine kapitalistische Wirtschaft Leben und Naturräume zerstört, sind hinlänglich erbracht. Sie sind mit Händen zu greifen in Form von standardisierten Landschaften, leergefischten und von Plastik und Öl verseuchten Ozeanen, Smog und ausgerotteten Tier- und Pflanzenarten; weniger greifbar aber nicht weniger gefährlich sind andere Erscheinungen wie anthropogene Veränderungen der Erdatmosphäre und klimatische Extreme. Dass solche Entwicklungen und Phänomene von alltäglichen Produktions- wie Konsumprozessen bestimmt werden, ist theoretisch wie empirisch gut erforscht.[1] Diese Zusammenhänge können ebenso wenig ernsthaft bezweifelt werden wie die Faktizität der menschengemachten Klimakatastrophe im Besonderen. Indes beruht der Fortbestand der gegenwärtigen Ordnung, von „Autogipfeln" und Palmölanbau bis zum Welthandel, auf der *praktischen* Verdrängung beider, die gut funktioniert. Profitstreben ist derart totalitär, dass seinetwillen auch fundamentale ethische Prinzipien außer Kraft gesetzt werden: dass Massentierhaltung, die bekanntlich an Forderungen nach Effizienz, Masse und Schnelligkeit um jeden Preis orientiert ist, unweigerlich Epi- und Pandemien Vorschub

---

1 Siehe beispielsweise Altvater, Elmar / Mahnkopf, Birgit: „The Capitalocence: Permanent Capitalist Counter-Revolution". *Socialist Register 2019: The World Turned Upside Down?* 55, 2018, 79–99; Foster, John Bellamy / Clark, Brett / York, Richard: The Ecological Rift: *Capitalism's War on the Earth*. Monthly Review: New York 2010; Foster, John Bellamy / Clark, Brett: *The Robbery of Nature: Capitalism and the Ecological Rift*. Monthly Review: New York 2020; Hartmann, Kathrin: *Aus kontrolliertem Raubbau: Wie Politik und Wirtschaft das Klima anheizen, Natur vernichten und Armut produzieren*. Karl Blessing Verlag: München 2015; Klein, Naomi: *This Changes Everything: Capitalism vs. the Climate*. Simon & Schuster: New York 2015.

leistet, wird von EntscheidungsträgerInnen kaum als Anlass zum Systemwandel verstanden.[2] Mit Vandana Shiva gesprochen: „‚Economy', like ‚ecology', is derived from *oikos* – our home, the Earth. An economy that destroys our home is no longer an economy. It is a war against the planet, the people and our future."[3]

Jener „Krieg" bedarf allerdings noch näherer Bestimmung. So könnte man etwa fragen, welches Bewusstsein darüber die herrschenden Eliten haben: welche Rollen spielen Akzeptanz und Ignoranz, und was genau ist das Objekt Letzterer? Fraglich ist weiterhin, worin der Unterschied zwischen der Naturzerstörung von kapitalistischen Produktionsregimen und der von nichtkapitalistischen besteht. Denn jene ist kein Privileg kapitalistischer Wirtschaften; wenn auch das *Ausmaß* der Zerstörung ein evidenter Unterschied ist – Dürren, Anstieg des Meeresspiegels und Artensterben bedrohen mittlerweile bereits die bloße Möglichkeit menschlichen Lebens in einigen Gebieten – so ist Zerstörung damit noch nicht in der *Logik* des kapitalistischen Systems lokalisiert. Was ist das spezifisch Kapitalistische an jener Zerstörung nichtmenschlichen Lebens? Was genau heißt in diesem Zusammenhang überhaupt „kapitalistisch"? Und wie geht Naturzerstörung mit Ausbeutung einher?

In der Folge werde ich jene Fragen anhand der kolonialen Karibik des späteren siebzehnten Jahrhunderts beantworten, wobei ich besonders auf Plantagenbesitzer Henry Drax' „Instructions Which I Would Have Observed by Mr Richard Harwood in the Management of My Plantation" eingehe.[4] Bei Drax' „Instructions" handelt es sich um eine Art Betriebsanleitung seiner beiden Zuckerrohrplantagen Drax und Hope auf Barbados.

---

2 Davis, Mike: *The Monster Enters: Covid-19, Asian Flu and the Plagues of Capitalism*. OR Books: New York 2020; Wallace, Rob: *Big Farms Make Big Flu: Dispatches on Infectious Disease, Agribusiness, and the Nature of Science*. Monthly Review: New York 2016.

3 Shiva, Vandana: „Foreword". In: Farrell, Clare et al. (Hrsg.): *This Is Not a Drill: An Extinction Rebellion Handbook*. Penguin: London 2019, S. 5–8, hier S. 5.

4 Drax, Henry: „Instructions which I would have observed by Mr Richard Harwood in the Management of My plantation acording to the Articles of Agreement betwene us which are heare unto Annexed". *William and Mary Quarterly* 66(3), 2009, S. 582–604.

Der Text wurde als Manuskript für Richard Harwood verfasst, der Drax' Besitztümer verwaltete, als dieser 1679 nach England aufbrach.[5] Der Blick in die Geschichte schärft das Bewusstsein dafür, dass die heute dominanten Mensch-Naturverhältnisse auf eine lange Tradition zurückblicken. Naturzerstörung zu vergeschichtlichen heißt, sie als entscheidendes Element der *longue durée* des Kapitalismus anzuerkennen. Das bildet ein Gegengewicht zu irreführenden Auffassungen, die die Wurzel ökologischer Verwüstung in Industrie- und Technologieexzessen wähnen; von dort ist es nur ein kleiner Schritt zur Romantisierung ländlicher Regionen vor der industriellen Revolution.[6] Dagegen zeigt die karibische Geschichte, dass ein großer Einfluss auf Naturräume nicht auf Urbanisierung, Öllecks und atomare Verseuchung angewiesen ist – für die Entwicklung und systematische Entfesselung destruktiver Haltungen genügt die richtige (also die falsche) Wirtschaftsordnung. Kritik darf deshalb nicht bei gewissen Technologien stehenbleiben. Ihr Gegenstand muss vielmehr die gesamte Gesellschaftsordnung sein.[7]

Das Ringen mit der von Monokultur ruinierten Landschaft nimmt großen Raum in Drax' Anordnungen ein. In deren Zentrum steht der Versuch, den ausgelaugten und erodierenden Böden doch noch genügend Nährstoffe für die Zuckerrohrpflanzen abzutrotzen. Die Causa Drax besitzt den Vorzug der Deutlichkeit; das klar formulierte Ziel heißt: Zuckerproduktion um jeden Preis. Ich werde zeigen, dass die Naturzerstörung, die die rein kommerzielle Plantagenwirtschaft dabei verursacht, weder bloßes Versehen noch überraschendes Nebenprodukt ist. Vielmehr wird dieses Problem bewusst in Kauf genommen, reflektiert und in den Produktionsprozess eingegliedert; so wird ökologische Verwüstung zu einem Aspekt von Letzterem. Der Begriff für diese Eingliederung ist der der Umwelt. Im ursprünglichen Verständnis bezeichnet „environment" die Herstellung

---

5 Thompson, Peter: „Henry Drax's Instructions on the Management of a Seventeenth-Century Barbadian Sugar Plantation". *William and Mary Quarterly* 66(3), 2009, S. 565–604.

6 Williams, Raymond: *The Country and the City*. Oxford University Press: New York 1973, S. 96.

7 Foster, John Bellamy: *Ecology against Capitalism*. Monthly Review: New York 2002; Horkheimer, Max: *Traditionelle und kritische Theorie: Fünf Aufsätze*. Fischer: Frankfurt a.M. 2011, S. 205–269.

eines Gleichgewichts, welches, obgleich sozial wie ökologisch katastrophal, wirtschaftlich (v)erträglich ist – ein Ungleichgewicht, mit dem sich arbeiten lässt.

1. Kolonialismus und Kapitalismus

Um die Drastik dieser Geschichte zu veranschaulichen, muss ich ein bisschen weiter ausholen. Barbados wurde 1627 von den Engländern besetzt. Auch wenn die Insel unmittelbar vor der englischen Besitznahme anscheinend unbewohnt war, geschah Letztere unter dem Vorzeichen imperialer Rivalität: insbesondere die Dominanz Spaniens in der „Neuen Welt" sollte durch die zunehmende Kolonisierung der Karibik und die Ausweitung transatlantischen Handels unter englischer Flagge gebrochen werden. Mitte der 1640er begann die enorm lukrative Produktion von Zucker den bis dahin üblichen Export verschiedener Produkte wie Indigo, Tabak und Baumwolle abzulösen. Die Entwicklung, die als barbadischer Zuckerboom bekannt ist, bestimmte die weitere Geschichte der Kolonie maßgeblich.[8] Dem Beispiel Barbados' folgend, wurden im späten siebzehnten und achtzehnten Jahrhundert viele englische und französische Kolonien wie Jamaica, Martinique und Saint-Domingue zu Zuckerexporteuren umgebaut (in den spanischen Kolonien begann diese Entwicklung erst gegen Ende des achtzehnten Jahrhunderts).[9] Der immense Reichtum, der so erwirtschaftet wurde, und die kolonialen Kriege, die seinetwegen geführt wurden, machten die Karibik zu einem Hauptschauplatz atlantischer Geschichte. Der große Bedarf an Arbeitskräften veranlasste Grundeigentümer dazu, eine Vielzahl von AfrikanerInnen für den Einsatz in der Zuckerproduktion zu versklaven. Das führte zu einer extremen Ausweitung des transatlantischen

8 Menard, Russell R.: *Sweet Negotiations: Sugar, Slavery, and Plantation Agriculture in Early Barbados*. University of Virginia Press: Charlottesville and London 2006.

9 Giusti-Cordero, Juan: „Beyond Sugar Revolutions: Rethinking the Spanish Caribbean in the Seventeenth and Eighteenth Centuries". In: Baca, George et al. (Hrsg): *Empirical Futures: Anthropologists and Historians Engage the Work of Sidney W. Mintz*. University of North Carolina Press: Chapel Hill 2009, S. 58–83.

Versklavungshandels, der als extraktive Wirtschaft verstanden werden kann;[10] alle Imperien zusammengenommen, wurden bis 1875 ca. zwölfeinhalb Millionen AfrikanerInnen in die Amerikas deportiert, vor allem, um auf Plantagen zu schuften.[11]

Es ist gerade die Institution der Sklaverei, die die frühneuzeitlichen Kolonien in der Karibik und anderen Regionen der westlichen Hemisphäre zu kapitalistischen Gesellschaften macht. Das scheint paradox. Landläufig wird im Gegenteil die Dominanz von Lohnarbeit als entscheidendes Kriterium für eine kapitalistische Wirtschaft gesehen; solange Arbeitskraft keine Ware sei, handle es sich nicht um Kapitalismus. Historisch gesehen ist die damit zusammenhängende formalrechtliche Freiheit derjenigen, die ihre Arbeitskraft verkaufen (und damit ihre formalrechtliche Gleichheit mit deren KäuferInnen), dann auch ein wichtiges Argument für die Apologeten des Kapitalismus gewesen. Allerdings ist diese Perspektive abstrakt und begrifflich wie historisch beschränkt. Weder solch liberaler Formalismus noch die These, dass sich der Kapitalismus durch die Ausweitung jahrhundertealter Handelspraktiken oder die bewusste Einbindung technologischer Innovationen in Produktionsabläufe auszeichne, erklären diesen Begriff stichhaltig. Ausgehend von ihrer Analyse des ländlichen Englands des sechzehnten Jahrhunderts behauptet Ellen Meiksins Wood, dass die historische Einzigartigkeit des Kapitalismus vielmehr in der Beschaffenheit des Marktes besteht: der kapitalistische Markt ist eine Institution, die dezidiert Zwang ausübt, auch auf jene, die Eigentum an Produktionsmitteln besitzen.[12] Märkte haben zu allen Zeiten und in völlig verschiedenen Gesellschaften Warenaustausch ermöglicht; spezifisch

---

10 Mbembe, Achille / Dubois, Laurent (Übers.): *Critique of Black Reason.* Duke University Press: Durham / London 2017, S. 18, 40.

11 Vgl. Slave Voyages: „Trans-Atlantic Slave Trade – Estimates". slavevoyages.org. Zuletzt abgerufen 02.03.2020. <https://www.slavevoyages.org/assessment/estimates>; Baucom, Ian: *Specters of the Atlantic: Finance Capital, Slavery, and the Philosophy of History.* Duke University Press: Durham / London 2005; Blackburn, Robin: *The Making of New World Slavery: From the Baroque to the Modern, 1492–1800.* Verso: London / New York 1997; Rediker, Marcus: *The Slave Ship: A Human History.* Penguin: London 2008.

12 Wood, Ellen Meiksins: *The Origin of Capitalism: A Longer View.* Verso: London and New York 2002.

kapitalistisch ist daher nicht der Austausch an sich, sondern der Umstand, dass er der Fluchtpunkt weiter Teile der Gesellschaft ist.

Diese Beschaffenheit kristallisierte sich laut Wood zuerst auf dem Gebiet der Nahrungsmittelproduktion heraus. Wood und andere drücken diesen Umstand mit dem Begriff *agrarian capitalism* aus. Im ländlichen England des sechzehnten Jahrhunderts wurde die Höhe der Grundsteuer zunehmend vom Markt bestimmt, anstatt wie bisher üblich auf Brauch und geltendem Recht zu fußen.[13] Dadurch wurden Bauern und Bäuerinnen gezwungen, wettbewerbsfähig zu produzieren. Enteignungen drohten denjenigen, die dazu nicht in der Lage waren. Was zählte, war nicht länger primär der Gebrauchswert von Nahrungsmitteln, sondern ihr Tauschwert; hauptsächlich für den Markt produziert, wurden sie zunehmend vor allem als Geldquelle und weniger als „life's most basic necessity"[14] wahrgenommen. Der Zwang zur profitablen Produktion verleitete Grundeigentümer dazu, Höfe zusammenzulegen, um sie effizienter verwalten zu können. In der Folge dieser sogenannten Einhegungen wurden unzählige Bauern und Bäuerinnen enteignet und vertrieben; um ihren freien Gebrauch an Produktionsmitteln gebracht, konnten sie nur noch ihre Arbeitskraft verkaufen.[15]

Auch wenn Woods Analyse auf England beschränkt ist, erhellt sie in der Tat zentrale Aspekte der karibischen Plantagenwirtschaft. Ist im Kapitalismus das Fortbestehen der Gesellschaft fundamental an den Markt gebunden, weil Enteignungen von ländlichem Grund und Boden die Masse der Bevölkerung außerstande setzen, sich selbst zu versorgen, so lässt sich eine ähnliche Abhängigkeit auch in der kolonialen Karibik beobachten. Paradoxerweise waren gerade diese überwiegend Landwirtschaft betreibenden Kolonien abhängig von Nahrungsmittelimporten, da die kommerzielle Landwirtschaft den Schwerpunkt auf Export legte. Der Markt erfüllte

---

13 Ebd., S. 100–101.

14 Ebd., S. 97.

15 Die „Freiheit" von LohnarbeiterInnen ist daher nicht zuletzt ihre zynische Freiheit von „allen zur Verwirklichung [ihrer] Arbeitskraft nötigen Sachen" (Marx, Karl: *Das Kapital: Erster Band*. Dietz Verlag: Berlin 1977, S. 183). Das zwingt sie dazu, ihre „Arbeitskraft selbst […] als Ware feil[zu]bieten" (Ebd.).

auch noch eine weitere Funktion, die eng mit der Sklaverei zusammenhängt. Wie Sylvia Wynters anmerkt,

> the Caribbean [...] [was] 'planted' with people, not in order to form societies, but to carry on plantations whose aim was to produce single crops for the markets. That is to say, the plantation-societies of the Caribbean came into being as adjuncts to the market system; their peoples came into being as an adjunct to the product, to the single crop commodity – the sugar cane – which they produced.[16]

Die koloniale Karibik ist daher die Stätte von Extremfällen kapitalistischer Gesellschaften, also für Gesellschaften, die nur für den Markt existieren: für die Produktion von Exportartikeln, allen voran Zucker. Darüber hinaus existierten jene Gesellschaften auch nur *aufgrund* des Marktes: aufgrund der Versklavung von AfrikanerInnen und ihres Verkaufes in die Kolonien. Weit entfernt davon, nur bei der Gründung jener Gesellschaften eine Rolle zu spielen, waren Versklavung und Menschenhandel konstitutiv für sie. Denn die extreme Ausbeutung und Entmenschlichung versklavter AfrikanerInnen zog eine derart hohe Sterblichkeitsrate nach sich, dass der Fortbestand der Kolonien nur durch immer mehr Versklavungen, nicht jedoch durch sogenannte natürliche Reproduktion der Bevölkerung gesichert werden konnte. Der Preis für den wirtschaftlichen Erfolg der Plantagenbesitzer war die menschliche Katastrophe ihrer Arbeitskräfte. Angesichts jener Bedeutung des Marktes waren die englischen und französischen Gesellschaften der kolonialen Karibik, die früh auf massive Versklavungen für Plantagenarbeit setzten, kapitalistischer als England, das angebliche „Mutterland" des Kapitalismus.[17]

---

16 Wynter, Sylvia: „Novel and History, Plot and Plantation". *Savacou* 5, 1971, S. 95–102, S. 95.

17 Dass die Karibik ein noch extremeres Beispiel für den kapitalistischen Markt bietet als England, veranschaulicht Frantz Fanons Beobachtung, dass „marxistische Analysen immer leicht gedehnt werden müssen, wenn man sich der kolonialen Problematik nähert" (Fanon, Frantz: *Les damnés de la terre*. La Découverte: Paris 2002, S. 43; meine Übersetzung). Überhaupt ist die Geschichte des Kapitalismus ein Lehrstück darüber, dass Moderne nichts genuin oder originär Europäisches ist. Dennoch hält sich in vielen von Weißen dominierten Diskursen hartnäckig die Ansicht, wonach die Moderne ihren Ausgang von Europa genommen und andere Teile der Welt erst später ergriffen habe (es sei denn, die entsprechenden Länder „entwickeln" sich noch heute); Pionierleistung könne eben nur vom Westen ausgehen. Fernando Coronil stellt treffend

2. Umwelt und Ungleichgewicht

Anhand von Drax' „Instructions" werde ich im Folgenden ausbuchstabieren, zu welchen Haltungen und Handlungen die zentrale Rolle des Marktes auf dem Barbados des späteren siebzehnten Jahrhunderts führte. Ich analysiere zunächst die ökologischen Konsequenzen der ausschließlichen Orientierung der Plantagenwirtschaft am Markt. In diesem Zusammenhang diskutiere ich den Begriff „Umwelt" in seiner ursprünglichen Bedeutung. Anschließend widme ich mich der Abhängigkeit des kolonialen Barbados vom Markt. Hier komme ich auf den sozialen Preis der Zuckerproduktion, den systematischen „Verschleiß" versklavter AfrikanerInnen, zu sprechen. Mit Verweis auf die Rassifizierung Letzterer im *racial capitalism* werde ich zeigen, dass eine Analyse ökologischer Verhältnisse unvollständig ist, wenn sie nicht auch die sozialen einbezieht.[18] Ich schließe meine Interpretation

---

fest, dass im Eurozentrismus bzw. „Okzidentalismus" provinzielle Engstirnigkeit mit global wirkenden Machtverhältnissen verschränkt ist (vgl. Coronil, Fernando: „Beyond Occidentalism: Toward Nonimperial Geohistorical Categories". *Cultural Anthropology* 11(1), 1996, S. 51–87, hier 56f., 78; zu dieser Problematik siehe auch Trouillot, Michel-Rolph: *Silencing the Past: Power and the Production of History*. Beacon: Boston 1995, S. 70–107; Trouillot, Michel-Rolph: „The Otherwise Modern: Caribbean Lessons from the Savage Slot". In: Knauft, Bruce M. (Hrsg.): *Critically Modern: Alternatives, Alterities, Anthropologies*. Indiana University Press: Bloomington / Indianapolis 2002, S. 220–37). Gerade die Karibik war allerdings entscheidend für Modernisierungsprozesse innerhalb Europas, von der Industrialisierung und Herausbildung von Konsumgesellschaft und Naturschutzmodellen bis hin zur Entwicklung politischer Selbstbilder (Blackburn 1997, S. 509–593; Fischer, Sibylle: *Modernity Disavowed: Haiti and the Cultures of Slavery in the Age of Revolution*. University of the West Indies Press: Kingston 2004; Grove, Richard H.: *Green Imperialism: Colonial Expansion, Tropical Island Edens and the Origins of Environmentalism, 1600–1860*. Cambridge University Press: Cambridge 1995; McDonald Beckles, Hilary: „Capitalism, Slavery and Caribbean Modernity". *Callaloo* 20(4), 1997, S. 777–789; Sheller, Mimi: *Consuming the Caribbean: From Arawaks to Zombies*. Routledge: London and New York 2003; Williams, Eric: *Capitalism and Slavery*. University of North Carolina Press: Chapel Hill / London 1994). Nicht zuletzt geht auch die Genese des Finanz- und Versicherungswesens auf den Versklavungshandel zurück (vgl. Baucom 2005).

18 Robinson, Cedric J.: *Black Marxism: The Making of the Black Radical Tradition*. University of North Carolina Press: Chapel Hill / London, 2000.

mit einigen Gedanken zur Art der Rationalität, die Drax' Anordnungen zugrunde liegt.

Die Lukrativität des Zuckerhandels, der Eigentümer auf Barbados Mitte der 1640er gewahr wurden, war ein entscheidender Faktor in der Zerstörung der Natur der Insel, die die folgenden Jahrzehnte bestimmen sollte. Opfer der Zerstörung waren allen voran die tropischen Wälder, die zum einen zwecks der Gewinnung von Brennholz für die Zuckermühlen[19] und zum anderen für die monokulturellen Zuckerrohrfelder gerodet wurden. Das Ergebnis war „the virtually total removal of the ecologically intricate, stable tropical seasonal- and rain-forest, along with the associated coastal scrub, which formerly had been present on the island."[20] Von 1665 an erwähnten zeitgenössische Dokumente lediglich noch Turners Hall Wood, allem Anschein nach der einzige Wald, der vom Zuckerfuror verschont blieb.[21] Die Entwaldung resultierte in der Ausrottung mehrerer Tier- und Pflanzenarten.[22] Innerhalb weniger Jahrzehnte richtete die am Export orientierte Zuckerproduktion die Ökosysteme der Insel zugrunde. Gemessen an diesem kurzen Zeitraum erreichte die Zerstörung der einheimischen Fauna und Flora eine Dimension, die in der Geschichte der Landwirtschaft ihresgleichen sucht.[23] Es überrascht nicht, dass Entwaldung ein zentrales Thema karibischer Literatur war und ist.[24]

---

19 Die Zuckerproduktion im großen Stil, die weite Teile der kolonialen Karibik bestimmte, war ein industrielles Unterfangen. Sidney W. Mintz charakterisiert sie als Synthese von Feldarbeit und Fabrik (Mintz, Sidney W.: *Sweetness and Power: The Place of Sugar in Mondern History*. Penguin: London 1985, S. 47). Die Arbeit zeichnete sich durch strikte Disziplin und die zeitlich genau getaktete Abfolge von Produktionsschritten einer großen Zahl von ArbeiterInnen aus (1985, 51).

20 Watts, David: *The West Indies: Patterns of Development, Culture and Environmental Change since 1492*. Cambridge University Press: Cambridge 1987, S. 219.

21 Grove 1995, S. 69.

22 Watts 1987, S. 219–223.

23 Watts, David: „Man's Influence on the Vegetation of Barbados, 1627–1800". *University of Hull Occasional Papers in Geography* 4, 1966, S. 1–96.

24 Paravisini-Gebert, Lizabeth. „Deforestation and the Yearning for Lost Landscapes in Caribbean Literatures". In: DeLoughrey, Elizabeth M. / Handley, George B. (Hrsg.): *Postcolonial Ecologies: Literatures of the Environment*. Oxford University Press: Oxford 2011, S. 99–116.

War die Intensität der Verwüstung wohl geschichtlich einmalig, so galt dies aber nicht für deren Nachspiel. Im Gegenteil zeitigte Letzteres Einstellungen und Verhaltensweisen, die für Regimes kapitalistischer Landwirtschaft mustergültig werden sollten. Die Vegetation, welche die ursprüngliche ersetzte, bildete das genaue Gegenteil eines tropischen Waldes mit seiner Vielzahl an Arten und deren überaus komplexem Zusammenspiel. Für maximalen Output setzten die Pflanzer auf Monokultur. Sie verstanden frühzeitig, wie Richard Ligon in einem bedeutenden Reisebericht über Barbados zeigte, dass die großen Felder gestaffelt bepflanzt und abgeerntet werden müssen, da geerntetes aber unverarbeitet gelassenes Zuckerrohr schnell verdirbt.[25] Indes reichte solche wirtschaftliche Klugheit nicht an die Lebens- und Regenerationsbedingungen in dem menschengemachten Ökosystem heran. Verständnis von und Respekt vor dem Leben traten vielmehr in einen Gegensatz zu wirtschaftlicher Praxis, da jene inkompatibel mit den vom Markt diktierten Produktions- und Akkumulationsimperativen waren. Das aber blieb nicht ohne Folgen für die Umsetzbarkeit dieser Imperative: drastisch auf Zuckerrohr reduziert, erwies sich das neue Ökosystem als fundamental instabil.

Ein Aspekt der Instabilität war die Auslaugung des Bodens infolge des einseitigen Nährstoffbedarfs nur einer massenhaft vertretenen Pflanzenart. Monokultur entpuppte sich damit als zutiefst widersprüchlich. Denn obwohl gerade der großflächige Anbau von Zuckerrohr robuste Erträge sichern sollte, war es just diese Fokussierung, die die Ausbeute schmälerte. So drohten die Profite genau durch die Praxis einzubrechen, die sie doch eigentlich steigern sollte. Es zeigte sich, dass Plantagen zwar in kurzer Zeit immensen Reichtum erwirtschaften konnten, der seine Nutznießer prompt zu den Neureichen der englischen Gesellschaft machte.[26] Der Preis aber war die ebenso schnelle Zerstörung der Grundlage dieses Reichtums, die eben einerseits der karibische Boden selbst war. Die Imperative von Produktion und Akkumulation erwiesen sich als unvereinbar mit den Zeiträumen, die für die Regenerierung des Bodens nötig gewesen wären. Das

---

25 Ligon, Richard: *A True and Exact History of the Island of Barbadoes.* Peter Parker and Thomas Guy: London 1673, S. 88.

26 Williams 1994, S. 85–97.

Plantagenregime laborierte unter diesem Widerspruch zwischen Produktion und Reproduktion.

Es half wenig, dass sich Drax und die anderen führenden Pflanzer die besten Böden der Insel gesichert hatten;[27] rücksichtslose Ausbeutung verminderte alsbald auch deren Fruchtbarkeit. Drax' Anweisung an Harwood, „the best and newest land in the remote pts of both plantations" zu nutzen, kann daher als Versuch verstanden werden, auf Zeit zu spielen.[28] Und dennoch: „As the Generalety of our grovnd Now is theire is No Producing good Canes withoutt dunging Every holle."[29] Intensives Düngen jeder einzelnen Pflanze war die Taktik der Stunde – eine enorm anstrengende Arbeit, die an die Versklavten weitergereicht wurde. Der große Bedarf an Dünger erklärt auch die Schafs- und Rinderzucht auf den Plantagen: „[Y]our sheepe I would have Constantly keeptt att the Hope plantation for making of Dung there {…}. {F}eeding the Cattle with abundance of Corn tops {…} Makes greatt qwantaty of dung."[30] Doch der Teufelskreis von Auslaugung und Bodenerosion, den Drax angestoßen hatte, konnte auch so nicht verhindert werden. Wie Robert Shiel erläutert,

> fertility deterioration [caused by intensifying land use] invariably results in slower growth of plants, and, by leaving the soil surface exposed for longer, frequently increases soil erosion (McGregor et al. 1999), and this, by removing the nutrient-rich portion of the soil preferentially (Stoltenburg and White 1953), has an even greater negative effect on fertility.[31]

---

27 Dunn, Richard S.: *Sugar and Slaves: The Rise of the Planter Class in the English West Indies, 1624–1713*. University of North Carolina Press: Chapel Hill and London 1972, S. 95.

28 Drax 2009, S. 9–10. Ich zitiere Drax' „Instructions" nach Peter Thompsons 2009er Abdruck im *William and Mary Quarterly*. Das für eine heutige Leserschaft mitunter etwas abenteuerliche Englisch behalte ich unverändert bei. Seitenzahlen beziehen sich nicht auf das *Quarterly* selbst, sondern auf die ursprüngliche Paginierung, die Thompson im Text wiedergibt. In meinen Zitaten aus den „Instructions" bezeichnen eckige Klammern ausnahmsweise Thompsons Einschübe und Erläuterungen, während meine eigenen durch geschwungene Klammern gekennzeichnet sind.

29 Drax 2009, S. 8.

30 Ebd., S. 1–2.

31 Shiel, Robert S.: „An Introduction to Soil Nutrient Flows". In: McNeill, J.R./ Winiwarter, Verena (Hrsg.): *Soils and Societies: Perspectives from Environmental History*. White Horse: Ilse of Harris 2006, S. 7–12, hier S. 7–8.

Böden in der Karibik waren und sind besonders anfällig für Erosion.[32] Außerdem erwiesen sich die monokulturellen Felder als äußerst anfällig gegenüber Unkraut.[33]

Der Widerspruch zwischen Produktion und Reproduktion zeigte sich nicht nur bei fruchtbarem Boden, sondern auch bei einer anderen Ressource, nämlich Brennholz. Feuerholz wurde für die Weiterverarbeitung der Melasse im Brennhaus benötigt und war somit unabdingbar für die Zuckerproduktion. Aber durch ihre großflächige Vernichtung einheimischer Wälder hatten sich die Grundherren selbst um potenzielles Brennholz gebracht. Von den tropischen Wäldern, die Ligon in seinem 1657 in London veröffentlichten Reisebericht *A True and Exact History of the Island of Barbadoes* seitenweise bewundert hatte, war wenige Jahrzehnte später nicht mehr viel übrig. Drax schreibt an Harwood: „[W]ood will be much wanting therefore you should take a Convenient time when Shipps ariue from St Lucea & its Cheape to store yourselfe there with."[34] Außerdem ordnet er die Pflanzung von Bäumen und Sträuchern an, die als Brennholz fungieren sollen.[35] Dessen Import war mittlerweile kaum noch erschwinglich.[36]

Die Maßnahmen des Düngens und der Brennholzbeschaffung waren Versuche, das Plantagenregime zu erhalten – trotz der Krise, die es selbst verursacht hatte. Während die bewusste Intervention in die Natur zum Zweck des Profits heute wenig spektakulär erscheinen mag, war sie damals durchaus neu. Die ursprüngliche, technische Bedeutung von environment bezeichnet genau dieses Problem: wie muss in der Krise das Verhältnis zum jeweiligen Ökosystem angepasst werden, um das gegenwärtig existierende Produktions- und Akkumulationsregime aufrechtzuerhalten?[37] In

32 Watts 1987, S. 37.

33 Drax 2009, S. 10.

34 Ebd., S. 18.

35 Ebd., S. 20–21.

36 Thompson 2009, S. 571.

37 Der Einfachheit halber nutze ich in der Folge meist „Umwelt" für environment. Gemeint ist damit aber jene terminologische Bedeutung *im englischen Sprachraum*. Mein Rückgriff auf die deutsche Entsprechung soll nicht suggerieren, dass „Umwelt" eine parallele Begriffsgeschichte zu „environment" aufweist; die Klärung dieses Sachverhaltes verdient eine eigene ausführliche Untersuchung, die ich hier nicht leisten kann.

„The Biopolitical Unconscious: Towards an Eco-Marxist Literary Theory" verfolgt der marxistische Literaturwissenschaftler Leerom Medovoi jenen Sachverhalt zu seinen historischen Ursprüngen zurück, die er im neunzehnten Jahrhundert lokalisiert.[38] Mit seiner Vergeschichtlichung des Umweltbegriffs beabsichtigt Medovoi nicht zuletzt, dessen unkritische Indienstnahme von Seiten des ecocriticism zu korrigieren. Denn obwohl „environment" heutzutage oft ins Feld geführt wird, um zu naturschonenden oder -schützenden Praktiken zu mahnen, ist die ursprüngliche Konnotation genau gegenteilig. Jener Begriff wurde im Zusammenhang mit der Biopolitik industrieller Regime geprägt. Biopolitik, ein Terminus Michel Foucaults, bezeichnet den Umstand, dass menschliches Leben selbst der bürokratischen Kontrolle unterworfen wird. Laut Medovoi zielt solche Intervention aber ebenso auf nichtmenschliches Leben ab:

> the discovery of the environment as a statistical set of factors amenable to political intervention quickly placed it at the center of the first genuinely reflexive mode of regulation in the history of capitalism, one that at its core sought to govern the effects of both natural and social surroundings on the productivity of the population that drew life from them.[39]

„Umwelt" ist daher kein neutraler Begriff, sondern beschreibt die Regulierung von Leben in Krisenmomenten zugunsten des herrschenden kapitalistischen Regimes – sei es angesichts von Bevölkerungsexplosion damals oder Klimakatastrophe heute.[40] Medovoi zieht folgende Konsequenzen aus dieser Geschichte:

> The point is not […] to deny that massive climate change is highly likely, any more than Marxism has required us to deny the very real risk of nuclear war. What we must recognize, rather, is that climate change is not going to happen because capitalism has *ignored* the environment or because nobody *cares* about nature. On the contrary, the point is to stress just *how much* the environment has mattered to capitalism throughout its history […], precisely because 'environmentality' is the mechanism through which the milieus of life are assessed and transformed, and rendered more productive. Much of the rhetoric of ecopolitics today in fact works precisely in this historical tradition, arguing that we will have to 'green' our relationship to the environment in order to make capitalism more

38 Medovoi, Leerom: „The Biopolitical Unconscious: Toward an Eco-Marxist Literary Theory". *Mediations* 24(2), 2010, S. 122–139.

39 Ebd., S. 130.

40 Ebd., S. 127, 136.

> sustainable. The political goal of a properly Marxist ecocriticism will not be to save the environment. It will be to abolish it.[41]

Wenn Umwelt aber eine Summe von Eingriffen bezeichnet, die Produktion und Akkumulation aufrechterhalten sollen, dann muss Medovois Befund über das neunzehnte Jahrhundert hinaus zurückdatiert werden. Denn auch Pflanzer Drax geht es um solche Eingriffe. Obwohl „environment" hier als Wort und Terminus fehlt, ist das Problem der Sache nach gegeben; auch in dieser Hinsicht war die frühneuzeitliche Karibik moderner als Europa. Tatsächlich war Drax' Problem genau dasjenige, mit dem sich auch die Fürsprecher des Kapitalismus unserer Tage konfrontiert sehen. Wie kann das wirtschaftliche System entgegen seiner ureigenen Tendenz zur Zerstörung seiner ökologischen Grundlagen aufrechterhalten werden? Welche Maßnahmen sind zu ergreifen, um es vor sich selbst zu schützen? Obgleich diese Aufgabe absurd und letztlich unmöglich ist, kann die Lösung nach Drax und seinen heutigen Brüdern und Schwestern im Geiste nicht darin bestehen, den Widerspruch zwischen Produktion und Reproduktion aufzulösen. Denn das hieße, das Wirtschaftssystem, für das jener Widerspruch konstitutiv ist, insgesamt aufzugeben.

Aus Sicht der Eigentümer und Profiteure müssen also Wege gefunden werden, den Widerspruch auszuhalten – nicht zuletzt, weil der kapitalistische Markt selbst die EigentümerInnen von Produktionsmitteln nicht von seinen Zwängen verschont. In Ermangelung der Option, die negativen Konsequenzen des Plantagensystems auszulagern, so dass andere Naturräume statt diejenigen auf Barbados unter ihm zu leiden hätten, schuf Drax eine „Umwelt". Deren Zweck war nicht, ein stabiles Ökosystem aufzubauen, sondern das vorhandene instabile zu erhalten, um weiterhin Profit erwirtschaften zu können. Die Maßnahmen des intensiven Düngens und der Brennholzbeschaffung sollten die Lage durch Symptombehandlung kurzfristig entspannen; tiefgreifende Änderungen konnten und sollten sie nicht herbeiführen. Bereits im späteren siebzehnten Jahrhundert gab es also die Praxis, dass das Kapital „seeks to play a shell game with the environmental problems it generates, moving them around rather than addressing the root causes"[42], die in der wirtschaftlichen Ordnung im Ganzen zu

---

41 Ebd., S. 136–137. Hervorhebung im Original.
42 Foster / Clark / York 2010, S. 74.

finden sind. Ökologisches Ungleichgewicht wurde akzeptiert und musste nur dahingehend korrigiert werden, dass es die Gewinne nicht schmälerte. Die ökologische Krise war für die Grundherren nur ein technisches Problem.[43] Mehr noch: insofern die monokulturelle Plantage unweigerlich ökologische Instabilität bedeutete, implizierte ihre Bejahung auch die Bejahung Letzterer. Das adelte noch die weiträumigen Rodungen, die die ursprüngliche Verwüstung markierten. Die Umwelt verstetigt das Ergebnis der Zerstörung, womit die ökologische Krise zum Normalzustand wird.

3. Rassifizierung und Ausbeutung

Umwelt hat nicht nur ökologische Aspekte. Da ein Umweltsystem in der technischen Bedeutung auf die Weiterführung von Produktion abzielt, institutionalisiert es außerdem Auffassungen über die Kontrolle und Ausbeutung körperlicher Arbeit. Diskussionen ökologischer Zustände bleiben abstrakt, wenn sie solche sozialen Verhältnisse ausblenden, ohne die „Umwelt" doch undenkbar wäre. Körperliche Arbeit wurde auf den barbadischen Plantagen des späteren siebzehnten Jahrhunderts vor allem von zwei Gruppen verrichtet, von versklavten AfrikanerInnen einerseits und indentured servants andererseits.[44] Letztere waren unfreie ArbeiterInnen aus Europa, die nach Ablauf einer vertraglich festgesetzten Zeit zu Freien wurden und selbst Eigentum an Land und Menschen erwerben konnten. Ihre Zahl nahm im Laufe der Jahre stetig ab, während die der Versklavten anstieg. Dem Zensus zufolge lebten 1680 40000 Schwarze und 20000 Weiße auf der Insel.[45] Dieser Trend sollte sich in der Folge noch verstärken und schließlich weitere Kolonien der Region sowie Nord- und Südamerikas erfassen; auch in demographischer Hinsicht kann Barbados als Pioniergesellschaft gelten.

Das Ungleichgewicht war aber nicht nur demographischer Art. Ihm lag die Annahme zugrunde, dass sich die menschliche Spezies in mehrere körperlich wie geistig unterschiedlich beschaffene Gruppen, also Rassen,

---

43 Ebd.

44 Shaw, Jenny: *Everyday Life in the Early English Caribbean: Irish, Africans, and the Construction of Difference*. University of Georgia Press: Athens and London 2013.

45 Dunn 1972, S. 312.

aufteilt. Die Fiktionalität dieser Einteilungen[46] und ihre Angewiesenheit auf bzw. Mobilisierung von Phantasmen änderten nichts daran, dass sie realiter eine gewaltige politisch-soziale Wirkung entfachten.[47] Rassifizierung, also die Einteilung der menschlichen Gattung „into humans, not-quite-humans, and nonhumans,"[48] degradierte AfrikanerInnen zu einer Art nützlichem Arbeitstier und machte so eine gewaltige Masse an Arbeitskräften verfügbar.[49] Das demografische Ungleichgewicht ist daher Ausdruck einer extremen politisch-sozialen Ungleichheit, die ebenfalls weit über Barbados hinausging und mit den formalen Aufhebungen der Sklaverei im Laufe des neunzehnten Jahrhunderts keineswegs beendet wurde – ganz im Gegenteil, wie etwa der staatliche Terrorismus der USA gegen die afroamerikanische Bevölkerung zeigt.[50] Darüber hinaus prägte die Ausbeutung nichtweißer Menschen durch Weiße die weltumspannende Arbeitsteilung und Besitzverteilung der heutigen Globalisierung vor, für die Rassifizierung konstitutiv ist.[51] Seit es überhaupt Sinn macht, vom Westen zu sprechen, ist weiße Vorherrschaft ein zentraler westlicher Wert.

---

46 „The world of racial classification is, to all intents and purposes, a realm not of objective science, but of cultural subjectivity and creativity, for 'race' involves the arbitrary imposition of discontinuities on the continuous physical variation of the world's peoples." Kidd 2006, S. 7.

47 Mbembe 2017, S. 31–32 und passim.

48 Weheliye, Alexander G: *Habeas Viscus: Racializing Assemblages, Biopolitics, and Black Feminist Theories of the Human*. Duke University Press: Durham/London 2014, S. 8.

49 Robinson 2000, S. 81.

50 Vgl. Abu-Jamal, Mumia: *Have Black Lives Ever Mattered?* City Lights Books: San Francisco 2017; Alexander, Michelle: *The New Jim Crow: Mass Incarceration in the Age of Colorblindness*. The New Press: London / New York 2010; Anderson, Carol: *White Rage: The Unspoken Truth of Our Racial Divide. Bloomsbury*: London 2017; Horne, Gerald: *The Counter-Revolution of 1776: Slave Resistance and the Origins of the United States of America*. New York University Press: New York / London 2014.

51 Vgl. Chakravartty, Paula / Ferreira da Silva, Denise: „Accumulation, Dispossession, and Debt: The Racial Logic of Global Capitalism - An Introduction". *American Quarterly* 64(3), 2012, S. 361–85; Mbembe 2017; Moreton-Robinson, Aileen: *The White Possessive: Property, Power, and Indigenous Sovereignty*. University of Minnesota Press: Minneapolis and London 2015; Smith, John: *Imperialism in the Twenty-First Century: Globalization, Super-Exploitation, and Capitalism's Final Crisis*. Monthly Review: New York 2016;

Es überrascht daher nicht, dass das Umweltsystem der Plantage soziale Aspekte ebenso peinlich genau im Auge behielt wie die ökologischen. Weniger euphemistisch ausgedrückt: es basierte auf der permanenten Überwachung der unfreien Arbeiterschaft. Das zeigt sich etwa im Falle der Fuhrmänner (carters), die den Zucker von den Plantagen nach Bridgetown brachten, der Hauptstadt und dem wichtigsten Hafen der Kolonie. Drax weist Harwood an, „to keep the Carters in the better awe itt will be Conveniant freqwantly to Sett a Spie on them."[52] Überwachung geht natürlich Hand in Hand mit Einschüchterung. Drax verdeutlicht, dass auch und gerade diejenigen Arbeiter[53] eingeschüchtert werden müssen, die einen höheren Rang bekleiden. Das zeigt Drax' Anordnung bezüglich des sugar curer, dem die Aufsicht über die Weiterverarbeitung der Melasse im Brennhaus obliegt. Drax verlangt, dieser

> Should be some thing above the Converse of the ordnary Sort of serwants for which reason I would hav him eatt att your own table[,] by Which means you will also have Mor ffreqwant oportunatys of Discourse with and geiving him directions aboutt his Busines. [B]esyds which you most very ffreqwently viwe his actions and all most dayly all his Sugar in Every Bay. [T]his Dilligence of yours will make him fearfull of Erring by Neglectt ore otherwise welne {that is, well} knoving it most be discovered.[54]

Es ist natürlich die unmittelbare Wichtigkeit des sugar curer für die Zuckerproduktion, welche das Management in besonderem Maße für die Qualität seiner Arbeit sensibilisiert – und dem fraglichen Arbeiter daher zum Verhängnis werden kann.

Tilley, Lisa, / Shilliam, Robbie: „Raced Markets: An Introduction". *New Political Economy* 23(5), 2018, S. 534–543.

52 Drax 2009, S. 3.

53 Das ausschließlich maskuline Genus ist bewusst gewählt. Rasse und Klasse bildeten bei weitem nicht die einzigen Hierarchiekategorien der Plantage: versklavte Frauen schulterten die Hauptlast an Feldarbeit, weil es ihnen untersagt war, Tätigkeiten wie Viehzucht, Handwerk oder die Weiterverarbeitung des geernteten Zuckerrohrs zu übernehmen (Bush 1990, S. 38). Wie Jennifer Morgan erklärt, „[b]lack women found themselves on the bottom of the work pyramid on the sugar plantations, exposed to hard labor and drudgery with little chance of escape to more skilled or protected positions" (2004, S. 150). Sie kamen also für höherrangige Aufgaben gar nicht erst in Frage.

54 Drax 2009, S. 15.

Die Zuckerproduktion genoss höchste Priorität, auch und gerade im Verhältnis zur Gesundheit der unfreien ArbeiterInnen. Hier sind zwei Textpassagen aufschlussreich, die zudem zeigen, dass der Fluchtpunkt von Überwachung Bestrafung ist. Im Einklang mit einem vielbemühten Rassenstereotypen meint Drax, dass Schwarze natürliche Diebe seien.[55] Diebstahl sei aber verzeihlich, wenn er „for there body" geschehe, das heißt zum Zwecke der Ernährung.[56] Ganz anders stehen die Dinge, wenn Zucker gestohlen wird:

> bot if att any time there are any taken Stealling Sugr Molases or Rum which is our Money and the finall productt of all our Endewors and Care the {sic} must be Sewerly handled theire being No punishment tooe terrible on Such an octation as doeth Not deprive the party of Either life or Limbs.[57]

Selbst Nachlässigkeit muss schlimme Strafen nach sich ziehen, wie Drax anhand des Prozesses des Zuckerklärens verdeutlicht:

> Theire most be greatt Care taken in Clarefying your Liqwor that your Liqwor have its due tempering. [I]f theire be a Mistake in the Clarefyer its hard to be rectefyed in the rest of the Copers[,] theirefor your head boylers in Each watch Most have ptickler Charge of Clarefying and upon theire Neglect to be Soberly punished.[58]

Gegen „zweckwidrige[n] Konsum von Rohmaterial und Arbeitsmitteln" gab es einen „code pénal."[59] Auf der Plantage galten umfassende Überwachung und rigorose Bestrafung als Hilfsmittel der Produktion.

Die Betrachtung expliziter Textstellen wie jener sollte aber nicht darüber hinwegtäuschen, dass Drax die Unterordnung des Lebens der ArbeiterInnen, vor allem der Schwarzen, unter die Anforderungen der Zuckerproduktion schlichtweg voraussetzt. Diese Unterordnung besaß den Status eines grundsätzlichen Faktums, das keiner allgemeinen Erläuterung bedurfte; wie er selbst zugesteht, musste Drax Harwood nur noch die Details mitteilen.[60] Ähnliches gilt für die strikte Rassensegregation

---

55 Ebd., S. 7, 13; Fryer, Peter: *Staying Power: The History of Black People in Britain*. Pluto Press: London 1984, S. 135–165.

56 Drax 2009, S. 7.

57 Ebd.

58 Ebd., S. 12.

59 Marx 1977, S. 210.

60 Drax 2009, S. 6.

zwischen BesatzerInnen und Beherrschten auf der Plantage, die Frantz Fanon zufolge typisch für Kolonien insgesamt ist.[61] Rassifizierung erlaubte nicht nur die schrankenlose Ausbeutung des menschlichen Eigentums für Akkumulationszwecke, sondern auch die permanente Verfügbarkeit insbesondere des weiblichen schwarzen Körpers für sexuelle Gewalt.[62] Überarbeitung, Unterernährung und ständige Gewalt forderten einen hohen Tribut: obwohl die barbadischen Pflanzer zwischen 1708 und 1735 85000 Schwarze versklavten, stieg die Anzahl an SklavInnen in diesem Zeitraum nur um 4000 an.[63] Das koloniale Regime brandmarkte gewisse Menschengruppen als wegwerfbar, als „*disposable.*"[64]

Solche Sterblichkeitsraten zeigen zudem eine der Arten, wie der Kapitalismus mit Rassifizierung zusammenhängt bzw. auf diese angewiesen ist. Indem er die millionenfache Verschleppung organisiert, stellt der kapitalistische Markt sicher, dass es überhaupt eine unfreie Bevölkerung gibt, die profitabel ausgebeutet werden kann. Der Markt ist die Bedingung der Möglichkeit der Zuckerkolonien und zugleich die Antwort auf ihre permanente demographische Krise, den massenhaften Tod der ArbeiterInnen. Die Antwort besteht aber nicht in der Überwindung der Krise, sondern im Gegenteil in deren Perpetuierung – die Antwort besteht darin, die Kolonien nie den Nullpunkt erreichen zu lassen, an dem sie keine schwarzen

---

61 Vgl. Fanon 2002.

62 Siehe beispielsweise Block, Sharon: *Rape and Sexual Power in Early America.* University of North Carolina Press: Chapel Hill 2006; Davis, Angela Y.: „Reflections on the Black Woman's Role in the Community of Slaves". *The Black Scholar* 3(4), 1971, S. 2–15; Hartman, Saidiya V.: „Venus in Two Acts". *Small Axe* 26, 2008, S. 1–14; Mathurin Mair, Lucille: *A Historical Study of Women in Jamaica, 1655–1844.* McDonald Beckles, Hilary / A. Shepherd, Verene (Hrsg.). University of the West Indies Press: Kingston 2006; McDonald Beckles, Hilary: *Centering Woman: Gender Discourses in Caribbean Slave Society.* Ian Randle: Kingston 1999.

63 Thompson 2009, S. 580.

64 Mbembe, Achille / Corcoran, Steven (Übers.): *Necropolitics.* Duke University Press: Durham / London, 2019, S. 80. Hervorhebung im Original. Die systematische Entmenschlichung Schwarzer erfordert auch eine Revision des Begriffs der Biopolitik im Bewusstsein der fundamentalen Bedeutung der Rassifizierung in der Moderne. In Foucaults (und Medovois) Gedanken zur Biopolitik wird Rassifizierung nicht als zentraler Faktor in der Beherrschung von Leben anerkannt (Weheliye 2014, vor allem S. 53–73).

ArbeiterInnen mehr totarbeiten könnten. Dass der Markt das Fortbestehen der Kolonien sichert, bedeutet, dass er die Ausbeutung und den Verschleiß von Menschenleben in Gange hält. Dafür müssen immer wieder AfrikanerInnen verschleppt werden; hier wie auch in anderen Zusammenhängen erweist sich koloniale Souveränität als zirkulär.[65] Diesen beispiellosen Zirkel der Grausamkeit zu erhalten, wäre undenkbar ohne die Rassifizierung seiner Opfer, die auf deren vollkommene Entmenschlichung hinausläuft. Indem sie eine Menschengruppe konstruiert, deren Leben von vornherein nichts zählt, erlaubt Rassifizierung den Eigentümern und Profiteuren, das Massengrab ohne schwerwiegende Gewissensbisse aufzufüllen.

Das Leben der Kolonie ist also der Tod der ArbeiterInnen. Darüber hinaus bedeutet der Fortbestand der Kolonie auch die Weiterführung ökologischer Verwüstung im Namen der „Nützlichkeit" der Natur und verhindert so, dass sich Naturräume erholen könnten. Damit untergräbt „kapitalistische Produktion [...] die Springquellen alles Reichtums [...]: die Erde und den Arbeiter."[66]

4. Instrumentelle Vernunft

Gemessen an diesen drastischen Verhältnissen erstaunt gleichwohl die Ignoranz derer, die sie verursachten. In seinem Manuskript erwähnt Drax „a greatt mortality" unter den Schwarzen im Zusammenhang mit der *Möglichkeit* von „Any Contagious distemper" – ganz so, als wäre der massive Verlust an Menschenleben nicht auch ohne Seuchen ein normaler Vorgang auf seinen beiden Plantagen.[67] Mit gutem Grund betonen neuere Forschungsansätze die Unzuverlässigkeit kolonialer Texte als historische Quellen: ihre Unfähigkeit, die eigenen Annahmen zu reflektieren, sowie ihre Tendenz, Fakten zu verzerren und eher Nichtwissen als Wissen zu generieren.[68]

---

65 Mbembe, Achille / Berret, A.M. et al. (Übers.): *On the Postcolony*. University of California Press: Berkeley u.a. 2001, S. 32.

66 Marx 1977, S. 529–530.

67 Drax 2009, S. 3–4.

68 Vgl. Fischer 2004; Fuentes, Marisa J.: *Dispossessed Lives: Enslaved Women, Violence, and the Archive*. University of Pennsylvania Press: Philadelphia 2016, S. 124–143; Gregg, Veronica Marie: *Jean Rhys's Historical Imagination: Reading and Writing the Creole*. University of North Carolina Press: Chapel Hill/

Drax' Ignoranz ist zumindest teilweise der Art des Denkens geschuldet, die auf karibischen Plantagen vorherrschte, nämlich der instrumentellen Vernunft.[69] Sie findet auch heute noch großen Anklang unter den TaktgeberInnen der Gesellschaft. Instrumentelle Vernunft beweist großes Geschick im Austüfteln von Lösungen. Allerdings tendiert sie dazu, den größeren Zusammenhang, innerhalb dessen Probleme auftauchen, als gegeben hinzunehmen; indem sie die Reflexion faktisch auf Mittel-Zweck-Erwägungen reduziert, ist es den so Denkenden unmöglich, Szenarien zu entwerfen, die die fraglichen Probleme gar nicht erst aufkommen lassen. Letzteres verlangt natürlich einen weitaus radikaleren Denkansatz, der sich nicht von vornherein grundsätzlich mit den Gegebenheiten zufriedengibt und sie dann bloß noch zu optimieren sucht. Die Einrichtung und Aufrechterhaltung des Umweltsystems der Plantage basiert just auf jener reduktionistischen Art des Denkens. Seine desaströsen ökologischen wie sozialen Aspekte werden dadurch nicht nur hingenommen, sondern aktiv befeuert. Auch wenn in Drax' „Instructions" ein Bewusstsein darüber durchscheint, dass Anpassungen im Detail unumgänglich sind, wenn die Kolonie erhalten bleiben soll, ist die katastrophale Gesellschaftsstruktur in ihren Grundfesten für ihn unverhandelbar. Er ergreift Maßnahmen wie Brennholzbesorgung, Düngen und die Versorgung kranker SklavInnen gerade deshalb, damit sich nichts ändert.[70]

Das verdeutlicht, wie beschränkt instrumentelle Rationalität eigentlich ist. Damals wie heute steht instrumentelle Vernunft für Optimierung durch technische Innovation, Steuerungsoptimismus und Orientierung an Resultaten. Das macht sie zum kognitiven Medium der Wahl für

---

London 1995, S. 11; Hartman 2008; Jehlen, Myra: *Readings at the Edge of Literature*. University of Chicago Press: Chicago / London 2002, S. 9; Mbembe 2017, S. 48–53; McDonald Beckles 1999, S. xxi; Mills, Charles W.: „White Ignorance". In: Proctor, Robert N. / Schiebinger, Londa (Hrsg.): *Agnotology: The Making and Unmaking of Ignorance*. Stanford University Press: Stanford, CA 2008, S. 230–249; Mintz, Sidney W.: „Enduring Substances, Trying Theories: The Caribbean Region as Oikoumene". *The Journal of the Royal Anthropological Institute* 2(2), 1996, 289–311, hier S. 294–305; Morrison, Toni: *Playing in the Dark: Whiteness and the Literary Imagination*. Vintage Books: New York 1993; Trouillot 1995, S. 70–107.

69 Vgl. Blackburn 1997, S. 4; Horkheimer 2008.

70 Drax 2009, S. 6.

TechnokratInnen und maskulinistische „Macher" aller Art. Sie aber daher mit Fortschritt zu assoziieren, wäre verfehlt – zumindest, falls Fortschritt eine Bewegung zu etwas Anderem hin bezeichnen soll. Indem sie das Gegebene zu erhalten versucht, tritt instrumentelle Vernunft nämlich auf der Stelle. Die charakteristische Ignoranz instrumenteller Vernunft liegt darin begründet, dass sie Möglichkeiten abseits des unmittelbar Gegebenen überhaupt nicht anerkennt; sie erscheinen ihr deshalb per se als unrealistisch, „utopisch" oder gar gefährlich. Durch ihre Linse betrachtet kann die Zukunft daher nichts als die ständige Wiederholung der Gegenwart sein. Diese Wiederholung ist der Fluchtpunkt kapitalistischer Institutionen, für die instrumentelle Vernunft typisch ist.[71] Das bezeugen schon Drax' Plantagen im späteren siebzehnten Jahrhundert. Wie der kubanische Schriftsteller und Essayist Antonio Benítez-Rojo beobachtet, „[t]he history of the Plantation puts itself forward as a voyage toward progress. But in fact it is circular, always the same, a remembrance of the future."[72]

Die Rationalität, die dabei am Werk ist, offenbart sich einem nur in der Innenansicht. Sie ist die Sache derer, die verwalten, tüfteln und akribisch Mittel und Resultate abwägen. Steht man außerhalb des Bannkreises instrumenteller Vernunft, fällt es hingegen schwer, hier überhaupt von Vernunft zu sprechen. Geraten die Opfer der Plantage in den Blick, fungieren sie nicht nur als Kostenfaktor und Arbeitskraft, so erscheint die morbide Hingabe Drax' und anderer Pflanzer an die Aufrechterhaltung einer zerstörerischen und tödlichen Wirtschaft vielmehr als der Gipfel der Unvernunft, ja des Wahnsinns. Rationalität ist hier Ideologie, die die Möglichkeit einer anderen Gesellschaftsordnung ausblendet. Sie ist außerdem eine Waffe im Klassenkampf gegen die unfreien Arbeitskräfte: die Kultivierung von Fähigkeiten wie sorgfältige Planung und Affektkontrolle soll die Plantagenmanager nicht zuletzt vor den versklavten Schwarzen auszeichnen, die angeblich nur durch das Erleiden äußerer Zwänge, also körperlicher Gewalt, zum Arbeiten gebracht werden können.[73] Als zentraler Aspekt des

71 Fisher, Mark: *Capitalist Realism: Is There No Alternative?* 0 Books: Ropley, 2009.

72 Benítez-Rojo, Antonio / Maraniss, James (Übers.): *The Repeating Island: The Caribbean and the Postmodern Perspective.* Duke University Press: Durham/London 1996, S. 147.

73 Drax 2009, S. 7.

Weißseins wird instrumentelle Vernunft immer schon in Abgrenzung zu rassifizierten Anderen gedacht, auf deren Ausbeutung sie abzielt.[74] Instrumentelle Vernunft ist ein wichtiges Element in dem oben beschriebenen Machtungleichgewicht. Heutige Naturzerstörung und Ausbeutung im Zeichen des Kapitals gründen auf kolonialen Denkmustern.

74 Die (mindestens) implizite Annahme, das Monopol auf Rationalität zu besitzen, kommt heutzutage zum Beispiel in von Weißen dominierten Entwicklungs- und Integrationsdiskursen zum Tragen.

Lukas Müsel

Globale Ungleichgewichte
Ökonomie und koloniale Kontinuitäten in der *Françafrique*

There's a reaction to a reaction, and there will be a further reaction to that. And I think that's the way it will go, until what I call a balance of stories is secured. And this is really what I personally wish this century to see – a balance of stories where every people will be able to contribute to a definition of themselves, where we are not victims of other people's accounts.[1]

Etwas polemisch könnte man mit Chinua Achebe sagen, der *Globale Süden* habe ein ‚Story-Bilanzdefizit' und der *Globale Norden* einen ‚Story-Bilanzüberschuss.' Über Jahrhunderte hinweg war der *Globale Süden* Ort der Imagination – Rohstofflieferant für die Weiterverarbeitung und Fertigung von Narrativen der Dominanz des *Globalen Nordens*. So wurde Afrika als ein Kontinent ohne Geschichte konstruiert, als rückständig, roh und wild imaginiert und dieses Bild durch religiöse Erklärungsmuster, pseudowissenschaftliche Praktiken, Völkerschauen und subtilere kollektive Symbole verfestigt.[2] Dass diese epistemologischen Ungleichgewichte auch in einer vermeintlich postkolonialen Welt kontinuierlich reproduziert werden, steht spätestens seit Dipesh

---

1 Fetters, Ashley: „Chinua Achebe's Legacy, in His Own words [Interview]," *The Atlantic* 22.3.2013. Zuletzt abgerufen 18.05.2020. <https://www.theatlantic.com/entertainment/archive/2013/03/chinua-achebes-legacy-in-his-own-words/274297/>.

2 So bezeichnet bekanntlich Hegel Afrika als „Kinderland, daß jenseits des Tages der selbstbewußten Geschichte in die schwarze Farbe der Nacht gehüllt ist." Hegel, Georg Wilhelm Friedrich: „Vorlesungen über die Philosophie der Geschichte". In: Ders.: *Werke in zwanzig Bänden*, Bd. 12. Suhrkamp: Frankfurt a.M. 1970, S. 120.

Chakrabartys *Provincializing Europe* im Zentrum des Diskurses um den *Globalen Süden.*[3] Auch für Walter Mignolo ist das so konstruierte ideologische Ungleichgewicht die *Darker Side of Western Modernity*, denn, so Mignolo, es rechtfertigt die Entbehrlichkeit menschlichen Lebens, die für ‚die Moderne' und ihre Ökonomie konstitutiv ist: „there is no modernity without coloniality."[4] Unter ‚coloniality' werden dabei neben Kolonialherrschaft auch koloniale Kontinuitäten begriffen, durch die, selbst nach der Unabhängigkeit ehemaliger Kolonien, vormalige Machtasymmetrien – ideologischer und ökonomischer Natur – aufrecht erhalten werden.

Gerade in Ländern des *Globalen Südens* verweist das auffällige ideologische ‚Story-Bilanzdefizit' daher häufig auf ein persistentes ökonomisches Leistungsbilanzdefizit,[5] das in ein Netz aus historisch gewachsenen wirtschaftlichen und politischen Machtverhältnissen suspendiert ist. Der vorliegende Beitrag versucht diese historisch aus dem Kolonialismus erwachsenen wirtschaftspolitischen Abhängigkeiten anhand zweier Aspekte der

3 Chakrabarty, Dipesh: *Provincializing Europe. Postcolonial Thought and Historical Difference*. Princeton University Press: Princeton / Oxford 2005.

4 Mignolo, Walter: *The Darker Side of Western Modernity. Global Futures, Decolonial Options*. Duke University Press: Durham / London 2011, S. 5.

5 In der Volkswirtschaftslehre bezeichnet die Leistungsbilanz alle Einkommen und Ausgaben, alle Exporte und Importe von Gütern und Dienstleistungen eines Landes. Ein Leistungsbilanzdefizit bezeichnet dabei die Mehrausgaben inländischer Wirtschaftssubjekte für ihren Konsum im Verhältnis zu den von ihnen erwirtschafteten Erträgen (Vgl. Kulessa, Margareta: *Makroökonomie im Gleichgewicht. Praxis und Theorie*. UVK: Konstanz / München 2018). Leistungsbilanzdefizite sind zunächst neutral zu bewerten und können sogar positive Konsequenzen auf die wirtschaftliche Entwicklung eines Landes haben, wenn Kapitalimporte beispielsweise in Technologisierung oder Infrastruktur investiert werden. Langandauernde Zahlungsverbindlichkeiten in der Finanzierung einer negativen Leistungsbilanz durch Kredite können allerdings drastische Auswirkungen auf die inländische Wirtschaft nach sich ziehen und zu verminderter Wettbewerbsfähigkeit, Deflation, Falschbewertung des Wechselkurses oder Zahlungsbilanzkrisen führen (vgl. ebd; Priewe, Jan: *Die Weltwirtschaft im Ungleichgewicht. Ursachen, Gefahren, Korrekturen*. Friedrich-Ebert-Stiftung: Bonn 2011).

Françafrique nachzuzeichnen.[6] Zum einen soll der ‚Währungskolonialismus' der Franc-CFA-Zone in den Blick genommen werden und zum anderen die Kooperationsverträge, die im Gegenzug für die Unabhängigkeit zwischen Frankreich und seinen ehemaligen Kolonien geschlossen wurden. Nach einer kurzen historischen Einordnung des Globalisierungsbegriffs mit Blick auf neokoloniale Strukturen soll zunächst dargelegt werden, dass der Franc-CFA keine autonome Wirtschaftspolitik der CFA-Staaten zulässt und so die Industrialisierung dieser Staaten und die Diversifizierung der Wirtschaft behindert. Die Kooperationsverträge, so soll daraufhin gezeigt werden, bauen auf dieser Basis auf und sichern Frankreich Zugang zu strategischen Rohstoffen und die Möglichkeit politisch Einfluss zu nehmen. Anhand des Uran-Abbaus im Niger sollen – ausgehend von der Lyrik des exilierten Dichters und Tuaregs Hawad – in einem letzten Schritt die aus diesem ökonomischen Missverhältnis resultierenden ökologischen und sozialen Ungleichgewichte analysiert werden.

1. Globalisierung und Kolonialismus

Globalisierung bezeichnet den Prozess einer zunehmend engmaschigeren Verflechtung von Nationalstaaten oder Institutionen auf politischer, ökonomischer und kultureller Ebene. In den vielfältigen Definitionsversuchen lassen sich dabei im Kern drei Aspekte herausschälen: die Verschiebung des Machtverhältnisses zwischen Staaten und Märkten, die zunehmende kommunikationstechnologische Vernetzung und ein damit einhergehender raumzeitlicher Paradigmenwechsel.[7] Den Ursprung dieser

6 Der Begriff *Françafrique* geht ursprünglich auf den ersten Präsidenten der Elfenbeinküste, Félix Houphouet-Boigny, zurück, der damit das gute Verhältnis seines Landes zur ehemaligen Kolonialmacht Frankreich zum Ausdruck bringen wollte. François-Xavier Verschave dagegen nutzte den Begriff, um die Schattenseiten eben dieser vermeintlich guten Beziehung zu beleuchten – die *Françafrique* ist seitdem der Inbegriff für die, oft durch Korruption und klandestine Operationen gezeichnete, Einflussnahme Frankreichs auf seine ehemaligen Kolonien. Vgl. Verschave, François-Xavier: *La Françafrique: Le plus long scandale de la République*. Stock: Paris 1998; Bovcon, Maja: „Françafrique and Regime Theory". *European Journal of International Relations* 19(1), 2011, S. 5–26.

7 Vgl. Osterhammel, Jürgen / Niels Petersson: *Geschichte der Globalisierung: Dimensionen, Prozesse, Epochen*. C.H. Beck: München 2019; Harvey,

globalen Verflechtung macht bereits Hannah Arendt in der durch die Industrialisierung bedingten Expansion des Nationalstaats fest.[8] Die territorialen Grenzen des Nationalstaats fungieren nach Arendt als ‚natürliche' Beschränkung der Akkumulationsmöglichkeiten des Kapitals und führen so zu einer schnellen Sättigung des nationalen Markts. Da das Kapital sich allerdings gerade durch seine Akkumulationsfähigkeit auszeichne, müsse es diese Fesseln sprengen und werde so zur treibenden Kraft des ‚Scramble for Africa' – des internationalen Kampfes um Rohstoffe, Arbeitskräfte, neue Absatzmärkte und Investitionsmöglichkeiten.[9] Die drohende Liquidation des Nationalstaats aufgrund wirtschaftlicher Entgrenzungsprozesse ist für Arendt bekanntlich ein zentraler Bestandteil der Herausbildung totalitärer Herrschaftssysteme.[10] Insbesondere in der globalisierungskritischen

David: *The Condition of Postmodernity: An Enquiry into the Origins of Cultural Change.* Blackwell: Cambridge 1990.

8 Arendt, Hannah: *Elemente und Ursprünge totaler Herrschaft: Antisemitismus, Imperialismus, totale Herrschaft.* Piper: München / Zürich 2008.

9 Arendts Analyse bezieht sich dabei nur oberflächlich auf die Entstehung des Kolonialismus, der, Marx zufolge, bekanntlich als Triebfeder der Industrialisierung zu bestimmen ist. Für Marx ist „die direkte Sklaverei [...] der Angelpunkt der bürgerlichen Industrie [...]. Ohne Sklaverei keine Baumwolle, ohne Baumwolle keine moderne Industrie." (Marx, Karl: „Das Elend der Philosophie". In: Ders. / Friedrich Engels, *Marx-Engels-Werke* Bd.4. Dietz Verlag: Berlin 1977, S. 132) Kolonialismus und Industrialisierung stehen dabei sowohl für Marx wie auch für Arendt in einem dialektischen Verhältnis: ohne Kolonialisierung keine Industrialisierung, ohne Industrialisierung keine fortgesetzte Kolonialisierung. Marx stellt, wie später Arendt, fest, dass „das Bedürfnis nach einem stets ausgedehnteren Absatz für ihre Produktion [...] die Bourgeoisie über die ganze Erdkugel [jagt]. Überall muss sie sich einnisten, überall anbauen, überall Verbindungen herstellen." (Marx, Karl / Friedrich Engels: „Das Kommunistische Manifest". In: Dies., *Marx-Engels-Werke* Bd. 4. Dietz-Verlag: Berlin 1977, S. 465). Ania Loomba bezeichnet den Kolonialismus in dieser Tradition stehend als „midwife that assisted at the birth of European capitalism." Loomba, Ania: *Colonialism/Postcolonialism.* Routledge: London / New York 2002, S. 4.

10 Der zweite zentrale Aspekt ihrer Imperialismustheorie ist die Vorstellung des Imperialismus als Atavismus – ein Ansatz den sie mit Schumpeters sozialpsychologischer Imperialismusanalyse teilt: der Wille zum expansiven Krieg wird durch eine vorkapitalistische Schicht getragen, die ihre Herrschaftsinteressen wahren will, und durch alle Interessengruppen unterstützt, die Vorteile daraus ziehen (vgl. Schumpeter, Joseph: *Zur Soziologie der Imperialismen.* Mohr: Tübingen 1919). Während bei Schumpeter allerdings der durch den Imperialismus

Bewegung der neunziger Jahre – als die Globalisierung in Folge der historischen Zäsur von 1989 an Fahrt aufnimmt – findet die von Arendt angestoßene Diskussion um den Zusammenhang dieser wirtschaftlichen Entgrenzungsprozesse mit der Souveränität der Nationalstaaten großen Anklang.[11] So schreibt Elmar Altvater vom Übergang der National- zu Wettbewerbsstaaten und erklärt, dass ein Nationalstaatensystem, „das wie nach dem Newton'schen Gesetzen der Schwerkraft ein ‚Gleichgewicht der Kräfte' hervorbringen soll," scheitern musste:

> Es kam unweigerlich ins Trudeln, als die Übersichtlichkeit des Systems verloren ging und zu viele Elemente von zu unterschiedlichen Gewichten und Interessen im Gleichgewicht zu halten waren, zumal Nationalstaaten, deren Souveränität in der Fähigkeit besteht, Grenzen zu setzen, im Zeitalter der Imperialismus danach strebten die Welt zu erobern, indem sie die nationalstaatlichen Grenzen ausdehnten.[12]

---

erwirtschaftete Mehrwert lediglich ein Nebenprodukt des Machtstrebens dieser Eliten ist, betont Arendt die historische Kontinuität imperialistischer Strukturen, die unter anderem in kolonialen Verwaltungsstrukturen und der Mehrwertproduktion besteht. Arendts ‚Bumerang-These' besagt, dass der Nationalsozialismus sich unter anderem aus Strukturen wirtschaftlicher Ausbeutung, dem kolonialen Verwaltungsapparat und dem im Zuge des Kolonialismus zur Ideologie werdenden Rassismus entwickelt. Diese These hat vereinzelt in der Postkolonialen Theorie Anklang gefunden. So schreibt beispielsweise Frantz Fanon: „What is fascism but colonialism at the very heart of traditionally colonialist countries?" (Fanon, Frantz / Philcox, Richard (Übers.): *The Wretched of the Earth*. Grove Press: New York 2007, S. 48.) Und Aimé Césaire beobachtet, dass koloniale Gewalt die Blaupause für die noch abscheulicheren Verbrechen des Nationalsozialismus gewesen sei (vgl. Césaire, Aimé / Pinkham, Joan (Übers.): *Discourse on Colonialism*. Monthly Review Press: New York 2000). In jüngerer Zeit werden Zusammenhänge zwischen Kolonialismus und Holocaust auch historisch vermehrt aufgearbeitet (vgl. Zimmerer, Jürgen: „Colonialism and the Holocaust. Towards an Archaeology of Genocide". In: Moses, Dirk (Hrsg.): *Genocide and Settler Society: Frontier Violence and Stolen Indigenous Children in Australian History*. Berghahn: New York 2004, S. 49–76.)

11 Vgl. Mayer, Tilman / Knoblich, Ruth: „Der Nationalstaat im Globalisierungsprozess". In: Mayer, Tilman et al. (Hrsg.): *Globalisierung im Fokus von Politik, Wirtschaft, Gesellschaft: eine Bestandsaufnahme*. Springer: Berlin 2011, S. 29–51.

12 Altvater, Elmar: „Die Ordnung rationaler Weltbeherrschung oder: Ein Wettbewerb von Zauberlehrlingen". *PROKLA. Zeitschrift für kritische Sozialwissenschaft* 95(24), 1994, S. 186–225, hier S. 186.

Spätestens Hardt und Negri übertragen die überkommene Souveränität der Nationalstaaten in *Empire* auf eine globalisierte Gesellschaft: die vollständige Internationalisierung ökonomischer Produktions- und Verwertungsprozesse führe in eine rhizomatisch vernetzte Welt, in der es kein ‚Außen' und kein ‚Innen', keine Peripherie und kein Zentrum der Macht mehr gebe.[13] Statt souveräner Nationalstaaten gebe es nur noch das souveräne, transnational organisierte Kapital. Bei aller berechtigten Kritik an den Dezentralisations- und Deregulierungsprozessen, die aus der Integration nationaler Märkte in einen internationalisierten Weltmarkt resultieren, werden dabei *de facto* existierende, historisch entstandene und sich stetig verfestigende soziale, ökologische und epistemologische Ungleichgewichte zwischen dem *Globalen Süden* und dem *Globalen Norden* überspielt.[14]

Die Ursachen der hier in den Blick genommenen globalen Ungleichgewichte sind unter anderem auf Erbschaften und Entwicklungen kolonialer Strukturen zurückzuführen. Koloniale Kontinuitäten werden dabei seit Mitte der sechziger Jahre unter dem Begriff des Neokolonialismus zusammengefasst:

> The essence of neo-colonialism is that the State which is subject to it is, in theory, independent and has all the outward trappings of international sovereignty. In reality its economic system and thus its political policy is directed from outside.[15]

---

13 Hardt, Michael / Negri, Antonio: *Empire*. Harvard University Press: Cambridge 2000.

14 Selbstverständlich haben diese Entwicklungen ebenso Auswirkungen auf das sozioökonomische Gleichgewicht innerhalb der ehemaligen Zentren – so schreibt Achille Mbembe, dass die Auslagerung der „brutalsten Ausbeutungsmethoden in die Kolonien" notwendig sei, um das „fragile Gleichgewicht", das in der Entstehung einer in den Kreislauf der erweiterten Akkumulation eingebetteten Arbeiterschaft besteht, zu wahren (Mbembe, Achille / Bischoff, Michael (Übers.): *Kritik der Schwarzen Vernunft*. Suhrkamp: Frankfurt a.M. 2017, S. 149). Umgekehrt gilt Gleiches für die Herausbildung und Verfestigung sozialer Ungleichheiten innerhalb der ehemaligen Kolonien. Beide dieser Entwicklungen wirken zusammengenommen erneut zurück auf die hier in den Fokus gerückten globalen Ungleichgewichte.

15 Nkrumah, Kwame: *Neo-Colonialism: the Last Stage of Imperialism*. Panaf: London 1974, S. i. Vgl. Sartre, Jean Paul / Haddour, Azzedine et al. (Übers.): *Colonialism and Neocolonialism*. Routledge: London / New York 2001; in der postkolonialen Theorie besteht dabei heute weitgehend Einigkeit über den Zusammenhang zwischen (Neo-)Kolonialismus und Globalisierung. So

Mit der formalen Unabhängigkeit der Kolonien und der sukzessiven Etablierung eines globalen Marktes vollzieht sich ein Paradigmenwechsel der kolonialen Abhängigkeit. Ehemalige Kolonien sind (mit wenigen Ausnahmen) nicht länger staatsrechtliche Teilgebiete ihrer ehemaligen Zentren. Stattdessen wird die politische Macht eines zentralen Staatsapparats durch die Integration seines ehemaligen Kolonialgebiets in einen internationalisierten Markt aufgespalten. Der unmittelbare Einfluss des Kolonialstaats wird gebrochen durch die mittelbare Einflussnahme transnationaler Konzerne.[16] Ernest Mandel bereits differenziert zwischen diesen beiden Formen der Ausbeutung, „der gewaltsamen auf dem Wege der direkten Aneignung und der ‚friedlichen' auf dem Wege des Handels unter ungleichen Bedingungen."[17] Reinhard Wendt spricht auf ähnliche Weise

---

schreiben beispielsweise Ashcroft et al.: „The operation of globalization cannot be separated from the structures of power perpetuated by European imperialism. Global culture is a continuation of an imperial dynamic of influence, control, dissemination and hegemony that operates according to an already initiated structure of power that emerged in the sixteenth century in the great confluence of imperialism, capitalism and modernity." Ashcroft, Bill et al.: *Post-colonial Studies: The Key Concepts*. Routledge: London / New York 2000, S. 92.

16 Hardt und Negris Analyse einer in der vollständigen Auflösung der politischen Macht der Nationalstaaten begriffenen Dominanz transnationaler Monopole muss dabei zumindest kritisch gesehen werden: in einem globalisierten System befinden sich auch Nationalstaaten im Wettbewerb um die Sicherung von Absatzmärkten und die eigene Standortattraktivität und müssen so einen Balanceakt zwischen nationalstaatlicher Souveränität und internationaler Konkurrenzfähigkeit leisten (vgl. Mayer / Knoblich 2011; Werron, Tobias: „Worum konkurrieren Nationalstaaten? Zu Begriff und Geschichte der Konkurrenz um ‚weiche' Güter". *Zeitschrift für Soziologie* 41(5), 2012, S. 338–355). Die Gewährleistung niedriger Steuersätze für Unternehmen und eines nachhaltigen Produktionsstandortes durch gut ausgebildete Arbeitnehmer, einen hohen Grad an Technologisierung und eine stark ausgebaute Infrastruktur stehen dabei den sozialstaatlichen und umweltpolitischen Aufgaben des Staates gegenüber (vgl. Mayer / Knoblich 2011). Die Forderung nach staatlicher (De-)Regulierung, nach mehr oder weniger staatlichen Eingriffen in das Wirtschaftsgeschehen, ist Ausdruck dieses Ringens um Gleichgewicht – und zeigt, dass eine Konzeption der kompletten Auflösung des Staates in transnationales Kapital zumindest fragwürdig ist.

17 Mandel, Ernest: *Marxistische Wirtschaftstheorie* Bd. Übers. v. René Juillard. 2. Suhrkamp: Frankfurt a.M. 1972, S. 555.

vom Übergang formeller in informelle Beherrschung und betont dabei den kolonialen Charakter der Globalisierung, die die asymmetrischen Herrschaftsverhältnisse des Kolonialismus nicht beende: „In einer Reihe von Phänomenen der Globalisierung lassen sich ebenfalls Techniken erkennen, mit denen der Norden seine Interessen am Süden absichern kann, ohne sich unmittelbar kolonial engagieren zu müssen."[18] Der Zusammenhang von Globalisierung und Kolonialismus stellt dabei bereits heraus, dass Machtasymmetrien durch Dekolonisierung und die formale Unabhängigkeit ehemaliger Kolonien nicht aufgelöst werden. Stattdessen sind diese Staaten in erhöhtem Maße der Liberalisierung und Privatisierung der Märkte und der ‚strukturellen Gewalt' der Industrieländer ausgesetzt.[19] Historisch gewachsene Beziehungen, politische Einflussnahme, Kreditvergabe, Preisdumping, Währungspolitik und Strukturanpassungsprogramme behindern ihre wirtschaftliche und damit ihre politische und kulturelle Autonomie. Eines der greifbarsten Beispiele dieser kolonialen Kontinuitäten ist das Verhältnis Frankreichs zu seinen ehemaligen west- und zentralafrikanischen Kolonien, das sich im ‚Währungskolonialismus' Frankreichs und den (wenn auch reformierten so doch in ihrer Essenz) fortbestehenden Kooperationsverträgen niederschlägt.

2. Währungskolonialismus

Mit Frankreichs Ratifizierung des Bretton-Woods-Abkommens wurden am 26. Dezember 1945 14 der ehemaligen französischen Kolonien in West- und Zentralafrika zur Franc-CFA-Zone zusammengefasst. Der Franc-CFA – ehemals *Franc des Colonies Françaises d'Afrique*, später in Westafrika *Franc de la Communauté Financière Africaine* und in Zentralafrika *Franc de la Coopération Financière en Afrique Centrale* – wurde in Westafrika von der *Banque Centrale des Etats de l'Afrique de l'Ouest* (BCEAO) und in Zentralafrika von der *Banque des Etats de l'Afrique Centrale* (BEAC) als offizielles Zahlungsmittel etabliert und ist dort bis

18 Wendt, Reinhard: *Vom Kolonialismus zur Globalisierung: Europa und die Welt seit 1500.*Schöningh: Paderborn 2014, S. 14.

19 Der Begriff der strukturellen Gewalt geht in diesem Kontext auf Fanon zurück. Vgl. Fanon 2007.

heute die offizielle Währung.[20] Die Kontrolle über, beziehungsweise die Etablierung von Währungssystemen ist historisch ein zentraler Faktor im kolonialen Wirtschaftsapparat – so schreibt auch Osterhammel, dass es der kleinste gemeinsame Nenner kolonialer Systeme sei, dass „Kolonialwirtschaft [...] überall die Übernahme der Steuerhoheit sowie die Kontrolle über den Außenhandel und Währung durch Fremde“[21] bedeute.[22] Grund dafür ist hauptsächlich die vereinfachte Kontrolle von Ressourcen und Wirtschaftssystemen, sowie die Erleichterung wirtschaftlicher Beziehungen zwischen Zentrum und Peripherie.[23] Mit dem Franc-CFA verfügt Frankreich auch nach der Unabhängigkeit der letzten Kolonien 1960 über ein gewichtiges wirtschaftspolitisches Machtinstrument:[24] der Franc-CFA

---

20 Im Dezember 2019 wurde eine erneute Reform des Franc-CFA verabschiedet, die eine Namensänderung der Währung in *Eco* vorsieht. Die neue Währung sollte ursprünglich 2005 eingeführt werden. Von der neuen Währung, die in fester Parität zum Euro ausgegeben wird, erhoffen sich viele einen wirtschaftlichen Aufschwung und langfristige Stabilität. Die feste Bindung an den Euro bringt allerdings die gleichen Probleme mit, die auch der Franc-CFA hat: keine geldpolitische Souveränität und die Gefahr einer dauerhaften Überbewertung. Unklar ist dabei zum jetzigen Zeitpunkt außerdem, ob die betreffenden Staaten die Konvergenzkriterien erfüllen können.

21 Osterhammel, Jürgen: *Kolonialismus. Geschichte, Formen, Folgen*. C.H. Beck: München 2009, S. 79.

22 Vgl. in Bezug auf den Franc-CFA bereits früh Stipke, Ulrike; „Probleme monetärer Integration in Afrika“. *Africa Spectrum* 2(2), 1967, S. 48–59; Kleinschmidt, Harald: *Geschichte des Völkerrechts in Krieg und Frieden*. Narr Francke Attempto: Tübingen 2013.

23 Für Ernest Mandel ist dieser Umstand ein Hauptmerkmal des Imperialismus und Ursprung andauernder internationaler Ungleichheit (vgl. Mandel 1972). In Bezug auf den Franc-CFA arbeitet Dirk Kohnert für die Periode bis zur Franc-CFA-Krise 1994 den neokolonialen Charakter der Währungspolitik heraus, der im Folgenden kurz dargestellt werden soll. Vgl. Kohnert, Dirk: „Wir sind alle abgewertet!‘ Zur Anpassungskrise von Währung, Wirtschaft und Gesellschaft in der CFA-Zone“. In: Hofmeier, Rolf (Hrsg.): *Afrika-Jahrbuch 1993. Politik, Wirtschaft und Gesellschaft in Afrika südlich der Sahara*. Springer VS: Wiesbaden 1994, S. 35–45.

24 Vgl. König, Torsten: *Das regelgebundene Währungssystem der Franc-Zone im Wandel der Zeit*. Tectum: Marburg 2001; vgl. auch Leonhard Harding, der im CFA-Franc einen kostspieligen, aber effizienten Weg der Einflussnahme auf die Finanzpolitik ehemaliger Kolonien sieht. Harding, Leonhard: *Geschichte Afrikas im 19. Und 20. Jahrhundert*. Oldenbourg: München 2010, S. 103. Vgl. auch

ist fest auf den Franc – beziehungsweise seit 1999 auf den Euro, wobei Frankreich weiter für die Konvertibilität verantwortlich ist – indexiert und über 50% der Währungsreserven müssen im Gegenzug für die freie Konvertibilität beim *Trésor Français* hinterlegt werden.[25] Als Vorteile des Franc-CFA für die afrikanischen Mitgliedstaaten werden hauptsächlich die relative Preisstabilität der Exportgüter, die verhältnismäßig niedrige Inflation und der einfache Zugang zum europäischen Markt genannt.[26] Das fixe Wechselkurssystem bedeutet für die Länder der Franc-CFA-Zone allerdings, dass sie nach wie vor über keine Autonomie in ihrer Geldpolitik verfügen, somit Handelsungleichgewichte nicht korrigieren und die Konjunktur nicht beeinflussen können. Gerade in Ländern mit einer gering

---

Kleinschmidt 2013, der argumentiert, dass die Entwicklung ehemaliger Kolonien durch den „fortdauernden Einfluss der ehemaligen Kolonialregierungen insbesondere auf die Geld- und Zollpolitik" (S. 474) gehemmt werden; vgl. auch Taylor, Ian: „France à fric: the CFA zone in Africa and Neocolonialism". *Third World Quarterly* 40(6), 2019, S. 1064–1088.

25 Die Devisenreserven betrugen bis 2005 gar 65% und weitere 20% der Reserven müssen weiterhin als Absicherung hinterlegt werden (vgl. Lampe, Florian: *Das CFA-Währungsregime: Zinspolitik, Geldbasisdeckung und Kreditvergabe in der UEMOA*. Zentrum für Ökonomische und Soziologische Studien: Hamburg 2020). Unklar ist dabei, ob Frankreich die Reserven anlegt und damit Gewinne erwirtschaftet, die jenseits der 0,7% Zinsen p. a. liegen, die es seinerseits an die betreffenden CFA-Länder auszahlt (vgl. Taylor 2019). Neben der Indexbindung und der Verwaltung der Reserven durch Frankreich gibt es zahlreiche weitere – mitunter politische – Gesichtspunkte, unter denen der Franc-CFA betrachtet werden muss. Die Zinsen auf diese Reserven sind beispielsweise in den von Frankreich bereitgestellten Geldern für Entwicklungshilfe beinhaltet – die CFA-Staaten finanzieren sich folglich den Großteil ihrer eigenen Entwicklungshilfe selbst (vgl. Taylor 2019). Frankreich hat sich außerdem Sitze im Verwaltungsrat von BEAC und BCEAO inklusive Vetorecht in geldpolitischen Entscheidungen gesichert (vgl. Gulde, Anne Marie: „Overview". In: Dies. / Tsangarides, Charalambos (Hrsg.): *The CFA Franc Zone. Common Currency, Uncommon Challenges*. International Monetary Fund: Washington D.C 2008, S. 1–27; Taylor 2019).

26 Vgl. Gulde 2012; Taylor 2019; Kohnert, Dirk: „Die UEMOA und die CFA-Zone. Eine neue Kooperationskultur im frankophonen Afrika?". In: Nabers, Dirk/ Ufen, Andreas (Hrsg.): *Schriften des Deutschen Übersee Instituts 65: Regionale Integration – Neue Dynamiken in Afrika, Asien und Lateinamerika*. Deutsches Übersee Institut: Hamburg 2005, S. 115–137.

diversifizierten Wirtschaft ist die Notwendigkeit auf exogene Störungen autonom und flexibel reagieren zu können groß. 1994 wurde der Franc-CFA beispielsweise ohne Rücksprache mit den CFA-Staaten über Nacht um 50% abgewertet, um die Exportwirtschaft zu entlasten und ein makroökonomisches Gleichgewicht zu erreichen. Der Einkaufspreis von Exporten aus CFA-Ländern sank um die Hälfte, während die Kosten für Importe sich verdoppelten. Die plötzlich abfallende Kaufkraft bei gleichzeitig abrupt ansteigenden Lebenshaltungskosten führte zu einer nachhaltigen Vertiefung der ohnehin bereits tiefen Kluft zwischen den ärmeren Bevölkerungsgruppen und wohlhabenderen Schichten.[27] Die Währungsbindung an eine starke Ankerwährung wie den Franc / Euro bedeutet für den Franc-CFA außerdem eine dauerhafte Überbewertung, damit eine Verfestigung des Leistungsbilanzdefizits und drastische Einschnitte in der wirtschaftlichen Entwicklung.[28] Von Beginn an

> the parity between the two currencies was set at an unwarrantedly high level. This in turn limited the price competitiveness of these colonies' exports of raw materials onto world markets except the French market. In other words, the parity was engineered in such a way as to make France's market the exclusive outlet for her former colonies' raw materials.[29]

---

27 Ein Artikel in der *TAZ* von 1995 fasst zusammen: „Die Preise steigen, der Staat gleicht mit Subventionen und Gehaltserhöhungen aus. Der Staat exportiert mehr Landwirtschaftsgüter und kann den Bauern daher bessere Preise bezahlen, doch importierte Saatgüter und Maschinen sind jetzt doppelt so teuer. Die höheren Exporte steigern die Zolleinnahmen, aber die Gehaltsforderungen im öffentlichen Dienst wollen ja erfüllt werden. Weltbank und IWF zahlen Ausgleichsgelder, bestimmen aber auch, wofür die ausgegeben werden dürfen. All dies erfordert mehr Regierungskunst, aber die Geldgeber wollen gleichzeitig weniger Staat." Johnson, Dominic: „Ein Jahr nach der Abwertung des CFA-Franc in West- und Zentralafrika stehen zwei Länder der Region vor Wahlen. Welche wirtschaftlichen Folgen hatte die drastische Währungsreform, welche politischen Folgen zeichnen sich ab?". *TAZ* (4517) 12.1.1995, S. 3. Zuletzt abgerufen 15.5.2020. <https://taz.de/!1525271/.> Dabei müssen selbstverständlich die mit der Abwertung einhergehenden Strukturanpassungen berücksichtigt werden, was allerdings den Rahmen dieses Beitrags überschreitet. Vgl. diesbezüglich Kohnert 1994, König 2001.

28 Vgl. Taylor 2019; Lampe 2020.

29 Des' Adom, Assandé: „Beyond the CFA-Franc: an Empirical Analysis of the Choice of an Exchange Rate Regime in the UEMOA". *Economic Issues* 17(2), 2012, S. 71–93, S. 75.

Da der Wechselkurs nicht flexibel ist, orientiert er sich nicht an Angebot und Nachfrage. So kann langfristig kein ausgeglichenes Preisniveau hergestellt werden – stattdessen werden durch die reale Überbewertung heimisch produzierte Güter verteuert, Exporte behindert und Importe vergünstigt, was eine direkte Auswirkung auf die ohnehin gehemmte Industrialisierung hat, eine Diversifizierung der Wirtschaft verhindert und so die Abhängigkeit der CFA-Länder von Rohstoffexporten nach Frankreich und in den Globalen Norden verschärft.[30] Die eigentlichen Ziele der Währungspolitik – mitunter ein außenwirtschaftliches Gleichgewicht zu erzielen und eine hohe Wettbewerbsfähigkeit zu gewährleisten – werden so effektiv behindert. Stattdessen wird das volkswirtschaftliche Ungleichgewicht

30 So muss auch die Liberalisierung der Märkte in den afrikanischen, karibischen und pazifischen Staaten (AKP-Staaten) durch das *Yaoundé-Abkommen*, später die *Konvention von Lomé* und das *Cotonou-Abkommen*, das 2021 neu verhandelt wird, trotz der darin festgelegten Strukturanpassungen und Stabilitätsmechanismen und der damit zusammenhängenden Standortaufwertung der AKP-Länder kritisch gesehen werden. Die Öffnung der AKP-Märkte stellt ein ernstzunehmendes Hemmnis für die lokale Wirtschaft dar, weil die Abhängigkeit von aus der EWG importierten, subventionierten Produkten und die fehlende Wettbewerbsfähigkeit der AKP-Staaten lokale (Arbeits-)Märkte zerstört. Gleichzeitig hat die Öffnung der EWG-Märkte im industriellen Bereich für die AKP-Staaten aufgrund deren geringer Industrialisierung und Diversifizierung kaum Bedeutung, da sie weiterhin abhängig vom billigen Export unverarbeiteter Rohstoffe sind. Die Einrichtung einer auf Reziprozität basierenden Freihandelszone postuliert dabei eine Gleichbehandlung ungleicher Handelspartner und verschiebt durch die Abschaffung der Zölle das globale Ungleichgewicht zwischen Norden und Süden noch mehr. Heribert Weiland bezeichnet „die seit 1975 mehrfach erneuerten Lomé-Abkommen […] als Erblast und zugleich Verpflichtung aus den ehemaligen Kolonialbeziehungen" (Weiland, Heribert: „Von Lomé zu Cotonou: Das neue Abkommen zwischen den AKP-Staaten und der Europäischen Union". In: Hofmeier, Rolf / Jacobeit, Cord (Hrsg.): *Afrika Jahrbuch 1999. Politik, Wirtschaft und Gesellschaft in Afrika südlich der Sahara.* Leske + Budrich: Opladen 1999, S. 48–57, hier S. 48; vgl. Neu, Michael et. al.: *Handbuch der Außenwirtschaftspolitiken: Staaten und Organisationen. Afrika, Amerika, Asien, Europa, Ozeanien.* Bd. 1. LIT Verlag: Münster 2004; Steltenmeier, Rolf: „Reformen der europäischen Entwicklungspolitik am Beispiel der Post-Cotonou-Debatte". In: Sangmeister, Hartmut / Wagner, Heike (Hrsg.): *Die Entwicklungszusammenarbeit der Zukunft.* Nomos: Baden-Baden 2019, S. 159–175.)

zementiert durch die günstigen Konditionen, unter denen Frankreich auf Rohstoffe der CFA-Länder zugreifen kann – denn im Verhältnis zum Weltmarkt schont Frankreich so seine Geldbestände und Fremdwährungsreserven, was zu einer Aufwertung des Franc / Euro und somit zu einer kontinuierlichen Überbewertung des Franc-CFA führt. Dabei ist die Währung selbstredend nur ein Faktor in einem interdependenten Bedingungsgefüge aus wirtschaftlichen und politischen Faktoren.

3. Kooperationsverträge

Mit der Konferenz von Brazzaville 1945 und wenig später mit der 1958 verabschiedeten Verfassung der Fünften Republik, die eine Umbenennung der CFA-Länder von *Colonies Francaises d'Afrique* zur *Communauté Francaise d'Afrique* vorsieht, werden die ersten offiziellen Schritte in der Dekolonisierung eingeleitet, der sich Frankreich bereits mit Beginn des Algerienkriegs zunehmend schwerer erwehren konnte. In ihrem Roman *Les Maquisards*, der mit diesem vermeintlichen Bruch einsetzt, beobachtet Hemley Boum die Veränderung der französischen Politik im unabhängigen Kamerun:

> Le monde changeait, les combats pour la liberté se soldaient par des massacres de populations désormais indéfendables, les rebellions locales réduisaient de façon drastique les profits tirés de l'annexion des territoires lointains. La France n'avait plus les moyens financiers de préserver son empire colonial, et la justification morale s'effritait devant la réalité des luttes des peuples pour leur indépendance. Ils changeaient de stratégie. Ce qu'ils ne pouvaient se permettre au grand jour, ils le feraient dans l'ombre.[31]

---

31 Boum, Hemley: *Les Maquisards*. La Cheminante: Ciboure 2015, S. 29. In der deutschen Übersetzung: „Die Welt veränderte sich, die Freiheitskämpfe endeten mit Massakern an wehrlosen Bevölkerungsgruppen, die Aufstände reduzierten auf drastische Weise die aus der Inbesitznahme ferner Gebiete entstandenen Profite. Frankreich hatte nicht mehr die finanziellen Mittel, sein Kolonialreich zu erhalten, und die moralische Rechtfertigung zerbröckelte angesichts des Ringens der Völker um Unabhängigkeit. Sie änderten ihre Strategie. Das, was sie sich vor aller Augen nicht leisten konnten, würden sie im Geheimen tun.“ Boum, Hemley / Honke, Gudrun / Honke, Otto (Übers.): *Gesang für die Verlorenen*. Peter Hammer: Wuppertal 2019, S. 30.

Dass Frankreichs Zugeständnis der Unabhängigkeit seiner Kolonien ökonomisch erwogen werden muss, zeigt sich deutlich in einer Aussage de Gaulles von 1961: „L'Algérie nous coûte, c'est le moins qu'on puisse dire, plus cher qu'elle ne nous rapporte. [...] C'est un fait, la décolonisation est notre intérêt, et, par conséquent, notre politique."[32] Das Interesse an der Dekolonialisierung Algeriens, so schreibt auch Valentin Katzer, ist Resultat einer „dem Anschein nach buchhalterische[n] Kosten-Nutzen-Rechnung"[33] – dem Abwägen zwischen der überkommenen, kostenintensiven kolonialen Verwaltungsstruktur und der Wahrung ökonomischer Interessen. Die gleiche Rationalitätsvorstellung, der mit Weber berühmt gewordenen, spezifisch modernen Idee des ‚Beherrschens durch Berechnen', findet sich in einem Brief von Michel Debré an Léon M'ba, den ersten Präsidenten Gabuns, in dem Debré die Konditionen der Unabhängigkeit erläutert:[34]

---

32 Charles de Gaulle (1961) zit. in Katzer, Valentin: *‚L'Algérie, c'est la France'. Die Französische Nordafrikapolitik zwischen Anspruch und Realität.* Steiner: Stuttgart 2016, S. 14.

33 Vgl. Katzer 2016, S. 15. Auch in dieser Bilanz werden neben den klar ökonomischen Faktoren, auf die Katzer sich konzentriert, sicherlich auch ‚weiche' Faktoren gegeneinander aufgewogen. Die infolge der grausamen Auseinandersetzungen in Algerien erstarkenden antikolonialen Proteste, rückten die eigentlich innenpolitische Angelegenheit der Unabhängigkeit Algeriens – das formal nicht als Kolonie, sondern als Teil Frankreichs galt – auf die internationale Bühne und übten so Druck auf die französische Regierung aus, die den Krieg folglich mit politischen Mitteln beenden und die Unabhängigkeit Algeriens anerkennen musste (vgl. Pabst, Martin: „Die UN und die Entkolonialisierung (II)". *Zeitschrift Vereinte Nationen* 16(1), 2016, S. 14–20). Dennoch muss der ökonomische Faktor auch bei einer solchen Interpretation mit in die Waagschale geworfen werden, da de Gaulle auch bei einer Einwilligung zur Unabhängigkeit ursprünglich an den ölreichen Territorien Algeriens festhalten wollte – also durchaus einen ökonomischen Nutzen Algeriens feststellte.

34 Vgl. Weber, Max: *Wissenschaft als Beruf.* Elfte Auflage. Duncker & Humboldt: Berlin 2011, S. 17. Berechnen durch Beherrschen bedeutet für Weber „die Entzauberung der Welt. Nicht mehr, wie der Wilde, für den es solche [unberechenbaren] Mächte gab, muss man zu magischen Mitteln greifen, um die Geister zu beherrschen oder zu erbitten. Sondern technische Mittel und Berechnung leisten das."

On donne l'indépendance à condition que l'État, une fois indépendant, s'engage à respecter les accords de coopération signés antérieurement: il y a deux systèmes qui entrent en vigueur en même temps: l'indépendance et les accords de coopération. L'un ne va pas sans l'autre."[35]

Die von Debré formulierten Schutzabkommen, die von 1958–1963 zwischen den CFA-Ländern und Frankreich geschlossen wurden und – wenn auch 2008 reformiert – Großteils heute noch gültig sind, bilden den Grundstein für die fortgesetzte ökonomische Abhängigkeit der ehemaligen Kolonien.[36] Die Abkommen gewähren den CFA-Staaten Souveränität, wenn sie im Gegenzug die privilegierten Beziehungen zu Frankreich aufrecht erhalten, i.e. unter der Bedingung, dass sie der ehemaligen Kolonialmacht erleichterten und exklusiven Zugriff auf strategisch wichtige Rohstoffe gewährleisten und der militärischen Präsenz Frankreichs zur Abwendung innerer oder äußerer Konflikte zustimmen.[37] Dass diese Bedingung keine

35 Debré, Michel: *Brief an Léon Mba vom 15. Juli 1960,* zit. in Grosser, Alfred: *La Politique Extérieure de la Ve République.* Éditions de Seuil: Paris, 1965, S. 74. In ähnlicher Formulierung will Hemley Boums (2015) Pierre Le Gall – der Sohn Gérard Le Galls, der vermutlich fiktionalisierten Version von Générale de Gaulle – die französischen Interessen durch politische Einflussnahme wahren: „Ils veulent l'indépendance, eh bien ils l'auront, mais à nos conditions. Nous mettrons en place les termes de notre collaboration avec le nouveau gouvernement. Variation sur le même thème..." (S. 29). In der deutschen Ausgabe: „Sie wollen die Unabhängigkeit, gut, sie sollen sie haben, aber zu unseren Bedingungen. Wir bestimmen, in welcher Weise wir mit der neuen Regierung zusammenarbeiten. Variationen über das gleiche Thema..." (S. 29).

36 Vgl. Riesz, Janós: „La Françafrique. Der französische Zugriff auf afrikanische Rohstoffe am Beispiel des Uranabbaus in Niger". In: Reder, Michael / Pfeifer, Hanna (Hrsg.): *Kampf um Ressourcen. Weltordnung zwischen Konkurrenz und Kooperation.* Kohlhammer: Stuttgart 2012, S. 33–59; Brüne, Stefan: *Die Französische Afrikapolitik. Hegemonialinteressen und Entwicklungsanspruch.* Nomos: Baden-Baden 1995; Leymarie, Philippe: „France-Afrique: des Accords Militaires ‚Nouvelles Génération',“ *Le Monde Diplomatique*, 11.5.2009. Zuletzt abgerufen 15.5.2020. <https://blog.mondediplo.net/2009-06-10-France-Afrique-accords-nouvelle-generation>.

37 Vgl. Schritt, Jannik: „The Petro-political Configurations: Entanglements of Western and Chinese Oil Zones in Niger". *Zeitschrift für Wirtschaftsgeographie* 60(1–2), 2016, S. 40–56; Riesz 2012; Martin, Guy: „Uranium: A Case-Study in Franco-African Relations". *The Journal of Modern African Studies* 27(4), 1989, S. 625–640. Strategisch wichtige Rohstoffe definiert Guy Martin dabei als solche, die „vital to the functioning of the world's high-technology industry,

Formalität, sondern bitterer Ernst war, zeigt sich im Falle Guineas. Ahmed Sékou Touré wehrte sich in bekannt gewordener Formulierung gegen den Beitritt zur *Communauté* und die Unterzeichnung der Kooperationsverträge: „Nous préférons la liberté dans la pauvreté à la richesse dans l'esclavage."[38] In einer Rede vor der UN 1960 konstatiert Touré:

> Il existe donc un cycle infernal qu'il faut rompre: l'enrichissement des riches et l'appauvrissement des pauvres; C'est-à-dire qu'il faut absolument détruire le pacte colonial [...]. Il faut que la fausse conception coloniale de l'impossibilité d'industrialiser l'Afrique soit abandonnée au profit de nouvelles idées admettant l'évolution inéluctable de tous les continents, dont le continent africain, et, partant, la nécessité absolue d'industrialiser les pays africains. [...] La reconversion doit donc s'opérer au niveau de ceux qui contrôlent actuellement l'économie mondiale, qui doivent admettre non seulement l'émancipation politique du continent africain, mais son émancipation économique en tant que donnée de l'harmonie et du *nouvel équilibre du monde.*[39]

Infolge der Nichtunterzeichnung zog Frankreich binnen weniger Monate sein gesamtes Militär und alle Siedler und Zivilangestellten ab, löste den

notably in aeronautics, nuclear energy, and defence" (S. 626) sind – Rohstoffe also, die Wettbewerbsvorteile in der Entwicklung neuer Technologien oder der Rüstungsindustrie verschaffen. Im Falle Nigers spricht er daher von einer *strategischen Abhängigkeit*, die aus dem Zusammenspiel von der, durch den Währungskolonialismus verschärften, mangelnden Diversifizierung der Wirtschaft und den günstigen Beziehungen Frankreichs zu seiner ehemaligen Kolonie erwächst.

38 Ahmed Sékou Touré (1958) zit. in Diallo, Abdoulaye: „Sékou Touré et l'indépendance guinéenne. Déconstruction d'un mythe et retour sur une histoire". *Outre-Mers. Revue d'Histoire* 95(358–359), 2008, S. 267–288, hier S. 267.

39 Touré, Sékou: „Discours de M. Sékou Touré" (10. Oktober 1960) in *United Nations General Assembly 896th Plenary Meeting*, 15th Session. New York 1960, S. 591–604, hier S. 592–593. Meine Hervorhebung. Zuletzt abgerufen 09.09.2020. <http://undocs.org/fr/A/PV.896>. In der englischen Übersetzung des Transkripts: „There is therefore a vicious circle which is to be broken: the enrichment of the rich and the impoverishment of the poor; in other words, the colonial relationship must be totally eliminated [...]. The false colonial idea that Africa cannot be industrialized must make way for a new outlook, for recognition of the inevitable evolution of the absolute necessity of industrializing the African countries. [...] Those who at present control the world economy must therefore be induced not only to accept the political emancipation of the African continent, but also to recognize that its economic emancipation is a basic factor in world harmony and the new balance of power."

Verwaltungsapparat auf, zerstörte seine Plantagen und flutete das Land mit Falschgeld.[40] Das Beispiel Guineas zeigt, dass Frankreich statt auf ein ‚neues, globales Gleichgewicht' durch Symbiose auch nach der Unabhängigkeit weiterhin auf parasitäre Ausbeutungspraktiken setzte – so stellt auch der Schriftsteller Mongo Béti in seiner *Autopsie d'une Décolonisation* rückblickend die rhetorische Frage, ob „l'indépendance [n'était] pas la simple poursuite de la colonisation par d'autres techniques."[41] Béti kritisiert dabei – sowohl in diesem Essay, wie auch in seinen Romanen – die Kollaboration Frankreichs mit der sich bereits zu Kolonialzeiten herausbildenden schwarzen Elite, der letztlich auch die Diktatur Ahmadou Ahidjos, dem ersten Staatspräsidenten Kameruns, entspringt. Auch Boum entfaltet in ihrem Roman *Gesang für die Verlorenen*, der mit der Ermordung Ruben Um Nyobés – einem der wichtigsten Widerstandskämpfer und Mitbegründer der *Union de Population Camérounaises* – und der Machtübernahme Ahidjos beginnt, die gleiche Lesart. Über komplexe Pro- und Analepsen gelingt es ihr, die kontinuierlichen Verwicklungen der – von ökonomischen Interessen angetriebenen – französischen Regierung in die jüngere Geschichte Kameruns von 1958 bis 1999, von Ahidjo bis Biya, nachzuzeichnen. Neben dem Franc-CFA stellen die Kooperationsverträge ein kardinales politisches Machtinstrument dar, durch das erheblich Einfluss auf die wirtschaftlichen und politischen Entwicklungsprozesse der CFA-Staaten genommen wird.

---

40 Vgl. Brüne 1995; Riesz 2012. Die aus Tourés Präsidentschaft erwachsene Diktatur muss in all ihren Konsequenzen selbstredend aufs Schärfste verurteilt werden. Sein panafrikanischer Sozialismus muss allerdings ebenso als Gegengewicht zur hier nur skizzierten jahrhundertelangen und andauernden wirtschaftlichen und sozialen Unterdrückung Guineas begriffen werden. Auf die komplexen sozial- und wirtschaftspolitischen Entwicklungen während Tourés Präsidentschaft kann im Rahmen dieses Aufsatzes nicht eingegangen werden.

41 Béti, Mongo zit. in Odile Tobners Vorwort zu Bétis (2010) Essay *Main basse sur le Cameroun: Autopsie d'une Décolonisation*. La Découverte: Paris; vgl. auch Bétis Debutroman Béti, Mongo: *Ville Cruelle*. Présence Africaine: Paris 1971.

4. Uran-Abbau im Niger: soziale und ökologische Ungleichgewichte

Eines der eindrücklichsten Beispiele solcher kolonialen Kontinuitäten ist der Uran-Abbau im Niger. Der Dichter und Touareg Hawad macht den Beginn dieser neuen Art kolonialer Abhängigkeit in „les jeux manies atomiques/ du CEA“[42] aus. Das *Commissariat à l'Energie Atomique* (CEA) veranlasste nach ersten Schürfungen 1957, bei denen reiche Uranvorkommen in der Nähe von Arlit festgestellt wurden, weitere Untersuchungen und gründete 1976 die *Compagnie Générale des Matières Nucléaires*, die 2001 in *Areva* und 2018 schließlich in *Orano* aufging.[43] Durch die Sicherstellung des Zugangs zu strategisch

---

42 Hawad, Mahmudan / Claudot-Hawad, Hélène (Übers.): *Sahara. Visions Atomiques*. Paris-Méditerranée: Paris 2003, S. 19. In eigener Übersetzung: „die verrückten Atomspielchen/ der CEA.“ Alle folgenden Übersetzungen von Hawad oder Hélène Claudot-Hawad ins Deutsche stammen von mir. Hawads Projekt besteht aus gesprochener berberischer Lyrik mit kalligrafischen Elementen, die dem präkolonialen Tifinagh-Alphabet entlehnt sind. Seine Lyrik übersetzt Hawad gemeinsam mit der französischen Sozialwissenschaftlerin, seiner Frau Hélène Claudot-Hawad, ins Französische. Die Mischung aus Lyrik und Kalligrafie nennt er *Furigraphie*. Sowohl die Fortführung der mündlichen Tradition wie auch die Verwendung des Neo-Tifinagh, einer modernisierten Version des Altberberischen das erst in den 1960er Jahren im Zuge der Gründung der *Académie Berbère* als Mittel zur Erhaltung und Fortführung einer kulturellen Identität entwickelt wurde, setzen den kolonialen Kontinuitäten dabei andere Temporalitäten entgegen. Vgl. Wise, Christopher: „Hawad“. In: Gikandi, Simon et al. (Hrsg.): *Encyclopedia of African Literature*. Routledge: New York 2003, S. 303–304; Gugelberger, Georg: „Tuareg (Tamazight) Literature and Resistance: The Case of Hawad“. In: Wise, Christopher (Hrsg.): *The Desert Shore. Literatures of the Sahel*. Lynne Rienner Publishers: Boulder / London 2001, S. 101–113.

43 Die Uranförderung begann bereits 1971 durch die auf Anraten der CEA gegründete *Société des Mines de l'Air*, die mittlerweile ebenso eine Tochtergesellschaft von Orano ist. Verhandlungen zwischen Hamani Diori, dem ersten Präsidenten des unabhängigen Nigers, und der französischen Regierung über eine nigrische Beteiligung an den Profiten wurden durch die CEA vereitelt, so dass weder unter de Gaulle noch unter Pompidou Dividenden an den Niger ausgezahlt wurden bis Diori 1974 nach politischen Unruhen infolge der Hungersnot in der Sahelzone gestürzt wurde. Vgl. Hecht, Grabielle: *Being Nuclear: Africans and the Global Uranium Trade*. MIT Press: Cambridge, MA 2012.

wichtigen Rohstoffen, so schreibt auch Gabrielle Hecht, hatte die CEA maßgeblich dazu beigetragen „ [to] redefine France's global identity in the post-imperial world [...] since nuclear radiance enabled France to reach beyond the boundaries of its former empire."[44] Die Kehrseite der Medaille kommt in der Lyrik Hawads zum Vorschein, der gerade vom kontinuierlichen Verlust, von der Fragmentation einer solchen Identität und der Zerstörung natürlicher Lebensräume schreibt. Zuerst der Kolonialismus und später die Unabhängigkeit, so Claudot-Hawad, bedeute für nomadische Völker aufgrund der damit gezogenen Grenzen zwischen den Kolonial- beziehungsweise Nationalstaaten ein „démembrement de leur corps politique et social"[45] – der dynamische Organismus der nomadischen Welt, der Bewegung voraussetzt und von Bewegung lebt, wird durch die fixen Grenzen radikal beschnitten. In *Sahara. Visions Atomiques* betont Hawad wiederholt die abgewandelte Kontinuität kolonialer Narrativen einer Welt, die sich vermeintlich den Werten der Aufklärung verpflichtet – einer Welt, in der Religion als Instrument ideologischer Rechtfertigung keinen Platz mehr hat:

Nous n'en sommes plus
au temps du mythe,
allégories de la pluie et des moissons
suivies des neuf disettes.
Cette fois le déluge est d'éclairs,
de tonnerres et de foudres,
de magmas atomiques,
et de blocs de soleil,
qui se fracassent et explosent
et encore éclatent
dans un cyclone océan fou

44 Ebd., S. 127. Atomkraftwerke, schreibt Hecht, wurden während des Kalten Krieges mit dem *Tour Eiffel* und dem *Arc de Triomphe* verglichen, spielten also eine zentrale Rolle für das nationale Selbstverständnis Frankreichs. Die Entstehung der *Force de Frappe* 1958 ist dabei abseits dieses öffentlichen Diskurses einerseits auf das nukleare Wettrüsten zwischen West- und Ostblock und andererseits auf das militärische Unabhängigkeitsbestreben Frankreichs zurückzuführen.

45 Claudot-Hawad, Hélène: „La fragmentation Touaregue ou le prix de la ‚paix' ". In: Dies. (Hrsg.) : *Touaregs. Voix solitaires sous l'horizon confisqué*. Revue Ethnies: Paris 1996, S. 37–54, hier S. 40.

de pétrole en flammes,
qui hurle au vide mourant.[46]

Hunger und Durst sind in der Philosophie Hawads unabdingbar Teil des Lebens; die Suche nach Wasser instigiert die Auseinandersetzung mit der eigenen Identität in ihrem Verhältnis zur Tradition: „à la recherche de l'eau," schreibt Claudot-Hawad, „l'assoiffé sort des chemins tracés, pénètre dans le désert, perd son orientation, s'égare, divague, pour être enfin prêt à inventer sa propre route."[47] Die Wüste, die sich durch ihren Exzess des Mangels auszeichnet, ist Teil der Identität des Einzelnen genauso wie der Einzelne Teil der Wüste ist und seinen Platz in diesem vermeintlich ungleichgewichtigen Ökosystem finden muss. Mit den philosophischen Konsequenzen dieses natürlichen Mangels haben die in diesem Gedicht evozierten Hungersnöte – die biblischen ‚neuf disettes' – nichts zu tun. Sie werden weder als natürliche Phänomene noch als göttliche Strafe eingeführt, sondern mitunter als Konsequenz von, in Webers Sinne, berechnendem und damit entzauberndem, menschlichem Handeln begriffen: als Resultat von politischen und ökonomischen Interessen – ‚Cette fois le déluge est d'éclairs.'[48] Die historische Verortung des Gedichts ist eindeutig: es spielt auf die Atombombentests Frankreichs, die „gerboise bleue/ et gerboise verte"[49] in der Sahara an und verweist über den

46 Hawad 2003, S. 17. „Wir befinden uns nicht mehr/ in der Zeit von Mythen/ und Allegorien über Regen und Ernten,/ auf die neun Notjahre folgen./ Diesmal folgt die Sintflut auf Blitz/ und Donner, auf die Blitze/ atomarer Feuerbrünste/ und Sonnenscherben,/ die zersplittern und explodieren/ und nochmals zerspringen/ in einem wütenden Wirbelsturm/ aus Öl und Flammen,/ der das sterbende Leben anbrüllt."

47 Claudot-Hawad, Hélène: „Hawad, Furigrapheur d'Horizons". In: Hawad / Dies. (Übers.), *Furigraphie. Poésies 1985–2015*. Gallimard: Paris 2017, S. 12. „Auf der Suche nach Wasser gerät der Durstige von bereits getretenen Pfaden ab und begibt sich in die Wüste, verliert seine Orientierung, verirrt sich, phantasiert – um am Ende bereit zu sein, seinen eigenen Weg zu finden."

48 Die natürliche Trockenheit der Wüste, mit der nomadische Völker seit Jahrtausenden leben, spielt für Hawad keine Rolle in der Dekonstruktion seiner Gesellschaft (vgl. Dupraz, Paule: „Hawad: L'utopie des marges et la quête d'une autre vérité". *Politique Africaine 51: Intellectuels Africains*, 1993, S. 110–121). Stattdessen betont er wiederholt, so soll in Kürze gezeigt werden, die (neo-)koloniale Expropriation und Zerstörung traditioneller ökonomischer Strukturen.

49 Hawad 2003, S. 15.

ironisch aufgegriffenen Namen der französischen Atombomber *Mirage IV* (Deutsch: *Fata Morgana IV*) darauf, dass Atomexplosionen gerade keine „mirages bleus/ mirages verts/ mirages violets,"[50] keine Fata Morganas, keine ‚divagations' sind, die den eigenen Lebensweg eröffnen, sondern reale Konsequenzen für den durstigen Suchenden und sein Land haben. Hawads Lyrik abstrahiert dabei stets gleichzeitig von diesen historischen Verortungen – es geht um die ökologischen, politischen und philosophischen Konsequenzen ökonomischer Interessen. So berichtet er in *Irradiés* von einer „paysage de fer et de feu", von „les restes du monde/ entassés sur les barbelés et les mines"[51] – und konkludiert am Ende von seinen *Visions atomiques*, dass vom Profit der ausgebeuteten Rohstoffe nichts bei der nigrischen Bevölkerung ankommt außer Krankheit und Tod: „Du pétrole, de l'uranium/ et des nappes phréatiques/ de notre désert,/ nous n'avons bu que les fumées,/ les cendres et autres génies/ cancers actifs et toxiques."[52]

Der ‚Sündenfall', der Ursprung dieses zerklüfteten Landes und von Hawads dystopischen *Visions atomiques*, ist der Uran-Abbau, der durch das CFA-System forciert wird und vertraglich auf den Kooperationsverträgen basiert.[53] Die Aktualität der französischen Vormachtstellung und der asymmetrischen Ressourcenverteilung lässt sich in den aktuellsten Zahlen des *Observatory of Economic Complexity* (OEC) ablesen.[54] Für

---

50 Ebd., S. 16.

51 Hawad zit. in Hélène Claudot-Hawads Vorwort zu Hawad 2017. Hawad spricht von einer „Landschaft aus Eisen und Feuer", von „den Resten der Welt, die zwischen Stacheldrahtzäunen und Minen zusammengepfercht sind."

52 Hawad 2003, S. 130. „vom Erdöl und Uran,/ vom Grundwasser/ unserer Wüste/ haben wir außer der Dämpfe und Asche,/ außer Krebs und Gifte,/ nichts zu trinken bekommen."

53 Vgl. Schritt 2016; Riesz 2012; Hecht 2012.

54 Wichtig ist dabei festzuhalten, dass Frankreich zunehmend Konkurrenz auf dem Weltmarkt bekommt – China schwächt seit einigen Jahren den Monopolstatus Oranos (vgl. Schritt 2016 in Bezug auf Nigers Uranmarkt; Pustovitovskij, Andrej: *Strukturelle Kraft in Internationalen Beziehungen: Ein Konzept der Macht in Internationeln Verhandlungen*. Zugl. Diss. Springer VS: Bonn 2016). Interessant sind dabei zwei Dinge. Zum einen das staatskapitalistische Modell Chinas, das ungleich der neoliberalen Politik Frankreichs nicht auf reine Exploitation der Minen setzt, sondern in Infrastrukturen investiert, um das Uran vor Ort zu verarbeiten und lokale Absatzmärkte zu erschließen (vgl. Schritt 2016). Zum anderen offenbart der Wettbewerb die enge Verflechtung von

2017 verzeichnet das OEC, dass radioaktive Chemikalien mit 55% der gesamten Exporte das mit Abstand wichtigste Exportgut Nigers waren.[55] 80% dieser Chemikalien und 45% aller nigrischen Exporte gingen nach Frankreich.[56] Orano, mittlerweile eines der weltweit größten Kraftwerktechnikunternehmen, bei dem der französische Staat mit Anteilen von über 80% Hauptaktionär ist, fördert dabei den Großteil des exportierten Urans – 2017 ca. 3500 Tonnen –[57] zahlt allerdings keine Exportsteuern und seit 2014 Lizenzabgaben von lediglich 12%.[58] Da Uran durch die hohen Produktionskosten allerdings erst in der Weiterverarbeitung ökonomisch rentabel wird und der Niger, wie bereits herausgestellt, aufgrund der geringen Industrialisierung infolge der französischen Währungs- und Kooperationspolitik auf Rohstoffexporte verwiesen bleibt, kommt es der inländischen Wirtschaft nur wenig zugute. Was bleibt sind stattdessen globale Ungleichgewichte in Ressourcenverteilung und Umweltverschmutzung sowie innenpolitische Ungleichgewichte in der Sozialstruktur.

Dass Uranabbau massiv umweltschädigend ist, ist lange bekannt.[59] Nach der Gewinnung wird das Uran in Uranmühlen von anderen

Wirtschaft und Politik – die zögerliche Reaktion der französischen Regierung auf die geplante Auflösung des Parlaments durch Nigers Präsident Tandja, der zu diesem Zeitpunkt noch über die Vergabe der Schürfrechte entscheiden konnte, war zumindest fragwürdig und sorgte weltweit für Empörung (vgl. Pustovitovskij 2016; Riesz 2012; Grégoire, Emanuelle: „Niger: A State Rich in Uranium“. *Hérodote. Revue de Géographie et de Géopolitique* 3(143), 2011, S. 206–225).

55 Vgl. Statistiken des OEC. Zuletzt abgerufen am 15.05.2020. <https://oec.world/en/profile/country/ner/>.

56 Ebd.; Schritt 2016 betont zurecht, dass die internationale Konkurrenz insbesondere in Gestalt chinesischer

57 Vgl. Orano (2017): „Corporate Social Responsibility Report,“ *orano.group*. Zuletzt abgerufen 16.05.2020. <https://www.orano.group/docs/default-source/orano-doc/expertises/producteur-uranium/rapport-de-responsabilit%C3%A9-soci%C3%A9tal/archives-rse-en/rcr_2017_en.pdf>.

58 Vgl. Pustovitovskij 2016; Flynn, Daniel / Geert De Clercq: „Atomic Split,“ *Thomsonreuters Special Report* 5.2.2014. Zuletzt abgerufen 13.05.2020. <http://graphics.thomsonreuters.com/14/01/NIGER-AREVA.pdf>.

59 Vgl. Dixon, Andrea: *Left in the Dust. Areva's Radioactive Legacy in the Desert Towns of Niger.* Greenpeace International: Amsterdam 2010. Zuletzt abgerufen 15.05.2020. <https://www.greenpeace.de/sites/www.greenpeace.de/files/AREVA_Niger_report_0.pdf>.

Mineralien – Schwermetallen und radioaktiven Elementen – mittels chemischer Laugungsmittel getrennt. Alle Rückstände werden daraufhin in Absatzbecken gesammelt und Abwässer teilweise in Seen und Flüsse geleitet: „ils rongent les déchets radio-toxiques/ à travers tous les pores de la terre.“[60] Von dort tragen Winde radioaktive Stäube über das gesamte Land. Neben der Verseuchung des Grundwassers trägt der hohe Wasserverbrauch außerdem massiv zur Senkung des Grundwasserspiegels und so zur Desertifikation der ohnehin bereits geringen agrarwirtschaftlichen Nutzflächen bei. Der dadurch entstehende (und nicht unerhebliche) Beitrag zum anthropogenen Klimawandel, zeigt auf, dass die globale Gesellschaft sich, wie Luhmann recht früh skeptisch formulierte, nur bedingt auf ökologische Gefährdung einstellen kann, weil selbst zum Schutz der Umwelt eingerichtete Institutionen von ökonomischen Prozessen – von Wettbewerbsfähigkeit und nationaler Interessensicherung – überformt sind.[61] Den sich darin abzeichnenden *ökologischen Imperialismus* zeichnet Hawad in seinen *Visions Atomiques* nach:[62]

---

60 Hawad 2003, S. 34.

61 Vgl. Luhmann, Niklas: *Ökologische Kommunikation. Kann die moderne Gesellschaft sich auf ökologische Gefährdungen einstellen?*. Vierte Auflage. Springer: Wiesbaden 2004; vgl. Christoph Görgs wunderbaren Beitrag zum Zusammenhang der ökologischen Frage mit Produktions-, Akkumulationsprozessen und institutionalisierten Klassenverhältnissen, in dem er zurecht auf die Problematik verweist, dass (ökologische) Regulierungsprozesse in einer neoliberalen Gesellschaft vor allem marktfähig sein müssen und daher selbst nur innerhalb der Systemlogik operieren können. Görg, Christoph: „Nichtidentität und Kritik. Zum Problem der Gestaltung der Naturverhältnisse“. In: Böhme, Gernot (Hrsg.): *Kritische Theorie der Technik und Natur*. Wilhelm Fink: München 2003, S. 113–133.

62 Der Begriff des ökologischen Imperialismus geht zurück auf Crosby, Alfred: *Ecological Imperialism: The Biological Expansion of Europe, 900–1900*. Cambridge University Press: Cambridge / New York 1986. Crosby vertritt darin die These, dass der Erfolg des europäischen Siedlungskolonialismus in Nordamerika und Australien weniger der technischen Überlegenheit der Europäer geschuldet war als vielmehr der Möglichkeit die Natur auf den neuen Kontinenten den eigenen Produktionsprozessen anzupassen. In Bezug auf den anthropogenen Klimawandel bezeichnet der Begriff in neueren Debatten den Zusammenhang globaler ökonomischer und ökologischer Abhängigkeiten. Vgl. Görg, Christoph: „Ökologischer Imperialismus. Ressourcenkonflikte und ökologische Abhängigkeiten

Brume, vapeur grise des toxiques,
et pets de l'ogre congestionné,
l'Amérique et Europe rotent encore
leur obésité sur le désert[63]

Das Bild des *Globalen Nordens* als übergewichtiger, obstipierter Oger, der seine Abfälle und Ausdünstungen in der Wüste hinterlässt, ironisiert die Vorstellung des Kapitalismus als gesundes, organisches, sich selbst regulierendes System. Stattdessen wirkt sich das Übergewicht des *Globalen Nordens* direkt auf den *Globalen Süden* aus – es entsteht und erhält sich, so deutet die Inversion der orientalischen Imagination des Südens als barbarisch und potenziell kannibalisch an, gar auf dessen Kosten. Altvater spricht diesbezüglich von ‚Entropiemigration': die durch den Abbau bedingten Abfälle und Emissionen „werden in den Ozeanen oder der Atmosphäre untergemischt und als Abfall überall zerstreut. Die Entropie steigt in der einen Weltregion, während sie anderswo gesenkt werden kann."[64] An Hawads Lyrik lässt sich diese Struktur der globalen gesellschaftlichen Naturverhältnisse illustrieren – die Kopplung der ökologischen Frage an gesellschaftliche Machtverhältnisse: „Abjena paysage d'incendie/ […] Abjena tes rameaux ne fleurissent/ […] Abjena terre feu sans ciel/ terre tunnel méga mine d'Areva."[65]

---

in der neoliberalen Globalisierung". *Widerspruch. Münchner Zeitschrift für Philosophie 24*(47), 2004, S. 95–107.

63 Hawad 2003, S. 92. „Nebel, von Giften graue Gase/ und Fürze des verstopften Ogers,/ Amerika und Europa rülpsen noch immer/ ihre Fettleibigkeit über die Wüste." In Hawads Werk findet man immer wieder eindrückliche Bilder der von Abfällen übersäten Wüste: „croutes et des strates/ de douilles et d'épaves/ de canons camions avions chars/ caoutchouc huile noire debris os/ ligaments plastic ferraille/ boîtes de conserve et autres déchets/ radiotoxiques vomissant les excréments atomiques." (Ebd., S. 89)

64 Altvater, Elmar: „Zerstörung und Flucht. Von der Hierarchie der Märkte zur Migrationskrise in Europa". In: *Blätter für die deutsche und internationale Politik* 1, 2016, S. 84–94, hier S. 84.

65 Hawad / Claudot-Hawad, Hélène (Übers.): „Soif". In: Ders. (Hrsg.): *Furigraphie. Poésies 1985–2015*. Gallimard: Paris 2017, S. 169–175, hier S. 174. „Abjena brennende Landschaft/ Abjena deine Zweige blühen nicht mehr/ Abjena brennender Boden ohne Himmel/ untergrabenes Land, Mega-Mine von Areva."

Das unwirtlich gemachte oder konfiszierte Land entzieht ansässigen Bevölkerungsstämmen effektiv die Möglichkeit der Subsistenzwirtschaft, bindet sie damit in den kapitalistischen Produktionsprozess ein und verfestigt so soziale Ungleichgewichte. „Même si le ciel lui lègue ses larmes," schreibt Hawad, „la terre ne peut plus rien rembourser/ Rien/ Pas même les grains de semence/ que nous lui avon prêtés"[66] Die Rede ist von Erben, von Leihen und Zurückzahlen – von einer Ökonomie der Reziprozität, die durch die Konsequenzen der hier herausgestellten Machtasymmetrien aus dem Gleichgewicht gerät. Der Niger wird zum anschaulichen Beispiel für Marx' *ursprüngliche Akkumulation* – dem Prozess, der den Arbeiter von seinen Produktionsmitteln trennt und damit „einerseits die gesellschaftlichen Lebens- und Produktionsmittel in Kapital verwandelt, andererseits die unmittelbaren Produzenten in Lohnarbeiter."[67] Durch Umweltverschmutzung, Desertifikation und Landraub entsteht eine große Schicht freier Lohnarbeiter, die sich aufgrund der gering diversifizierten Wirtschaft in industriellen Ballungszentren niederlassen:

> Dans les années 1960, la création des États africains héritiers de la colonisation achève de brider les horizons Touaregs. L'économie nomade [...] est ruinée, les terres sont confisquées au profit de l'exploitation minière, le pays se paupérise brutalement.[68]

Die Verarmung und Urbanisierung der Uranabbaugebiete lassen sich an Arlit nachzeichnen, dem Ort an dem Hawads ‚blocs de soleil' gefördert werden. Arlit trägt unverkennbar Züge der titelgebenden Stadt in Mongo

---

66 Hawad / Claudot-Hawad, Hélène (Übers.): „Froissevent". In: Ders. (Hrsg.): *Furigraphie. Poésies 1985–2015*. Gallimard: Paris 2017, S. 42–45, hier S. 42. „Auch wenn der Himmel ihr seine Tränen vermacht/ kann die Erde nichts mehr rückerstatten/ nichts/ nicht einmal die Samenkörner,/ die wir ihr geliehen haben."

67 Marx, Karl: „Das Kapital, Bd. 1". In: Ders. / Engels Friedrich: *Karl Marx – Friedrich Engels – Werke*, Bd. 23. Dietz: Berlin 1968, S. 741.

68 Claudot-Hawad 2017, S. 203. „In den sechziger Jahren werden durch die Gründung der afrikanischen Staaten als Nachfolger der Kolonialstaaten die Gebiete der Tuaregs endgültig eingeschränkt. Die nomadische Wirtschaftsweise [...] wird ruiniert, Länder zum Zwecke des Bergbaus konfisziert und das Land verarmt stark." Vgl. auch Hawad: „alle unsere Handelsrouten, die Lebensadern unserer Ökonomie, wurden uns abgepresst oder geschlossen. Man hat uns das Recht genommen, unsere Weiden zu bestellen, und sie stattdessen den Stadtbewohnern anvertraut" (meine Übersetzung, Hawad zit. in Dupraz 1993, S. 116).

Bétis *Ville Cruelle*, deren symbolische Topografie sich aus zwei Bezirken zusammensetzt: dem auf der Sonnenseite eines Hügels liegenden Handels- und Industriebezirk mit seinen hohen, weißen Gebäuden, die in diesem Fall von den Minenarbeitern bewohnt werden, und dem auf der Schattenseite liegenden Bezirk, der von armen Bevölkerungsteilen aus dem nigrischen Norden bewohnt wird und aus dem Orano seine Arbeiter rekrutiert. Dieses Bild lässt sich auf das „déséquilibre démographique“[69] Nigers übertragen, der sich durch eben diese sozialen Disparitäten zwischen Norden und Süden auszeichnet.[70] Der Norden Nigers wird aufgrund der anhaltenden Armut und Arbeitslosigkeit, der erzwungenen Abkehr von traditionellen Lebensweisen und der strukturellen Gewalt des Staatsapparats inklusive vermehrter militärischer Präsenz zunehmend zum Nährboden für Terrororganisationen und zum Schauplatz von gewalttätigen Auseinandersetzungen. Über Arlit schreibt Hawad: „on te lapide par les bombes/ obus flèches de ton uranium d'Arlit/ appauvri en terreur./ Terreur qui anéantit non seulement/ le 'vilains-islamiste-terroriste'/ [...] mais qui carbonise aussi tout semblant/ de forme vivante qui a osé/ au Sahara continuer à respirer.“[71]

5. Ausblick

Zwischen ökologischen und sozialen Ungleichgewichten besteht folglich ein enger Zusammenhang. Einerseits, so kann auch dem aktuellen Bericht des *Global Peace Index* (GPI)[72] entnommen werden, belasten

---

69 Akli / Claudot-Hawad, Hélène (Übers.): „La Révolution Trahie“. In: Claudot-Hawad, Hélène (Hrsg.): *Touaregs. Voix solitaires sous l'horizon confisqué*. Revue Ethnies: Paris 1996, S. 110–126, hier S. 119.

70 Basedau, Matthias / Benjamin Werner: „Neue Tuareg-Rebellion: Der Niger in der ‚Konfliktfalle' “. *Institut für Afrika-Studien* 12, 2007, S. 4.

71 Hawad / Claudot-Hawad, Hélène (Übers.): „Dans la nasse“. In: Ders. (Hrsg.): *Furigraphie. Poésies 1985–2015*. Gallimard: Paris 2017, S. 176–186, hier S. 178. „Man steinigt dich mit den Bomben/ den Granaten und Pfeilen deines Urans aus Arlit/ das im Terror verarmt ist./ Terror, der nicht nur die ‚bösen islamistischen Terroristen' auslöscht/ sondern auch jede Lebensform verkohlt,/ die es gewagt hat, der Sahara wieder Leben einzuhauchen.“

72 Institute for Economics and Peace (2020): „Global Peace Index 2020. Measuring Peace in a Complex World,“ *Visionofhumanity.org*. Zuletzt abgerufen 11.09.20. <http://visionofhumanity.org/app/uploads/2020/06/GPI_2020_web.pdf>.

(durch kapitalistische Produktionsprozesse und die Entbettung der Märkte bedingte)[73] Veränderungen in der Umwelt Gesellschaften erheblich, indem sie politische und ökonomische Spannungen vertiefen. Andererseits wirkt die Abfuhr dieser Spannungen in gewalttätigen Auseinandersetzungen sich negativ auf die Umwelt und ihre Ressourcen aus. Diese, an Sékou Tourés ‚cycle infernal' erinnernde Wechselwirkung werde, so die Schätzung des GPI, bis 2050 weitere 80 Millionen Menschen in Subsahara-Afrika zur Migration zwingen.[74] Hawad stellt die gleiche Beobachtung zumindest für die Tuareg bereits sehr früh an. Sein Lösungsvorschlag impliziert die Rückbesinnung auf die inhärente, durch den Kolonialismus zerstörte *Vielfalt* Afrikas, die inhärente, durch die künstliche Grenzziehung gestoppte *Bewegung* des Kontinents und die durch die Etablierung der Nationalstaaten fragmentierte *Einheit* der afrikanischen Völker.[75] Einheit in der Vielfalt durch Bewegung: die Kosmogonie der Tuareg wird zur – zwar idealistischen aber durchaus – politischen Agenda, zur Forderung nach ‚beweglichen', transkulturellen Staaten, die Menschenrecht über Bürgerrecht stellen und so, wie Mbembe konstatiert, einen Beitrag zu „theories of exchange, theories of democracy, theories of human rights […] in this age of ecological crisis"[76] leisten. Seine Lyrik begreift Hawad folglich, in Worten, die denen Achebes ähneln, als „geste qui ramène les marges au centre de la trame du monde,"[77] als Gegengewicht, als Geste der Dynamisierung der Welt und Provinzialisierung des Zentrums.

Ein solcher Umgang mit Migrationsbewegungen muss dabei selbstredend im dialektischen Verhältnis zur Eindämmung ihrer hier in den Mittelpunkt gerückten und durch gesellschaftliche Naturverhältnisse geprägten

73 Vgl. Polanyi, Karl: *The Great Transformation*. Farrar & Rinehart: New York/ Toronto 1944.

74 Ebd., S. 71; vgl. Altvater 2016.

75 Blaser, Thomas: „Africa and the Future: An Interview with Achille Mbembe," *africaasacountry.com*. März 2013. Zuletzt abgerufen 12.05.2020. <https://africasacountry.com/2013/11/africa-and-the-future-an-interview-with-achille-mbembe/>.

76 Ebd.

77 Hawad (1995): „Interview mit Bernard Bretonnière". In: Ders. / Claudot-Hawad, Hélène (Übers.) : *Buveurs de Braises*. MEET: Saint-Nazaire, S. 153. „Geste, die die Peripherie ins Zentrum der Welt zurückbringt."

Ursachen gedacht werden. Marx und Engels bemerken im Kapitel über Feuerbach in der *Deutschen Ideologie* lapidar, die grundlegende Voraussetzung menschlicher Existenz – und damit die der Geschichte – sei, „dass die Menschen imstande sein müssen zu leben, um ‚Geschichte machen' zu können"[78] – und versehen den Absatz mit der Anmerkung: „Hegel. Geologische, hydrographische etc. Verhältnisse."[79] Damit ist Jason Moores Begriff des *Kapitolozän* bereits vorweggenommen, der in Abgrenzung zum *Anthropozän* nicht ‚den Menschen an sich,' sondern den kapitalistischen Produktions- und Verwertungsprozess zum prägendsten Gestaltungselement der Natur erhebt. Auch wenn, wie Žižek schreibt, die Erzählung eines natürlichen, ökologischen Gleichgewichts der Welt imaginiert ist,[80] muss eben diese Erzählung statt die der unsichtbaren Hand als „Wirklichkeitszurichtungsaufforderung"[81] begriffen werden: ökonomische und ökologische Ungleichgewichte zwischen *Globalem Norden* und *Globalem Süden* müssen in ihrem historischen Zusammenhang begriffen und in ihrem gemeinsamen Kern der kapitalistischen Art und Weise des Wirtschaftens verändert werden.

---

78 Marx, Karl / Engles, Friedrich: „Die deutsche Ideologie. Kritik der neuesten deutschen Philosophie in ihren Repräsentanten Feuerbach, B. Bauer und Stirner und des deutschen Sozialismus in seinen verschiedenen Propheten". In: Dies.: *Karl Marx – Friedrich Engels – Werke*. Band 3. Dietz Verlag: Berlin 1969, S. 5–530, hier S. 28.

79 Randbemerkung zit. in Hundt, Martin: „Wie und zu welchem Ende studierte Marx Geologie". In: *Sitzungsberichte der Leibniz-Sozietät der Wissenschaften zu Berlin* 121, 2014, S. 117–133, hier S. 119.

80 Žižek, Slavoj: *Looking Awry. An Introduction to Jacques Lacan through Popular Culture*. MIT Press: Cambridge, MA u.a. 1992.

81 Kleeberg, Bernhard: „Gewinn maximieren, Gleichgewicht modellieren. Erzählen im ökonomischen Diskurs". In: Klein, Christian / Martínez, Matías (Hrsg.): *Wirklichkeitserzählungen. Felder, Formen und Funktionen nichtliterarischen Erzählens*. Metzler: Stuttgart / Weimar 2009, S. 136–160, hier S. 139.

Stefan Breitrück

„– Der Name ist. / – Nur der Name.“[1] Notizen zur Äquilibristik absoluter Metaphern bei Hubert Fichte

1. Gleichgewichte

Befragt man das autofiktionalliterarische, dokumentarische und dem Programm einer poetischen Anthropologie verpflichtete Werk Hubert Fichtes, bestehend vor allem erstens aus den Romanen seiner frühen „Hamburger Tetralogie“ mit den Titeln *Das Waisenhaus*, *Die Palette*, *Detlevs Imitationen „Grünspan“* und *Versuch über die Pubertät*, zweitens den Bänden seines späteren, Fragment gebliebenen *roman fleuve Die Geschichte der Empfindlichkeit* sowie drittens seinen Features zu den afroamerikanischen Kulturen und Religionen *Xango*, *Petersilie* und *Lazarus und die Waschmaschine*, nach Gleichgewichtskonstellationen, dann stellt man fest, dass diese auf der einen Seite als Kompensationen und Konzessionen, auf der anderen Seite aber auch als Katalysatoren für einen als je verloren begriffenen, aber *idealiter* nichtsdestoweniger anvisierten Ur- beziehungsweise Idealzustand figurieren, der sich durch Attribute wie Konsistenz, Kohärenz, Homogenität, Indifferenz, Unmittelbarkeit etc. auszeichnet. Mag dieser Zustand identitätstheoretisch in einer zweifelsfreien Ich-Essenz, ästhetisch in einer spielerischen Grazie, sexologisch in einer Geschlechtsorganisation jenseits binärer Oppositionen oder poetologisch in einer unmittelbaren Referenz auf die Dinge der Welt durch eine Sprache jenseits der berühmten *différance* bestehen.

Unter den Bedingungen aber, dass es so etwas wie eine Ich-Essenz letztlich nicht gibt,[2] dass der paradiesische Urzustand einer natürlichen, selbstverständlichen und nicht durch Reflexion behinderten Grazie nach dem

1 Fichte, Hubert: *Eine Glückliche Liebe. Roman*. Fischer: Frankfurt a.M. 2005a, S. 21.

2 Bei Fichte, Hubert: *Versuch über die Pubertät. Roman*. Fischer: Frankfurt a.M. 2005c, S. 244, begreift Fichtes autofiktionaler Protagonist Jäcki sich selbst und

Sündenfall, dem verbotenen Naschen am Baum der Erkenntnis und der damit einhergehenden Bewusstwerdung des Menschen, nicht mehr zu haben ist[3] und dass dem Poeten die adamitische Ursprache, die die Dinge der Welt allein schon durch ihre Benennung ins Sein ruft, nicht mehr zur Verfügung steht,[4] sind epiphane Momente des „Ichverlust[s]“[5], in denen die Bezugnahme auf sich selbst durch das auto-referentielle Pronomen „Ich“, die *de facto* eine auto-dif-ferentielle ist, insofern man sich zunächst von sich scheiden muss, um sich mit dem „Ich“ selbst in den Blick zu bekommen, für den Augenblick suspendieren, sind Momente einer flüchtigen „zweite[n] Unschuld“[6], in denen der Mensch genau dadurch graziös wird, dass er es nicht beabsichtigt,[7] und ist eine Figur wie die in diesem Aufsatz

---

die menschliche Identität als „Zwiebelschalen übereinander, ohne Kern“, also im Sinne eines klassischen Zwiebel-Modells. Siehe hierzu unter anderem auch Böhme, Hartmut: *Hubert Fichte. Riten des Autors und Leben der Literatur.* Metzler: Stuttgart 1992b, S. 402, und Clarke, David: „Jäcki und der Tod. Melancholie und Allegorie in *Die Geschichte der Empfindlichkeit*“. In: Bandel, Jan-Frederik / Gillett, Robert (Hrsg.): *Hubert Fichte. Texte und Kontexte.* Männerschwarm Verlag: Hamburg 2007, S. 131–157, hier S. 149–150.

3 Ein Schicksal, das bekanntlich besonders kunstvoll in Heinrich von Kleists *Über das Marionettentheater* thematisiert wird, welcher Text Eingang in Fichtes kleine Anthologie *Mein Lesebuch* gefunden hat und bei welcher Parabel es sich, so wird bei Weinberg, Manfred: *Akut. Geschichte. Struktur. Hubert Fichtes Suche nach der verlorenen Sprache einer poetischen Welterfahrung.* Aisthesis: Bielefeld 1993, S. 251, zurecht hervorgehoben, um „eine der wichtigen Hintergrundfolien“ des Fichte'schen Werks überhaupt handelt.

4 Siehe hierzu im Fichte-Kontext Böhme, Hartmut: „Die „Blume zu Saaron“ und das Maskenspiel des Erzählers. Eine Figur Fichtes und ihr Hintergrund“. In: Böhme, Hartmut / Tiling, Nikolaus (Hrsg.): *Medium und Maske. Die Literatur Hubert Fichtes zwischen den Kulturen.* M&P: Stuttgart 1995, S. 334–360, hier S. 341.

5 Fichte 2005c, S. 65.

6 Fichte, Hubert: *Die zweite Schuld. Glossen.* Fischer: Frankfurt a.M. 2006a, S. 9.

7 Ein Thema, das die gesamte *Geschichte der Empfindlichkeit* durchzieht, ist der Paragone zwischen Jäckis Poesie und der Photographie seiner Lebensgefährtin Irma – realweltlich Leonore Mau – in der Frage, wer mit seinen artistischen Mitteln die Welt besser darstellen kann. Einer der Romane, in dem dieser Konkurrenz besonders viel Platz eingeräumt wird, ist *Eine Glückliche Liebe*. Jäcki und Irma halten sich Mitte der 1960er-Jahre für mehrere Wochen im portugiesischen Sesimbra auf, er schreibt am *Waisenhaus* und konzipiert die *Palette*, sie macht Aufnahmen der Hafenstadt, er blickt neidisch auf ihre artistischen

thematisierte „absolute Metapher“[8], die einerseits hochgradig weltaneignend ist und sich zu einer Form von Welteigentlichkeit aufschwingt, die andererseits aber auch dazu angehalten ist, sich in ihrer eigenen Metaphorizität sichtbar zu halten und zu reflektieren, um nicht dogmatisch zu werden, das höchste der Gefühle.

In Fichtes Werk geht es um die Konstruktion eines Gleichgewichts zwischen Ich- und Weltpoetisierung auf der einen und einer Reflexion dieser Poetisierung auf der anderen Seite, welches Gleichgewicht sodann auf Spannung gebracht wird, und zwar bis zu einem Punkt, an dem das Oszillieren zwischen Poetisierung und Reflexion dieser Poetisierung eine Ahnung von demjenigen Ur- und Idealzustand gibt, an dem das Ich noch gesichert war, an dem die sprachliche Referenz auf die Welt noch unproblematisch war. Das bedeutet, dass Gleichgewichtszustände bei Fichte in systematischer Hinsicht nicht das eigentliche, sondern nur das erreichbare Ziel sind, welches auf einen Zustand hinweisen soll, in dem sich die Frage eines Ausgleichens nicht stellt, weil es keine Scheidung gibt.

Möglichkeiten. Im vierten Kapitel fällt das Gespräch zwischen beiden auf die Vorzüge der Photographie, im Zuge dessen es Jäcki, freilich dilettantisch, entfährt; Fichte 2005a, S. 28: „Eine Kamera soll in einem Augenblick ein scharfes Bild herstellen. Es ist Kunst, weil es überhaupt keine Kunst ist, weil es immer in jedem Augenblick Kunst ist. Meine Wörter – die kannst du vergessen.“

Deutlich klingt an dieser Stelle das weiter oben im Lauftext annoncierte Ideal einer selbstverständlichen, leichten, aber deswegen nicht leichtfertigen Kunst an: Nicht zieht Jäcki hier den artistischen Charakter der Photographie in Zweifel, weil sie keinerlei Kunstfertigkeit bedürfe, vielmehr bewundert er sie bis zu dem Punkt einer poetischen Resignation, weil sie genau dadurch Kunst werde, dass sie so graziös-unangestrengt kunstfertig sei. Jäckis Satz steht dem in Kleists *Über das Marionettentheater* formulierten Paradieszustand eines graziösen Minimalbewusstseins in ästhetischen Fragen – die titelgebenden, komplett geistlos tanzenden, aber genau deshalb gottähnlich skizzierten Marionetten symbolisieren diesen Zustand – näher als der bekannten Kritik der Kunst in Zeiten ihrer technischen Reproduzierbarkeit.

8 Explizit heranzitiert wird diese etwa bei Fichte, Hubert: *Forschungsbericht. Roman*. Fischer: Frankfurt a.M. 2005b, S. 140.

2. Ungleichgewichte

Wendet man den Blick der Thematisierung dezidiert ökonomischer (Dis-) Balance in Fichtes Werk zu, dann sticht vor allem die, am prägnantesten in der Programmschrift *Ketzerische Bemerkungen für eine neue Wissenschaft vom Menschen* formulierte, Kritik an Rationalismus, Kapitalismus und Technizismus ins Auge, die sich die Welt Untertan machten, ihre Ressourcen ausbeuteten und, was den Kapitalismus betrifft, die koloniale Macht und Hegemonie gegenüber dem globalen Süden perpetuierten, an welcher Stelle Fichte deutlich als postkolonialer Denker *avant la lettre* in Erscheinung tritt. Eine Ermächtigung, eine Unterwerfung und ein Ausbeutungsschema, die sich gemäß Fichte auch und gerade in der ethnologischen Academia seiner Zeit widerspiegeln, welcher er eine chauvinistische Attitüde und einen „Jargon" nicht weniger als „des blanken Neokolonialismus"[9] vorwirft.

Forscher fetischisierten die Welt und fremde Kulturen zur Ware und fassten sie „als ein Supermarket [auf], aus dem man in Halbpfundspaketen einsammelt"; ethnologische Forschung und ethnographische Darstellung teilten sich strikt und anti-dialogisch „in Beschreiber und Beschriebene" auf.[10] Delikate Informationen wie etwa rituelles Geheimwissen sakraler Natur würden abgepresst und betrügerisch erworben, indem man sich die Armut des Anderen zunutze macht und „Carepakete [vorschiebt]", ihm „Fortschritt" verspricht oder es auch nur bei „gebrauchte[n] Hemden" belässt, die in Relation zum ideellen Wert des Erworbenen nur als moderne Varianten der berühmten „Glasperlenbeutelchen" gelten können.[11] Manch

---

9 Fichte, Hubert: „Ketzerische Bemerkungen für eine neue Wissenschaft vom Menschen". In: Ders.: *Petersilie. Die afroamerikanischen Religionen. Santo Domingo, Venezuela, Miami, Grenada*. 3. Auflage. Fischer: Frankfurt a.M. 2010, S. 359–365, hier S. 360.

10 Ebd., S. 364.

11 Ebd., S. 362. Um die Forschungssituation abzuschwächen und für die erhaltenen Informationen etwas anbieten zu können, lässt sich Fichte selbst Verschiedenes einfallen, vor allem Immaterielles. So berichtet er etwa im einleitenden Kapitel seines, in Zusammenarbeit mit dem brasilianischen Ethnologen Sergio Ferretti entstandenen, Bands *Das Haus der Mina in São Luiz de Maranhão*, dass er Dona Deni, einer der Priesterinnen des Candomblé-Tempels der Casa das Minas, im Gegenzug für ihre Auskünfte Französischunterricht gab, insofern

einer wie der in Fichtes Roman *Explosion* vorgestellte Ethnologe und Photograph Pierre Verger lässt sich gar aus rein forschungsstrategischen Gründen in die Glaubensgemeinschaft initiieren – in seinem Fall in den Candomblé, wo er den Rang eines sogenannten „Babalawo“, eines „Wahrsagepriester[s]“, einnimmt –, um seine Nachforschungen zu den rituellen Pflanzen der synkretistischen Religionen Afroamerikas, denen auch das Forschungsinteresse Fichtes beziehungsweise seines autofiktionalen Doubles Jäcki gilt, vorantreiben zu können, obwohl er nicht an das magische Weltbild glaubt, wie er im Gespräch mit Jäcki gar nicht schnell genug klarstellen kann.[12]

Ethnographische Hegemonie, die den kulturell Anderen überantwortet, indem sie ihn zwanghaft in ein kulturtheoretisches Korsett schnürt, indem sie hermetische Erfahrungen im Feld, in denen sich der Andere eben nicht öffnet und seine Geheimnisse, Unsicherheiten und/oder Eigentlichkeiten schützt, verschweigt und indem sie Uneindeutigkeiten, die nicht selten gerade die Freiheitsräume des Anderen markieren, begrifflich tilgt, thematisiert Fichte sodann unter anderem in *Das Haus der Mina in São Luiz de Maranhão*:

> Die konventionelle Abhandlung eines ethnologischen Feldes übersetzt den Diskurs der Informanten in den Diskurs des Universitätsbetriebes.

---

diese beabsichtigte, an den Königshof von Dahomey (heute Benin) und nach Togo zu reisen, um mehr über die afrikanischen Ursprünge ihres Hauses zu erfahren; vgl. Fichte, Hubert: *Das Haus der Mina in São Luiz de Maranhão. Materialien zum Studium des religiösen Verhaltens, zusammen mit Sergio Ferretti.* Fischer: Frankfurt a.M. 1989, S. 18.

Eine Reise, die Hubert Fichte und dies wäre ein zweites, ungleich spektakuläreres Beispiel dafür, wie er sich für die Forschungskooperation revanchiert, selbst unternehmen wird. Autorisiert durch ein Empfehlungsschreiben der Priesterinnen, einen Pass in Form einer auf spezifische Art und Weise gefädelten Halskette sowie vor allem durch auf Tonband aufgenommene rituelle Gesänge wird Fichte als Botschafter der Casa das Minas am Königshof von Dahomey vorstellig und findet heraus, dass das Haus tatsächlich von der als Sklavin nach Brasilien verschifften Königsmutter Agotime gegründet worden sein könnte, insofern die in der Casa das Minas gesungenen Lieder auf der anderen Seite des *Black Atlantic* wiedererkannt werden; siehe hierzu die vom Herausgeber Ronald Kay in einem Postscriptum versammelten Materialien bei ebd., S. 385–389.

12 Vgl. Fichte, Hubert: *Explosion. Roman der Ethnologie.* Fischer: Frankfurt a.M. 2006b, S. 140.

> Ohne jegliche semantische oder poetische Stringenz.
> Der zweite Diskurs wird als höherstehend und als erstrebenswert postuliert.
> Er täuscht Komplettheit und Präzision von Theorie und Empirie vor, die fast nie der Fall sind.[13]

Fest steht für Fichte, so liest man zu Beginn des Haiti-Kapitels von *Xango*:

> Wir sind die Sieger.
> Wir treten auf mit der Haltung der Siegreichen.
> Wissen ist Macht.
> Das Weltbild der Physik ist das Weltbild siegreicher Physiker.
> Der Ethnologe geht siegreich aus der Strukturenanalyse des Indianerstammes hervor. [...]
> Im Gespräch siegen wir an zwei Fronten: Über das Sujet und über den Partner; unsere Wörter sind die Franzosen, die die Spanier und die Indianer niedermetzeln. [...]
> Gäbe es zwischen dem Wittgenstein'schen Schweigen und der Sprache unsrer Siegeranalysen und Siegersynthesen eine Sprache, in der die Bewegung sich abwechselnder und widersprechender Ansichten deutlich werden könnte, das Dilemma von Empfindlichkeit und Anpassung,[14] Verzweifeln und Praxis – ich würde sie benützen.

---

13 Fichte 1989, S. 18.

14 Fichte spielt hier mit dem „Dilemma von Empfindlichkeit und Anpassung“ auf das klassischerweise als *Going Native* bezeichnete Problem an, auf der einen Seite empfindlich, und das bedeutet im ethnologischen Kontext: im Hinblick auf die eigenen Begriffe, Theoreme und Modelle kritisch, im Hinblick auf die eigene Rolle im Forschungsfeld reflexiv, im Hinblick auf den kulturell Anderen respektvoll und ihn zu Wort kommen lassend, ethnographieren zu wollen, auf der anderen Seite aber auch nicht zu überkompensieren, sich der Position des Anderen anzuverwandeln und die wissenschaftliche Distanz zu verlieren.

So kam es für Fichte beispielsweise nicht infrage, sich initiieren zu lassen, um an Informationen zu kommen. Dies zum einen aus dem forschungsethischen Grund, dass mit der Einweihung in den Candomblé ein Schweigegebot betreffs des rituellen Wissens einhergeht, das mit der ethnographischen Kommunikation kollidiert und das zu brechen Fichte nicht bereit war. Dies zum anderen aber auch aus dem methodischen Grund, dass eine Initiation eine Gefahr für den wissenschaftlichen Standpunkt darstellen könnte, wie bei Fichte, Hubert: „Abó. Anmerkungen zu den rituellen Pflanzen der afrobrasilianischen Religionsgruppe“. In: Ders.: *Xango. Die afroamerikanischen Religionen. Bahia, Haiti, Trinidad.* Fischer: Frankfurt a.M. 1987a, S. 321–350, hier S. 336–337, zu bedenken gegeben wird: „Der [...] Weg, sich einweihen zu lassen, erscheint [...] fragwürdig. Wird ein Neophyt noch wissenschaftlich vorgehen mögen? Ausserdem schlösse die Einweihung ja gerade diejenigen Veränderungen des Bewusstseins ein, die es ungetrübt zu beobachten gilt.“

> Es wäre eine wesentlich andre Sprache.
> Vielleicht verfügten die Indianer und die Afrikaner über weniger kolonisierende Ausdrucksweisen.[15]

Dass „[w]ir“ die „Sieger“ sind, dass der „Ethnologe siegreich aus der Strukturenanalyse des Indianerstammes hervor[geht]“[16] und dass der Interviewer „an zwei Fronten [siegt]“, nämlich „[ü]ber das Sujet und über den Partner“ – in dem Sinne, dass er das Gespräch dominiert, die Themen festlegt, dem Interviewten Antworten abpresst und dessen Antwortmöglichkeiten durch die Art seiner Fragen einschränkt[17] –, all dies wird

---

15 Fichte, Hubert: *Xango. Die afroamerikanischen Religionen. Bahia, Haiti, Trinidad*. 7. –8. Tausend. Fischer: Frankfurt a.M. 1987h, S. 119.

16 Es handelt sich hierbei um einen deutlichen Seitenhieb gegen die zu Fichtes Zeit innerhalb der Ethnologie dominante Schule des Strukturalismus, die ihren bereits zu Lebzeiten kanonischen Exponenten in Claude Lévi-Strauss hatte, dessen Band *Tristes Tropiques* Fichte mit seinem Essay *Das Land des Lächelns* eine scharfe und stellenweise wohl auch überzogene Polemik widmete. Für eine kritische Lektüre wiederum der Fichte'schen Lévi-Strauss-Lektüre siehe unter anderem Katschthaler, Karl: *Xenolektographie. Lektüren an der Grenze ethnologischen Lesens und Schreibens. Hubert Fichte und die Ethnologen*. Peter Lang: Frankfurt a.M. 2005, S. 12–20, und Weinberg 1993, S. 327–333.

17 Im Werk Fichtes wird die Frage grundsätzlich als Form diskursiver Übergriffigkeit und Gewalt begriffen, als Instrument der Beichte, des Verhörs und der Inquisition, mindestens stellt sie eine für alle Beteiligten peinliche Indiskretion dar; siehe zur, gemäß Fichte, diskursiven Gewalt der Frage Böhme, Hartmut: Die anthropologische und autobiographische Dimension der Frage und des Fraglichen im Werk Hubert Fichtes. In: Barkhoff, Jürgen / Sagarra, Eda (Hrsg.): *Anthropologie und Literatur um 1800*. Iudicium: München 1992a, S. 247–274, hier S. 251–255. Entsprechend fühlen sich Fichte und Jäcki im Gespräch mit Informanten im Forschungsfeld oder mit Vertretern aus Politik und Kultur dem Programm verpflichtet, die Dominanz der Frage soweit wie möglich zu tilgen und ihre Interviews in einer Art zu konzipieren, die später in unzähligen methodologischen Schriften der Sozialforschung als „narratives Interview“ beschrieben worden ist; vgl. etwa Fichte 2005b, S. 143: „Ich muß es genau vorbereiten. Ich darf keine unnötige Frage verschießen. Die Frage ist obszön. Die Frage ist die Folter. Es dürfen auch keine Pausen entstehen, in denen die Spannung absackt. Ich muß das Gerüst meiner Fragen im Kopf haben. Die einzelnen Teile frei beweglich, daß ich dem Gespräch auf wichtige Nebengeleise folgen kann, dann immer auf die Grundbewegung zurückkommen, und sollte sich die Grundbewegung drehen, daß ich die Details, die mir unerläßlich sind, dennoch erfahre – wie bei Genet, der gar nicht die Absicht hatte, einem Gespräch zu folgen, der wollte die Fragen zerstören.“

bei Fichte als direktes Symptom einer Entfremdung von Mitmenschen und Umwelt verstanden, die dem Rationalismus, Kapitalismus, Kolonialismus und Technizismus, auf den mir hier mit den sich auf den ersten Blick etwas deplatziert ausnehmenden „siegreiche[n] Physiker[n]“ noch einmal angespielt zu werden scheint, mehr oder weniger direkt in Rechnung gestellt werden. Die Entfremdung führt zu einer Scheidung, die wiederum zu entscheiden ist, entweder in Form der Unterwerfung der Umwelt und des Anderen oder aber, und dies ist der Weg, den Fichte einschlägt, durch ein Rückgängigmachen der scheidenden Fehlentwicklungen – und zwar auf poetischem Weg. Das heißt: Seine Gleichgewichtsfiguren verstehen sich unter anderem als direkte Antwort auf eine Entfremdung von und ein hegemoniales Ungleichgewicht im Umgang mit Mitmenschen und Umwelt.

3. Analytische Poesie

Zieht man biographische Materialien aus Fichtes Leben heran, übernachten Jäcki, zu dieser Zeit aufstrebender Jungautor und -publizist am Beginn seiner literarischen Karriere, und seine Lebensgefährtin Irma Anfang der 1960er-Jahre in einem Kölner Frühstückshotel,[18] das dem Eröffnungsband der *Geschichte der Empfindlichkeit* den Titel *Hotel Garni* gibt. Ein Roman, zu dem Fichte in einem Gespräch mit Gisela Lindemann einmal, unter Bezugnahme auf die Gesamtkonzeption seines *roman fleuve*, bemerkte:

> [H]ier ist im Plan angegeben „versus“, also das Umkehren der Furche: Man hat für poetische Formen die Idee des Bauern, der eine Furche zieht und sie dann wieder zurückzieht, in der Idee des Versus ausgedrückt. Das Thema ist: ein Homosexueller schläft mit einer Frau. Es ist vielleicht meine klassischste Komposition, meine strengste Komposition. Ein Mann geht in das Hotelzimmer einer befreundeten Frau,

---

Das Ideal einer Destruktion der Frage wird dabei bereits im zweiten Band der *Geschichte der Empfindlichkeit* formuliert, wenn man bei Fichte, Hubert: *Der Kleine Hauptbahnhof oder Lob des Strichs. Roman.* Fischer: Frankfurt a.M. 1988, S. 186, zu einem Interview, das Jäcki mit Alain Robbe-Grillet für die WELT geführt hat, liest: „Jäcki hatte sehr lange gebraucht, um seine Fragen zu verringern. / Er fand sie nicht wichtig. [...] Sie hätten in der Welt seine Fragen weglassen können. / Die Eleganz der Fragen, wenn der Interviewte bereit gewesen wäre, darauf einzugehen, würde in den Antworten rauskommen.“

18 Siehe hierzu Bandel, Jan-Frederik: *Hubert Fichte. Hotel Garni, Doppelzimmer.* Rimbaud: Aachen 2004, S. 37.

> sie fragt ihn, wie ein bestimmter Abschnitt seines Lebens sich weiterentwickelt habe, und er erzählt ihr seine Entwicklung. Sie schlafen zusammen, und danach fragt der Mann, was geht in einer Frau vor. Die Frau erzählt ihr Leben. Und damit ist dieser Roman zu Ende.[19]

Der Großteil der Erzählungen Jäckis über seinen ereignisreichen Lebensweg in den – legt man erneut die Eckdaten der Fichte'schen Biographie zugrunde[20] – zurückliegenden zehn Jahren handelt von seiner Zeit in der Landwirtschaft nach seinem ersten Aufenthalt bei Aimé Testanière, einem ehemaligen Salz- und Drogenschmuggler, der sich in der Provence eine Schafherde zugelegt hatte, die Jäcki für mehrere Monate hütete. Im Anschluss hieran absolvierte er im schleswig-holsteinischen Süderholm zunächst eine landwirtschaftliche Ausbildung, die er erfolgreich mit der Gesellenprüfung abschloss. Später arbeitete er für etwa ein Jahr als Angestellter auf einem anthroposophischen Bauernhof für schwer erziehbare Kinder im schwedischen Järna. Zuletzt lebte er erneut in der Provence, im Landhaus des Malers Serge Fiorio, mit dem er eine künstlerisch-erotische Partnerschaft einging. Eben diese entbehrungsreiche, bisweilen fast schon als asketisch beschriebene Zeit in der Landwirtschaft spannen meines Erachtens den Horizont auf, der die Rede vom *versus* gegenüber Lindemann motiviert.

Die Gleichgewichts-, Symmetrie- und Inversionsfigur des *versus* ist in poetologischer Hinsicht kein unbeschriebenes Blatt, insofern sie von je her ein Tropus für Poesie beziehungsweise Poetisierung selbst ist. Fichte macht – grammatikalisch etwas schräg – darauf aufmerksam, dass „[m]an für poetische Formen die Idee des Bauern, der eine Furche zieht und sie dann wieder zurückzieht, in der Idee des Versus ausgedrückt [hat].“ Dieter Burdorf führt zur Etymologie des Wortes „Vers“ aus:

> „Vers“ ist auf das lateinische versus, das Partizip Perfekt Passiv von vertere (kehren, wenden, drehen), zurückzuführen; der versus ist also das Umgewandte, zunächst die gepflügte Furche und erst davon abgeleitet eine Reihe, eine Zeile

---

19 Lindemann, Gisela: „In Grazie das Mörderische verwandeln. Ein Gespräch mit Hubert Fichte zu seinem roman fleuve *Die Geschichte der Empfindlichkeit*“. *Sprache im technischen Zeitalter* (104), 1987, S. 308– 317, hier S. 315– 316.

20 Einen gleichzeitig konzisen und guten Überblick insbesondere über Fichtes frühe Jahre bieten die Begleittexte Peter Brauns in Fichte, Hubert: *Ich beiße Dich zum Abschied ganz zart. Briefe an Leonore Mau*. Herausgegeben von Peter Braun. Fischer: Frankfurt a.M. 2016.

> oder ein Vers. Wie für die Furche das Umwenden des Pfluges am Ende des Ackers kennzeichnend ist, so für den Vers die Wendung vom Ende der einen zum Anfang der folgenden Zeile.[21]

Über das spezifische Kompositionsprinzip von *Hotel Garni* hinaus, ist der *versus* bei Fichte als eine poetologische Selbstthematisierungsfigur zu lesen, die das poetische Verfahren der *Geschichte der Empfindlichkeit* annonciert, mithin auch dasjenige der „Hamburger Tetralogie", insofern sich die Erzählzeit des Romans noch vor der Arbeit an Fichtes beziehungsweise Jäckis erstem Roman *Das Waisenhaus* abspielt. Bemerkenswert ist dabei, dass das heuristische Potential des *versus* nicht nur entfaltet wird, um eine Grundierung der Schriftsteller-Existenz und der poetischen Anthropologie durch die Zeit in der Landwirtschaft zu chiffrieren – analog zur furchenziehenden Arbeit mit dem Pflug, die der Arbeit am Vers „tropologisch" vorausgeht, wenn man so möchte. Darüber hinaus symbolisiert der *versus* Fichtes spezifisches Poesie-Verständnis auch in einem modalen Sinne. „Poesie ist analytisch"[22], betont er in seinem Aufsatz *Ach des Achs!* über das Trauerspiel *Ibrahim* des von ihm hochgeschätzten Barock-Dichters Daniel Casper von Lohenstein, welche Analyse im

---

21 Burdorf, Dieter: *Einführung in die Gedichtanalyse*. 3. Auflage. Metzler: Stuttgart 2015, S. 16. Geht man in der Geschichte noch weiter zurück, stößt man auf die Bustrophedon-Schreibung, die den, so wird bei Kerscher, Julia: „Äquilibrium im (P)flug. Pflug und Ballon als Reflexionsfiguren horizontaler und vertikaler Arbeit am Ausgleich". In: Goebel, Eckart / Zumbusch, Cornelia (Hrsg.): *Balance. Figuren des Äquilibriums in den Kulturwissenschaften*. De Gruyter: Berlin/Boston 2020, S. 143–153, hier S. 146, erklärt, „in frühen Kulturen praktizierten zeilenweisen Wechse[l] der Schreibrichtung nach Art des Ochsenpflugs" bezeichnet, wodurch sich eine noch tiefere Schicht der tropischen Verbindung zwischen Pflügen, Schreiben und poetischer Formgebung auftut. Franz Passows *Handwörterbuch der griechischen Sprache* von 1841 bemerkt zum altgriechischen Adverb *bustrophedon* beziehungsweise illustriert die Bustrophedon-Schreibweise wie folgt; zitiert nach ebd.: „[W]ie der Ackerstier sich beim Pflügen dreht, nur von einer sehr alten Art zu schreiben bei den Griechen gebraucht, die die erste Zeile von der Rechten zur Linken, die zweite von der Linken zur Rechten schrieben, oder umgekehrt, und so wie Ackerfurchen fort."

22 Fichte, Hubert: „Ach des Achs! Anmerkungen zu Daniel Casper von Lohensteins Türkischem Trauerspiel Ibrahim Bassa". In: Ders.: *Homosexualität und Literatur 1. Polemiken*. Fischer: Frankfurt a.M. 1987b, S. 193–246, hier S. 196.

Sinne des agrikulturellen *versus* so zu verstehen ist, dass es in der poetischen Anthropologie darum geht, in die Tiefenschichten des Ichs, des Anderen, sozialer Realitäten, der Dinge der Welt etc. vorzudringen[23] – ohne dass dies, so sei noch einmal ausdrücklich betont, bedeuten soll, dass Fichte beziehungsweise Jäcki mit der Möglichkeit rechneten, eine letzte Schicht freilegen zu können –, an welches epistemische Ziehen der Furche sich – hier dann die Umkehrung – eine poetische Versiegelung oder auch Ver-dichtung anschließt, die zum einen die verletzende Penetration des Untersuchungsgegenstands[24] kompensieren und ihn zum anderen evozieren soll.

Gelingen soll dies durch knappe, doch gleichzeitig hochkomplexe, vielschichtige, anspielungsreiche und, um einen der zentralen Begriffe der poetischen Anthropologie aufzugreifen, *Correspondances* provozierende Concetti im Zeichen einer „[s]ubstantivische[n] Prosa“[25], welches Paradigma aus den asketischen Lebensumständen des frühen Fichte beziehungsweise Jäcki erwächst. Ihre Arbeiten fühlen sich einer strikten Begriffsökonomie verpflichtet, nach deren Maßgabe in möglichst wenig Worten – allzu oft findet sich bei Fichte in einer Zeile nicht mehr als ein Wort, was seinen Texten nicht selten einen fast lyrischen Charakter

23 Neben dem an anderer Stelle oben bereits angesprochenen identitätstheoretischen Zwiebel-Modell sei in diesem Zusammenhang auf Fichtes quasi-archäologisches Kulturmodell hingewiesen, so wie es vor allem im Vorwort von *Das Haus der Mina in São Luiz de Maranhão* vorgestellt wird; Fichte 1989, S. 5: „Ethnologie handelt Riten ab, die begangen werden. / Der folgende Text handelt Riten ab, die nicht mehr begangen werden. / Ein langwieriges Fixieren von Fragmenten und Sinterungen. / Es ist die Archäologie einer Religion und einer Mentalität; Archäologie – das Sprechen von dem, was zu Anfang vielleicht einmal war.“ Vor diesem Hintergrund können das agrikulturelle Furchenziehen und der *versus* durchaus auch als ein erstes Schürfen gelten, welches das spätere, große kulturarchäologische Projekt präfiguriert.

24 Dass die Erforschung eines Gegenstands oder einer Kultur gleichzeitig auch immer eine Zerstörung ebendieser bedeutet, und sei es nur in dem Sinne, dass die Inangriffnahme sie performativ verändert, kommt kurz und bündig bei Fichte, Hubert: „Mein Freund Herodot“. In: Ders.: *Homosexualität und Literatur 1. Polemiken.* Fischer: Frankfurt a.M. 1987f, S. 381–407, hier S. 383, zur Sprache: „Forschung. / Aufdecken. / Es ist ein zerstörerischer Reflex.“

25 Fichte, Hubert: *Hotel Garni. Roman.* Fischer: Frankfurt a.M. 1987e, S. 22.

verleiht[26] – möglichst viel, möglichst genau und auf direktem Wege zu kommunizieren ist. Die poetische Anthropologie steht in diesem Sinne der Suche nach dem *mot juste* näher als der ausladenden Form. Es geht darum, einen Sachverhalt im ersten Schritt so vielschichtig und facettenreich auf den Begriff zu bringen, wie er ist, ohne sich auf ein Zweites und Drittes zu berufen, die dann doch nur ausdrücken, was im Ersten bereits hätte anklingen müssen.

4. Absolute Poesie

Fichtes poetisches Ideal ist die absolute Metapher. Bei dieser handelt es sich um ein epistemologisches und rhetorisches Konzept, das in der deutschsprachigen Komparatistik der 1960er- und 1970er-Jahre Konjunktur hatte und das vor allem zwei metapherntheoretische Überlegungen auf sich vereint. Der erste Aspekt ließe sich als tropische Inversion auf den Begriff bringen und hat seinen Platz in der Metaphorologie Hans Blumenbergs.[27] Gemäß dieser treten absolute Metaphern im Umfeld von abstrakten Konzepten wie etwa der „Geschichte“, dem „Sein“, dem „Kosmos“, dem „Universum“, der „Wahrheit“ etc. auf und kehren dort die Verhältnisse zwischen tropischer Uneigentlichkeit beziehungsweise uneigentlichem Tropus auf der einen und begrifflicher Eigentlichkeit beziehungsweise eigentlichem Begriff auf der anderen Seite effektiv um, insofern sie in signifikatorischer und *a fortiori* epistemischer Hinsicht als „eigentliche Eigentlichkeit“ erscheinen, wenn man so möchte. Von Abstrakta wie den genannten lägen keine Anschauung und kein Begriff jenseits derjenigen Tropen vor, die sie in einem gegebenen Kontext aktualisieren, sodass in epistemologischer Hinsicht fragwürdig erscheine, beispielsweise in der „Wahrheit“ ein *verbum proprium* zu erblicken und in der, die „Wahrheit“ veranschaulichenden, Metapher des Lichts, um eines der bekannteren Beispiele Blumenbergs

26 Siehe hierzu etwa Schäfer, Armin: „Von Satz zu Satz. Stil und Schreibweise in Hubert Fichtes poetischer Anthropologie“. In: Braun, Peter / Weinberg, Manfred (Hrsg.): *Ethno/Graphie. Reiseformen des Wissens*. Gunter Narr: Tübingen, 2002, S. 201–211.

27 Für die sich anschließenden Ausführungen in diesem Absatz vgl. Blumenberg, Hans: *Theorie der Unbegrifflichkeit*. Aus dem Nachlaß herausgegeben von Anselm Haverkamp. Suhrkamp: Frankfurt a.M. 2007, S. 61–65.

aufzugreifen,[28] ein *verbum improprium*. Vielmehr ist es umgekehrt der abstrakte Begriff, der sich als von der Metapher abhängig erweist, erst sie ist es, die ihn determiniert und nicht umgekehrt. Das Absolute der absoluten Metapher besteht bei Blumenberg also darin, dass sie nicht mehr sinnvoll durch die Relation zum *verbum proprium* definiert werden kann, insofern vielmehr sie es ist, die als semantisches Primat erscheint.

Fichte nimmt diese Überlegungen Blumenbergs auf, appliziert sie über Abstrakta hinaus auf die seines Erachtens entfremdeten und wieder in Erfahrung zu bringenden realweltlichen Phänomene und baut sie zu einem poetischen Programm aus, das eine gewisse Autonomie der Poesie gegenüber dem zu Evozierenden einfordert, um kreativ werden zu können und um das zu Evozierende letztlich besser hervorrufen zu können, als ein mimetisches Kalkül, das die Beschreibung des Phänomens von Anfang an vom Phänomen aus denkt und dabei angesichts der unhintergehbaren *différance* und Rhetorizität der Sprache immer schon zum Scheitern verurteilt ist, es jemals könnte. Eine analytische Poesie darf sich nicht in poetischen Zirkelschlüssen verheddern, wie man sie nennen könnte, d.i. sie darf nicht die Kenntnis des zur Anschauung zu Bringenden implizit voraussetzen, nicht mit dem Wissen um die „eigentliche“ Bedeutung des poetisch Gesetzten kalkulieren oder sich gleich in Allgemeinplätze flüchten. Besonders deutlich wird dieser Anforderungskatalog im näheren Textumfeld des zitierten Verdikts, dass Poesie analytisch sei, wenn man in *Ach des Achs!* liest:

> Die Allegorie ist – wie der Vergleich – eine ganz unpoetische Ausdrucksform; sie greift auf etwas hinter der Sprache Liegendes zurück, sie erklärt, staffiert aus, sie ist synthetisch, ideenhaft.
> An meinem Text kann nicht viel dran sein, wenn ich Frau Wahrheit bemühen muß, um ihn deutlich zu machen.
> (Wie an meinem Satz, meinem Wort nicht viel dran sein kann, wenn ich sagen muß, es ist „wie“ ein andres.)
> Poesie ist analytisch.
> Aber es scheint, als vollziehe sich menschliches Denken immer vergleichend, auch in der Utopie rückgreifend, übergreifend auf Sinnbilder.

---

28 Siehe Blumenberg, Hans: „Licht als Metapher der Wahrheit. Im Vorfeld der philosophischen Begriffsbildung“. In: Ders.: *Ästhetische und metaphorologische Schriften*. Auswahl und Nachwort von Anselm Haverkamp. Suhrkamp: Frankfurt a.M. 2001, S. 139–171.

> Wir kennen alle die vielen Wies, die vielen Eigentlichs, die wir in einer ersten Fassung hingesetzt haben und von denen wir uns in der Reinschrift nur ungern trennen.[29]

Dass komparatistische Figuren, in denen das gesetzte Wort explizit relativiert und somit in seiner Triftigkeit hinterfragt wird, nicht mit einer Poesie im Zeichen des *mot juste* zu vermitteln sind, dürfte auf der Hand liegen. Etwas komplizierter liegt die Angelegenheit im Falle der Allegorie, die hier stellvertretend auch für andere Tropen steht. Das Problem bei dieser besteht darin, dass die zur Debatte stehenden Kleinpoetiken immer schon im Hinblick auf ihre Auslegung konstruiert werden, was dem gesetzten Wort prinzipiell eine Uneigentlichkeit einschreibt. Die Allegorie evoziert eine Idee nicht genuin, sondern be-ruft sich vielmehr von Anfang an auf „etwas hinter der Sprache Liegendes", obwohl es vielmehr Aufgabe der Poesie sei, eben dieses hervor-zurufen beziehungsweise zu seiner „eigentlichen Eigentlichkeit" zu werden, wie es im Blumenberg-Kontext hieß. Bisweilen soll die Autorität des nur vordergründig sich verbergenden Konzepts sogar zirkulär die Triftigkeit oder Kreativität des Bildes bezeugen – so zumindest scheint mir an dieser Stelle das Heranzitieren von „Frau Wahrheit" gemeint zu sein. Oder anders, rezeptionsästhetisch: Die Allegorie kommuniziert dem Leser nichts über die zur Debatte stehende Idee oder das zur Debatte stehende Phänomen, was bei diesem nicht schon vorausgesetzt werden muss, damit er die Allegorie überhaupt auslegen kann. Sie bringt, zumindest geht Fichte an dieser Stelle so drastisch mit ihr ins Gericht, dem Leser in dem Sinne nichts bei, sondern reproduziert nur kanonisch Bekanntes zum allegorisch gefassten Konzept.

Lohenstein sei nun „etwas Neues eingefallen":

> Er benützt die Urbilder seiner Allegorie nicht zur Abwattierung einer Aussage, sondern um sie zu Bruch gehen zu lassen:
> Erlöst der Schlaf Soliman von dem Eid, dem Wort, der Bindung an den Freund?
> Die Sinne treten zum Reigen an und diskutieren es[.]
> Die Eigentlichs fallen weg wie die Wies in der absoluten Metapher des *Bateau Ivre* von Rimbaud. [...]
> Wie sagt die Begihrde im Reien?
> Die Nihren zünd ich an mit liben.[30]

29 Fichte 1987b, S. 195–196.
30 Ebd., S. 196.

Was Lohensteins *Ibrahim* nun gemäß Fichte „Neues“ über die „Begihrde“ zu berichten hat und wo und in welchem Rahmen ebendiese in *Ibrahim* ihren Platz findet, kann hier nicht Thema sein. Wichtig ist an dieser Stelle, dass Lohenstein auf eine relativierende, kanonisches Wissen voraussetzende „Abwattierung“ seiner „Aussage[n]“ durch die komparatistische und allegorische Geste im Zeichen des „Wie“ verzichte – es ist in der vorletzten Zeile des voranstehenden Zitats die „Begihrde“ selbst, die spricht, nicht ein sie stellvertretender Tropus –, in welchem Zusammenhang Fichte sodann die Brücke zur „absoluten Metapher des *Bateau Ivre* von Rimbaud“ schlägt. In seinem Arthur Rimbaud gewidmeten Aufsatz *Revolution als Restauration* schreibt Fichte zu dessen Gedicht *Le Bateau ivre*, deutsch: *Das trunkene Schiff*, beziehungsweise zur poetischen Geste ebendort:

> Das rhetorische Vorgehen im *Bateau Ivre* hat man als absolute Metapher bezeichnet.
> Rimbaud vergleicht nicht mehr: Ich bin wie ein trunkenes Schiff.
> Er setzt auch nicht die Metapher: Ich, ein trunkenes Schiff.
> Er trägt also nicht mehr, im Laufe des Gedichtes, eine Realität in eine andre hinüber.
> Er setzt sich als andre Realität absolut.[31]

Wie Lohenstein, der die „Begihrde“ rhetorisch unvermittelt im „Reien“ tanzen und dort sprechen lässt, so expliziere Rimbaud die tropische Übersetzung – hier geht es nun um Identität – des Ichs in ein trunkenes Schiff nicht mehr, weder in einem vergleichenden („Ich bin wie ein trunkenes Schiff“) noch in einem metaphorischen oder eben allegorischen („Ich, ein trunkenes Schiff“) Sinne, sondern „[e]r setzt sich als andre Realität absolut“, er ver-dichtet sich. An den Befund, dass sich das Ich, beziehungsweise in der Lesart Fichtes: Rimbaud selbst, in *Le Bateau ivre* poetisch verabsolutiert, schließt sich die Lektüre zweier Verse aus dem Gedicht an:

> – Et dès lors, je me suis bagné dans le Poème
> De la Mer . .
> – Und von da an habe ich mich im Gedicht des Meeres gebadet . .

31 Fichte, Hubert: „Revolution als Restauration. Jean-Nicolas-Arthur Rimbaud als Ethnologe“. In: Ders.: *Homosexualität und Literatur 1. Polemiken*. Fischer: Frankfurt a.M. 1987g, S. 247–286, hier S. 272.

> Der Dichter, der ein trunkenes Schiff ist, genauer: ein Gedicht mit dem Titel *Le Bateau Ivre*, badet sich, Schiffsgedicht, in einem Gedicht des Meeres. Diese Feststellung wird gegen Ende des Gedichtes noch einmal gedoppelt, wenn das trunkene Schiff, das von sich die ganze Zeit über als im Wasser befindlich spricht, ausruft:
> – ô que j'aille à la mer!
> – O, daß ich ins Meer gehe.[32]

Eine Lektüre, die, etwas kryptisch, in das folgende Stakkato-Fazit einmündet:

> Loslösungen von der Realität.
> Der Dichter nur mehr als dichterische Form.
> Spiegelungen.
> Spiegelverkehrungen[.][33]

Was Fichte hier mit den „Spiegelungen" und „Spiegelverkehrungen" suggeriert, und was er wiederum seinerseits durch den Nachvollzug der beiden Verse aus dem *Bateau ivre* in einer Form nah am Polyptoton spiegelt, ist, dass Rimbaud die poetische Verabsolutierung des Ichs zum trunkenen Schiff durch Diffusion, durch eine vertikale *mise en abyme* herbeiführt. Rimbaud baut ein Spiegelkabinett auf, er konfrontiert Spiegel und Spiegelungen, auf dass es zum „Gespiegelte[n] im Spiegel"[34] kommt. Die Poesie wird bei ihm zum kaleidoskopartigen Medium, das das Ich unendlich oft bricht, bis zu einem Punkt, an dem die Frage nach dem Original nicht mehr mit Sicherheit zu beantworten ist (in diesem Bild wird auch klarer, was Fichte meint, wenn er davon spricht, dass Lohenstein in *Ibrahim* die „Urbilder seiner Allegorie [...] zu Bruch gehen [lässt]"). Rimbaud stellt durch sein Verfahren in *Le Bateau ivre* ein Gleichgewicht zwischen Realität und Virtualität, mithin eine, im doppelten Sinne, Gleich-Gültigkeit zwischen beiden her, das beziehungsweise die dermaßen unter Spannung stehen, dass es eben zur Transgression des Ichs in poetische Sphären kommen kann.

Fichtes poetische Anthropologie versucht nun das Umgekehrte: Wohl geht es auch ihr um eine Übersetzung des Ichs, des Anderen, bestimmter

---

32 Ebd.
33 Ebd., S. 273.
34 Ebd., S. 272.

Phänomene etc. in Poesie, doch umstellt sie diese nicht mit Spiegeln, um sie zu diffundieren – auch das wäre eine Form von Kolonisierung, wie es in der an anderer Stelle oben zitierten Passage aus *Xango* hieß, nur unter negativen Vorzeichen –, sondern vielmehr um sie polyperspektivisch in den Blick zu nehmen und so eine asymptotische Annäherung an das Original zu leisten.

5. Reflexive Poesie

Ein, neben der tropischen Inversion, zweiter Aspekt absoluter Metaphorik besteht in ihrer tropischen Selbstthematisierung, im Hinblick auf welches Charakteristikum exemplarisch auf Gerhard Neumanns Ausführungen zur absoluten Metapher bei Stéphane Mallarmé und Paul Celan hingewiesen sei.[35] Absolute Metaphern seien solche Metaphern, die die Prozesse von Metaphorisierung, Poetisierung und Fiktionalisierung im Text selbst thematisieren, die also Tropus des Tropischen sind, wodurch sie den Text eben in seiner Rhetorizität, Poetizität, Fiktionalität oder Literarizität explizieren und exponieren. Diese Explikation und Exposition dienen dem dekonstruktionistischen Zweck, Sprache als in weltreferentieller Hinsicht prekär, weil lediglich tropisch, auszuweisen, was, dies wäre der Weg Mallarmés, in eine Abwendung von weltreferentiellen und in eine Hinwendung zu autonomieästhetischen Programmen einmünden oder aber, hier Celan, in eine profunde Sprachkrise führen kann, die die autonomieästhetische

35 Für Jäckis Mallarmé-Lektüre vgl. etwa Fichte, Hubert: *Hamburg Hauptbahnhof. Register*. Fischer: Frankfurt a.M. 1994, S. 36: „Zehn Jahre später kam Mallarmé. / Und St. John Perse. Auch einer aus Sand / Ein Buch aus nichts. / Alles. / Aus Nichts begann langsam diese Welt zu entstehen. [...] Die Schöpfung dieser Welt." Bei Trzaskalik, Tim: „Hubert Fichtes Kritik der Gewalt". In: Bandel, Jan-Frederik / Gillett, Robert (Hrsg.): *Hubert Fichte. Texte und Kontexte*. Männerschwarm Verlag: Hamburg 2007, S. 159–170, hier S. 162, Fußnote 13, wird die Bemerkung: „Auch einer aus Sand", zum Anlass genommen, vorsichtig die Brücke zum zweiten bei Gerhard Neumann verhandelten Dichter zu schlagen und einen Celan-Intertext bei Fichte zumindest in Erwägung zu ziehen: „Ob sich Fichte hier auf Celan beruft, ist wohl nicht zu klären. Immerhin aber kommt in der ‚Sandkunst' Celans dessen Versuch, Mallarmé konsequent zu Ende zu denken, in aller Klarheit zum Ausdruck."

Wende allerdings nicht mitzumachen bereit ist und die Hoffnung auf Weltreferenz auf komplizierten dialektischen Wegen aufrecht erhält.[36] Hier besteht das Absolute der absoluten Metapher also darin, dass das *verbum proprium* und das *verbum improprium* durch die reflexive Selbstthematisierung zusammenfallen.

Bei Fichte werden die bei Blumenberg und Neumann akzentuierten Aspekte absoluter Metaphorik miteinander verbunden und zusammen zu einem evokativen Ideal erhoben. Einerseits besteht die selbstgestellte Aufgabe darin, triftige Poetiken zu finden, die sich zu einer Quasi-Eigentlichkeit des zu Evozierenden aufschwingen – nicht zuletzt gerade dadurch, dass sie sich, wie weiter oben ausgeführt, bei ihrer Schöpfung nicht vom *verbum proprium* düpieren lassen. Andererseits muss es aber auch darum gehen, eben diese poetische Verabsolutierung selbst noch mit ansichtig zu machen, um mit der eigenen Sprache nicht dogmatisch zu werden. Es stellt sich ein Oszillieren zwischen Absolution und Reflexion ein, das im spannungsvollen Gleichgewicht auf das Dritte einer empfindlichen Evokation abzielt, die die Welt benennt, ohne sie zu kolonisieren. Bereits Blumenberg, um noch einmal zu diesem zurückzukehren, bemerkt, dass die (absolute) Metapher sich durch „einen hohen Grad von Anmaßung, von vorgegebener Einsicht, von Hochstapelei"[37] gegenüber demjenigen auszeichnet, auf das sie referiert: Metaphorisch hat man eben gut reden. Entsprechend gelte es, „das Maß an Aufschneiderei, das in ihr steckt, selbst mit ansichtig zu machen, indem [man] übertreibt, erkennbar übertreibt, die Unzulänglichkeit der Versinnlichung mit anschaulich macht."[38]

Wie man sich eine solche Übertreibung und eine solche rhetorische Selbstregulierung in Texten vorstellen kann, das präsentiert Fichte beispielsweise in seinem, in der Forschung bis dato wenig gewürdigten, Aufsatz *Der objektive und der subjektive Autor* zu Henry James' *Washington Square*. Besonderes Interesse nimmt er dort an der folgenden Skizze zum

36 Siehe sinngemäß Neumann, Gerhard: „Die „absolute Metapher". Ein Abgrenzungsversuch am Beispiel Stéphane Mallarmés und Paul Celans". *Poetica* (3), 1970, S. 188–225, hier S. 210.
37 Blumenberg 2007, S. 63.
38 Ebd.

New Yorker Washington Square beziehungsweise zum sich dort befindenden Washington Square Park in der Exposition des Romans:

> Ich weiß nicht [...], liegt es an der Zartheit früher Assoziationen, aber dieser Teil von New York erscheint vielen Menschen als der angenehmste. Er hat eine Art von etablierter Ruhe, welcher in den anderen Vierteln der langen, schrillen Stadt nicht häufig vorkommt; er hat ein reiferes, reicheres, ehrsameres Aussehen, als jede höhere Verzweigung der großen, längsgestreckten Durchfahrt – das Aussehen, als hätte er so etwas wie eine gesellschaftliche Vergangenheit, eine Sozialgeschichte. Hier konnten Sie von Autoritäten beraten werden, hier traten Sie in eine Welt, die Ihrem Interesse die verschiedensten Quellen bot, hier lebte Ihre Großmutter, in verehrungswürdiger Einsamkeit und verschenkte eine Gastfreundschaft, die sich gleichermaßen der Kinderfantasie und dem Kindergaumen mitteilte, hier unternahmen Sie Ihre ersten Spaziergänge, dem Kindermädchen mit unausgeglichenen Schritten folgend und schnupften den fremdartigen Geruch der Ailanthus-Bäume ein, die zu der Zeit die größten Schattenspender des Parks waren und einen Duft verströmten, den Sie noch nicht verabscheuten, wie es sich gehörte, da Sie noch nicht kritisch genug waren, hier endlich erweiterte Ihre erste Schule . . den Kreis beider; Ihrer Beobachtungen und Ihrer Empfindungen.
> Hier auf jeden Fall, verbrachte meine Heldin viele Jahre ihres Lebens; dies ist meine Entschuldigung für diese topographische Einfügung.[39]

Die Passage ist hier ausführlich zu zitieren, um der Logik des Fichte'schen Arguments folgen zu können. So traut er dem Herunterspielen dieser Ausführungen zu einer bloß „topographische[n] Einfügung“ nicht, insofern ihnen relativ viel Platz eingeräumt und insofern der Washington Square Park in ihnen mit einem Höchstmaß an Bedeutsamkeit aufgeladen wird – von nicht weniger als einer „gesellschaftliche[n] Vergangenheit“ und von einer „Sozialgeschichte“, mithin von sozialen Tiefenschichten, ist die Rede. Eine Rede, die Fichte und Jäcki zum Anlass nehmen, den Roman gegen den fiktionalen Strich und als „soziologische Darstellung“[40] des New Yorker Bürgertums in der Mitte des 19. Jahrhunderts zu lesen, welche Lektüre hier allerdings nicht im Einzelnen ausgeführt werden kann. Weder sei der Passus in diesem Sinne also bloße Topographie noch sei er eine fakultative

39 Fichte, Hubert: „Der objektive und der subjektive Autor. Anmerkungen zu Henry James‘ Washington Square“. In: Ders.: *Homosexualität und Literatur 1. Polemiken*. Fischer: Frankfurt a.M. 1987c, S. 431–467, hier S. 458–459. Die von Fichte selbst übersetzte Passage findet sich bei James, Henry: *Washington Square*. Penguin Books: London 1979, S. 16.

40 Fichte 2005b, S. 140.

Parenthese, die zu entschuldigen wäre – nicht zuletzt schon deshalb, weil „Washington Square der Titel des Buches [ist]“, den es abzuholen gilt:

> Topographische Einfügung ist eine doppelt falsche Bezeichnung. [...]
> [E]ine doppelt falsche Aussage, die – wie in der Mathematik – der Wahrheit wieder in den Schwanz beißt:
> Topos heißt auch der Gemeinplatz in der Rhetorik – die Lüge als flache Floskel, die im Roman zur Wahrheit [...] umgebrochen wird.[41]

Gemäß Fichte ist die Rede von einer „topographische[n] Einfügung“ an dieser Stelle nichts anderes als vorsätzliche Attitüde, die nachgerade daran appelliert, hinterfragt und decodiert zu werden. Als strategisch halbherzig verschleierter Tropus, der sich ganz offensichtlich nicht beim Wort genommen wissen will und so indirekt unter anderem auf die soziologische Dimension des Texts hinweist, eignet ihm hinterrücks eine Form von Wahrheit, so Fichtes negativ-äquilibristische, quasi-litotische Lesart und so sein quasi-litotisches Kalkül. In diesem Sinne wäre die Parenthese weniger als eine topographische, sondern vielmehr als eine „tropographische Einfügung“ zu verstehen, wenn man so möchte, die durch die Vorgabe, nichts sein zu wollen, besonders viel wird. Ein quasi-litotisches und „tropographische Einfügungen“ produzierendes Kalkül, das, um den Bogen zu einem anderen Applikationskontext zu spannen, auch die in Fichtes Werk prominente Collage-Technik anleitet, wie insbesondere aus dem *Versuch über die Pubertät* hervorgeht, wenn der Jäcki-perspektivische Ich-Erzähler dort im letzten Kapitel, bei Testanière, bei seiner Schafherde verkündet:

> Allmählich entwickelt sich in mir die Freiheit, das Diskrepante zu schreiben, das ich früher in der Lokstedter Einheitlichkeit sorgsam wegstrich; meine Niederlagen fixieren, Sprünge, Widersprüche, das Unzusammenhängende nicht kitten, sondern Teile unverbunden nebeneinander bestehen lassen, mit zwei falschen, übertriebenen Aussagen die Tatsachen anpeilen.[42]

6. Namen

Eine der wichtigsten Varianten absoluter Metaphorik im Werk Fichtes stellen Namen beziehungsweise Eigennamen dar. Gerade Namen vermögen

---

41 Fichte 1987c, S. 462.
42 Fichte 2005c, S. 294.

es erstens, das Referierte an sich zu reißen und es absolut zu poetisieren. Gleichzeitig weiß man zweitens ganz selbstverständlich um ihre Kontingenz und Arbitrarität, sodass ihnen von Haus aus ein reflexives Moment eingeschrieben ist; ein Name ist auch immer eine „tropographische Einfügung“. Doch sieht man drittens gerade im Falle von Namen über die Arbitrarität des sprachlichen Zeichens hinweg, sodass sie hohe evokative Wirkmacht entfalten können.

Sprachliche Zeichen sind, dies ist ein Allgemeinplatz der Dekonstruktion, von der konstitutiven Tendenz getrieben, ihre eigene Arbitrarität, Kontingenz und Konventionalität zu verschleiern. Sie sind dogmatisch und geben sich alle Mühe, ihre Reflexion zu erschweren. Namen stellen ein Extrem dieser sprachlichen Selbsthermetisierung dar: Vielleicht wie nirgendwo sonst vermag es Sprache, sich mit einer derartigen Selbstverständlichkeit zu geben, wie im Falle von Namen. Vielleicht nirgendwo sonst rücken Signifikant und Signifikat näher aneinander beziehungsweise weiß Sprache besser, eine solche Nähe zu suggerieren, als eben im Falle von Namen. Stellt sich etwa die Frage nach der Identität einer Person, dann rekurriert man üblicherweise als erstes auf ihren Namen. Denkt man an eine Person, dann *ist* sie ihr Name. Der Name wird für die Person paradigmatisch, der Name wird zu ihrer „eigentlichen Eigentlichkeit“, um die Hilfskonstruktion aus dem Blumenberg-Kontext noch einmal aufzugreifen. Dies soll allerdings nicht heißen, dass Namen unreflektierbar sind. Ganz im Gegenteil: Noch der Volksmund weiß, dass der „nomen“ nicht nur „omen“ ist, sondern dass Namen auch „Schall und Rauch“ sind. Sie sind unter dem Strich Willkür. Doch zeitigt dieses Bewusstsein nicht die entsprechenden Konsequenzen, es tut der semiotischen Wirkmacht und etwa der Identifikation einer Person mit „ihrem“ Namen keinen Abbruch, weil die Dekonstruktion von Namen unvernünftig, wenn nicht sogar trivial und spitzfindig erschiene. Gerade die vermeintliche Trivialität und Sinnlosigkeit, „über Namen zu streiten“, insofern ihre eigentliche Arbitrarität sowieso jedermann bekannt ist, immunisiert den Namen gegen Kritik.

Im *Versuch über die Pubertät* räsoniert der Jäcki-perspektivische Erzähler über das Konzept Geschmack sowie die Geschmacklosigkeit seines Freunds Alex W. Kraetschmar und er kommt dabei zu dem Schluss, dass es sich beim Geschmack und bei denjenigen Sprachriten, die etwa bestimmte Ausdrucks- und Verhaltensweisen oder bestimmte Objekte für geschmackvoll erklären, um eine Form von „säkularisierte[r] Magie“[43] handele. Die Rede vom Geschmack ist dogmatisch und immunisiert sich gegen Kritik, indem sie mit „vorgegebener Einsicht“, wie es bei Blumenberg in Bezug auf Metaphern hieß, vorgetragen wird, mit einer Geste, jeden Einwand bezüglich ihrer eigenen Arbitrarität, Kontingenz und Konventionalität bereits antizipiert zu haben und sich trotzdem zu trauen, das Konzept zu bemühen, wodurch sie paradoxerweise den Effekt von Autorität produziert. Mit Namen verhält es sich ähnlich: Sie werden aus dem Grund einer antizipierten unendlichen Reflektierbarkeit zum reflexiven Tabu, sie sind sprachlicher Fetisch aus pragmatischen Gründen, sie sind „säkular-magisch“. Wenn man so möchte, hat sich in ihnen ein Hauch der adamitischen Ursprache gerettet, allerdings unter negativen Vorzeichen.

In *Eine Glückliche Liebe*, dem vierten Band der *Geschichte der Empfindlichkeit*, findet sich eine kunstfertige Miniatur, die den vorliegenden Ausführungen den Titel gibt und die das absolut metaphorische Oszillieren des Namens zwischen poetischer Verabsolutierung und einer Reflexion ebendieser Verabsolutierung hin zu einer „säkular-magischen“ Evokation figuriert:

– Der Name ist.
– Nur der Name.

Jeweils für sich genommen affirmieren die beiden Aussagen die Macht des Namens. Die erste Aussage: „– Der Name ist“, formuliert eine unmittelbare, intransitive, selbstevidente, eben absolute Präsenz des Namens. Die sich anschließende Aussage: „– Nur der Name“, liest sich nicht minder affirmativ und nimmt sich im Grunde schon wie ein poetologisches Programm aus. Andererseits geht den beiden Aussagen jeweils ein Gedankenstrich voraus, der bei Fichte immer ein Zitat oder direkte Rede markiert, zweite entweder in einem expliziten Sinne oder in Form innerer Rede, sodass die Aussagen in einen Dialog miteinander zu treten scheinen. Auch sind beide Aussagen elliptisch gebaut und stellen unter dem Strich keinen grammatikalisch vollständigen Satz dar, sodass sich eine Lektüre, die die beiden Aussagen aneinanderbindet, geradezu aufdrängt: „Der Name ist nur der Name.“ Ein Satz, der im Sinne des Verdikts gelesen werden kann,

43 Ebd., S. 154.

dass Namen eben nur „Schall und Rauch“ sind, und der dem Inhalt der beiden Partikularaussagen diametral gegenübersteht. Das lesende Auge oszilliert zwischen den Partikularaussagen und dem durch die Unvollständigkeit der Partikularaussagen provozierten Satz, d.i. zwischen der Verabsolutierung und der reflexiven Relativierung des Namens, welches Flirren ziemlich genau die Verfassung des Namens in seiner referentiellen Wirkmacht bei gleichzeitiger Arbitrarität gegenüber dem Signifikat entspricht.

Die Miniatur aus *Eine Glückliche Liebe*, die die poetische Verfassung des Namens analysiert, zumal in Form eines chiastischen *versus*, stellt eine „tropographische Einfügung“ zur „tropographischen Einfügung“ dar, die ein spezifischer und konkreter Name als solcher angesichts seines Schallens und Rauchens immer auch ist. Sie ist eine „tropographische Einfügung“ zweiter Ordnung, die sich des weiter oben präsentierten quasi-litotischen Kalküls bedient. „[M]it zwei falschen, übertriebenen Aussagen die Tatsachen anpeilen“, nahm sich der Ich-Erzähler im *Versuch über die Pubertät* vor, durch die Collage von zwei oder mehr für sich genommen unzutreffenden Aussagen ein Bild des Eigentlichen zu evozieren, indem sich die Aussagen gegenseitig in ihrer Fehlerhaftigkeit tilgen, das ist der Plan. In der Miniatur zum Namen in *Eine Glückliche Liebe*, die vor dem Hintergrund der zwei Gedankenstriche ebenfalls als Minimalcollage gelten kann, besteht die Fehlerhaftigkeit der Aussagen in der übertriebenen Verabsolutierung des Namens, welche Verabsolutierung durch die provozierte Zusammenschau der beiden Aussagen relativiert wird, wenn sie in die „Tatsach[e]“ einmünden, dass der Name eben doch nur der Name sei. Eine Tatsache allerdings – und hier wird die dialektische Schraube im Anschluss an den *Versuch über die Pubertät* noch eine Windung weiter gedreht –, die unter einem aussagelogischen Gesichtspunkt nichts anderes als tautologisch und damit nichtssagend ist, sodass man auf die Partikularaussagen zurückgeworfen wird, die, obwohl sie elliptisch gebaut sind, bezeichnenderweise mehr über den Namen, mindestens aber nicht weniger über diesen zu sagen haben, als der grammatikalisch vollständige Satz, den sie zusammen ergeben. Ein syntaktischer Trick, durch den für den säkular-magischen Rückbezug auf den Namen plädiert wird, trotz dessen Kontingenz. Ein Rekurs, für den die ganze Miniatur zuletzt auch schon dadurch einsteht, dass eben die Partikularaussagen im Druckbild gesetzt sind und dezidiert nicht der Satz, den sie in der Zusammenschau ergeben.

7. „Gillette“

Abschließend sei ein Beispiel für einen konkreten und spezifischen Namen angeboten, der bei Fichte ethnographisch evokativ wird, den er während seines Aufenthalts im brasilianischen Bahia de Todos os Santos Mitte der 1970er-Jahre kennengelernt hat, den er in seinem Aufsatz *Die Rasierklinge und der Hermaphrodit* analysiert, der verschiedene der voranstehend skizzierten Aspekte absoluter Metaphorik auf sich vereint und den Fichte wohl nicht besser hätte erfinden können, hätte er ihn nicht bereits im Forschungsfeld angetroffen, nämlich den Concetto „Gillette“. Mit diesem Markennamen für Rasierklingen – gemeint sind flache, zweischneidige Rasierblättchen, so wie sie in Rasierhobeln benutzt werden –, wurden in Bahia, so informiert uns der Autor, männliche Freier bezeichnet, die erstens sowohl mit Männern als auch mit Frauen schlafen und die sich zweitens sowohl „aktiv“ als auch „passiv“ geben: „– Você è Gillette[.] [...] – Sie sind eine Gilletteklinge. / – Sie schneiden nach beiden Seiten. / Und diese Aussage schliesst als selbstverständlich ein: Mit Männern und Frauen.“[44]

Eine der zentralen und durchaus steilsten ethnologischen Hypothesen Fichtes beziehungsweise Jäckis lautet, dass „[f]ür die Gläubigen der afrobrasilianischen Religionen Bisexualität als Verhaltenskonstante angenommen werden [kann]“[45] und dass sich die afrobrasilianische Gesellschaft durch eine *queer*-e Mentalität auszeichne, die mit der Tiefenschicht ihrer bikontinentalen Vergangenheit auf beiden Seiten des *Black Atlantic* zusammenhänge.[46] Diese „Verhaltenskonstante“ und diese Mentalität spiegeln

44 Fichte, Hubert: „Die Rasierklinge und der Hermaphrodit“. In: Leonore Mau: *Xango. Texte Hubert Fichte. Die afroamerikanischen Religionen I. Bahia, Haiti, Trinidad.* Fischer: Frankfurt a.M. 1976, S. 53–62, hier S. 53.

45 Ebd., S. 56.

46 Siehe diesbezüglich unter anderem auch Bandel, Jan-Frederik: „Messer und Scheide. Androgynie, Bisexualität und Gewalt bei Hubert Fichte“. *Neue Rundschau* (4), 2010, S. 205–216, hier S. 207–208; Diederichsen, Diedrich: „Bi“. In: Diederichsen, Diedrich / Franke, Anselm / Haus der Kulturen der Welt (Hrsg.): *Liebe und Ethnologie. Die koloniale Dialektik der Empfindlichkeit (nach Hubert Fichte).* Sternberg Press: Berlin 2019, S. 38; Weinberg, Manfred: „‚Die stupende und bisher noch wenig reflektierte Idee von Bikontinentalität und Bisexualität der afroamerikanischen Kultur‘. Zu Struktur und Funktion

sich im Pantheon der synkretistischen Religionen wie etwa dem Candomblé, das androgyne und bisexuelle Götter auf sich vereint. An der Spitze dieser Götterwelt steht dabei der Gottvater Xango mit dem Symbol der Doppelaxt, die in der „Gillette“-Klinge ihre weltliche Entsprechung finde. Wie ihr profanes Pendant chiffriert Xangos Doppelaxt Androgynie und Bisexualität sowie eine Verbindung von Macht, Gewalt und Sex.[47]

Im Mittelpunkt der Fichte'schen Interessenahme am Concetto „Gillette“ stehen dabei zwei erratische Momente, die dem Bild eingeschrieben seien.[48] So erscheine es erstens widersinnig, einen sowohl aktiv penetrierenden als auch passiv sich penetrieren lassenden Mann als „nach beiden Seiten“ schneidend zu begreifen, insofern er eigentlich „nur nach einer“ Seite schneidet und „auf der anderen, rückwärts, vom ‚Messer‘ erfüllt“ beziehungsweise eben geschnitten wird. Und so scheint sich zweitens insofern eine „Ungenauigkeit“ in das Bild eingeschlichen zu haben, als dass derjenige Mann, der sowohl mit Männern als auch mit Frauen schläft, zwar „nach beiden Seiten“ schneide, aber nur „von einer Schneide aus.“ Im Klartext: Auch er hat nur einen Penis. „Die doppelte Aussage des Ideogramms“, d.i. erstens die Bisexualität und zweitens die „Androgyn[ie]“[49] des zur Debatte stehenden Freiers, „kann nur zustande kommen“, so bilanziert Fichte,

> wenn man beide Fehler in Kauf nimmt:
> Bin ich als Mann aktiv und passiv, ist hier in den Rücken geschnitten werden gleich mit der Vorstellung der zweiten, in entgegengesetzter Richtung schneidenden Klinge; schneide ich aber Mann und Frau, benütze ich dazu meinen Rücken wie meine vordere Klinge. So geschieht das Kuriose: In einer […] bikontinentalen Gesellschaft fallen bei der Bildung des Concettos „Gillette“ die Gegensätze,

---

des ‚Zwischen‘ bei Hubert Fichte“. In: Böhme, Hartmut / Tiling, Nikolaus (Hrsg.): *Medium und Maske. Die Literatur Hubert Fichtes zwischen den Kulturen.* M&P: Stuttgart 1995, S. 171–198, hier S. 173–176.

47 Vgl. sinngemäß Fichte 1976, S. 58.

48 Für die Ausführungen und Zitate in diesem Absatz, vgl. ebd., S. 60–61.

49 Von Androgynie ist an dieser Stelle die Rede, insofern die aktive und die passive Penetrationsrolle im heteronormativen Diskurs konventionellerweise mit dem Männlichen beziehungsweise mit dem Weiblichen assoziiert wird. Zum sexologischen Parameter der „Penetrationsrolle“, vgl. Wolf, Benedikt: *Penetrierte Männlichkeit. Sexualität und Poetik in deutschsprachigen Erzähltexten der literarischen Moderne (1905–1969).* Böhlau: Köln u.a. 2018, S. 79.

> „Mann“ und „Frau“, „Klinge“ und „Scheide“, „vorne“ und „hinten“, „aktiv“ und „passiv“ durcheinander und zusammen.
> Hier wird die formale Information des Ausspruchs deutlich. Die doppelte Fehlerhaftigkeit des logischen Gehaltes drückt einmal mehr aus: Hier geht aber auch alles jetzt durcheinander. Was es nicht gibt, gibt es doch.[50]

Tatsächlich ist Fichtes Formulierung, dass „[d]ie doppelte Aussage nur zustande kommen [kann], wenn man beide Fehler in Kauf nimmt“, etwas unglücklich gewählt, insofern es ihm, so geht aus dem Weiteren hervor, nicht darum geht, dass man einfach über Ungenauigkeiten hinwegzusehen hätte, damit das Ideogramm seine doppelte Information transportieren kann, sondern darum, dass noch die vermeintlichen Fehler in ihm bedeutsam und in ethnographischer Hinsicht evokativ werden. Die Diffusion der aufgezählten, an einer binären Opposition der Geschlechter orientierten, sexologischen Gegensätze, die derjenige Freier untergräbt, der erstens sowohl mit Männern als auch mit Frauen schläft und der sich zweitens während des Sex mit Männern sowohl aktiv als auch passiv gibt, findet in der Irritation des „logischen Gehaltes“ eine weitere Brechung. Die „Fehlerhaftigkeit“ des „Gillette“-Ideogramms erscheint als „formale Information“, die die inhaltliche Information spiegelt.

Bezeugt wird das Abstraktum einer binäre Oppositionen verquerenden, bisexuell-bikontinentalen Mentalität, das nicht anders zu haben ist als durch die erratischen Bilder, die es produziert, sodass dem Tropus des „Gillette“-Freiers ein absolut metaphorischer Charakter im Sinne Hans Blumenbergs zugesprochen werden kann. Einen Concetto wie denjenigen des „Gillette“-Freiers zu entwerfen, erscheint zu gegebener Zeit als Eigentümlichkeit der afrobrasilianischen Kultur in Bahia de Todos os Santos. Seine Komplikationen mitzumachen und als Leser über seine Verwicklungen nachzudenken, gibt eine Ahnung von einer bestimmten kulturellen Mentalität. Wie muss ebendiese beschaffen sein, dass sie die erratischen Momente des Concetto nicht nur aushält, sondern sie dem Bild nachgerade absichtlich einschreibt?

Weiterhin ist darauf hinzuweisen, dass sich der Tropus – hier nun Gerhard Neumann – in seiner eigenen Rhetorizität und in seinem eigenen metaphorisierenden Verfahren reflektiert, insofern die zweischneidige

50 Fichte 1976, S. 61.

Klinge auch als Figur für die doppelte logische Verletzung gelesen werden kann, die sie begeht und die den Tropus erst zum Tropus für einen sowohl Bisexualität als auch Androgynie auf sich vereinenden Freier werden lässt. Die Klinge stellt in diesem Sinne eine „tropographische Einfügung“ dar; das Bild illustriert absolut metaphorisch seine eigene Vorgehensweise.

In äquilibristischer Hinsicht ist schließlich unbedingt hervorzuheben, dass die „Gillette“-Figur genau dadurch gleichzeitig die Bisexualität und Androgynie des zur Debatte stehenden Freiers ausdrückt, dass die ihr eingeschriebenen Fehler jeweils unmittelbar auf die andere Bedeutungsdimension hinweisen. Als im Hinblick nur auf Bisexualität oder Androgynie schiefes Bild verweist das Ideogramm immer auf diejenige Konnotation, die für den Moment in den Hintergrund getreten ist. Es setzt ein Oszillieren ein, insofern das Bild keine seiner beiden Bedeutungsintentionen befriedigend zu realisieren weiß. Genau durch dieses Oszillieren aber zitiert es beide quasi-simultan, im stetigen Wechsel, heran, sodass das Ideogramm sein signifikatorisches Anliegen auf Umwegen doch erfüllt. Es ergibt sich die bemerkenswerte Konstellation, dass sich die beiden Fehler, die dem Bild eingeschrieben sind, quasi-litotisch ineinander verzahnen und genau so, in einem spannungsvollen Gleichgewicht, dem Ideogramm eine Stabilität verleihen, sodass es evokativ wird.

Beiträger*innen

Karsten Becker ist Doktorand in der Germanistik der Otto-Friedrich-Universität Bamberg und Projektmanager an der Virtuellen Hochschule Bayern (vhb).

Stefan Breitrück ist Doktorand und Lehrbeauftragter am Deutschen Seminar der Universität Tübingen.

Simon Grund ist Stipendiat des Promotionsverbundes „Theorie der Balance. Formen und Figuren des Gleichgewichts in Medien-, Kunst- und Literaturwissenschaft“ und assoziiertes Mitglied des Tübinger Graduiertenkollegs 1808: „Ambiguität – Produktion und Rezeption“.

Dr. Sebastian Lübcke ist Lehrbeauftragter am Institut für Germanistik der Universität Gießen.

Kim Luther ist wissenschaftliche Mitarbeiterin am Lehrstuhl für Internationale Literaturen/Komparatistik der Universität Tübingen.

Lukas Müsel ist Promovend des Promotionsverbund „Theorie der Balance. Formen und Figuren des Gleichgewichts in Medien-, Kunst- und Literaturwissenschaften“.

Matthias Röck ist Promovend des Promotionsverbunds „Theorie der Balance. Formen und Figuren des Gleichgewichts in Medien-, Kunst- und Literaturwissenschaft“.

Dr. Max Roehl ist wissenschaftlicher Mitarbeiter am Lehrstuhl für Komparatistik / Deutsche Philologie an der Universität Tübingen.

Heinrich Wilke ist Lehrbeauftragter am Institut für Anglistik / Amerikanistik der Universität Potsdam.

www.ingramcontent.com/pod-product-compliance
Ingram Content Group UK Ltd.
Pitfield, Milton Keynes, MK11 3LW, UK
UKHW041824290926
8980IPUK00002B/37

9 783631 820889